路遥别传

LUYAO BIEZHUAN

晓雷——著

陕西新华出版传媒集团 陕西人民出版社

图书在版编目（CIP）数据

路遥别传 / 晓雷著. —西安：陕西人民出版社，2022. 10

ISBN 978-7-224-14641-7

Ⅰ. ①路… Ⅱ. ①晓… Ⅲ. ①路遥（1949-1992）—传记 Ⅳ. ①K825. 6

中国版本图书馆 CIP 数据核字(2022)第 149250 号

出 版 人：赵小峰
策划编辑：张孔明
责任编辑：彭　莘
封面题字：晓　雷
封面设计：翟　竞
内文设计：李　阳

路遥别传

作　　者	晓　雷
出版发行	陕西新华出版传媒集团　陕西人民出版社 （西安市北大街 147 号　邮编：710003）
印　　刷	西安市建明工贸有限责任公司
开　　本	787 毫米×1092 毫米　1/16
印　　张	18. 75 印张
字　　数	300 千字
版　　次	2022 年 10 月第 1 版
印　　次	2022 年 10 月第 1 次印刷
书　　号	ISBN 978-7-224-14641-7
定　　价	52. 00 元

代 序

《路遥别传》，别在哪里？

孔 明

在路遥离世三十年的时候，《路遥别传》横空出世了！我未必是阅读第一人，却是先睹为快的第一位幸运读者。读后，我的第一感觉是，这不仅仅是一本书，而是路遥生命的再一次复活，是路遥精神的再一次重塑，是路遥生平的再一次“蓦然回首”：由传奇到传真，由写意到写实。借助这本书，拨开迷雾，路遥重返当世，重现真容：其形有如云破月来，峰峦豁然扑入眼帘，那么清晰；其神恰如月光，抛向湖面，明亮如镜，清辉如许，可鉴世道人心；其情宛如星辰，那么邈远，又那么亲近，像一团火焰在天边燃烧。哦哦哦，一位密接地气、亲近烟火气的路遥，迎面而来。只听说路遥有那样的一面，哦哦哦，却原来路遥还有这样的一面！哦哦哦，却原来路遥身上还有这么多值得回味的思想和值得借鉴的写作经验。哦哦哦，这正是本来的路遥、真实的路遥，也是我们念念不忘的路遥，更是《平凡的世界》里绝不平凡的路遥！路遥不朽，读此书后我深信不疑。

《路遥别传》，“别”在这里：作者晓雷与路遥既为文友，又为同事，存交情二十余年。晓雷并非等闲之辈，新时期的陕西文坛少了他的名字，一些文事的本末恐难自圆其说，一些文人的成长恐难还其原貌，包括路遥，这恰是晓雷写路遥的先天优势所在。同事文友奠定了他们关系的渊源与深厚，使他们之间更为相知相赏。晓雷之于路遥，如兄长一般存在，他是看着路遥一步步成长为路遥的，他深知路遥为了文学吃了多少苦，他深知路遥的文学情怀有多么辽阔，他深知路遥在文学的世界里流出了多少汗水，并为此付出了怎样的代价。晓雷温润如玉，写路遥的时候心平气和，心细如发，丝丝缕缕的叙事里总有丝丝缕缕的情感交织，如影随形，就像清流汩汩而清风依附，别有一种滋味，别是一种回味，别生一种意味。在他笔下，字字饱含真意，句句深隐诗情，字里行间充盈着友爱、理解和默契，或许还夹杂些许兄长的痛心与惋惜。我阅读的时候，不由自主就心动了，就眼热了，就泪奔了。我想我是读进去了，我的心与晓雷笔下的文魂笔意相遇了。吸引我的不仅仅是他的文字诗一般抒情优美，还包括他的文心、初心、苦心神一般悲天悯人。他的心与路遥的心在文字的排列组合里奇妙地相与、相亲、相敬、相揖，像莲花盛开在夏季，摇曳生姿，芳香扑鼻。文心雕龙，一条龙在晓雷娓娓说道的叙事里若隐若现，又活灵活现。读这样的文字，就好像晨行湖畔，与路遥不期而遇，别是一种惊喜，值得转身回眸。那是晓雷笔下的路遥，也是读者百闻不如一见的路遥。哪怕是路遥的一个侧影、一个倒影、一个背影、一个剪影，都足见路遥的风骨、风采与风度。路遥若是秦岭，晓雷便是导游，他更懂得秦岭的面目不是浮光掠影就能领略的，所以需要驻足欣赏云卷云舒，登高瞭望天高水长。有道是：“横看成岭侧成峰，远近高低各不同。不识庐山真面目，只缘身在此山中。”那就掩卷沉思，浮想联翩，或能有意外的收获或感悟。

《路遥别传》，“别”在这里：这样的“传”，只有晓雷能为，别人不能，勉强为之也必不是这般别样的叙事、纪事、论事。传主与传者阴阳两隔，传主路遥已谢世三十春秋，三十年来不死，始终活在传者心里。传者晓雷三十年来对路遥的英年早逝念兹在兹，不肯信以为真。往事不堪回首，偏就历历在目，化作云愁，一遍又一遍地“才下眉头，又上心头”，总是挥之不去。他和夫人李天芳曾与路遥日常生活密切交集，私下往来互不设防，在他们面前，路遥无所遮掩，不加屏障，完全流露赤子之心，喜怒哀乐尽在谈笑之中淋漓尽致。在他们眼里，路遥不仅仅是一位文学同道者、殉道者，更是一位血肉饱满、情感丰富、精力充沛、创作力旺盛的陕北后生。从路遥步入文坛，他们便是路遥的同行者、支持者、见证者，以及荣誉分享者。他们了解路遥，更懂得路遥，既能从路遥的身上感知文学的魔力、魅力、活力，又能从路遥的文字里感知路遥的与众不同及非同凡响。当路遥一路坎坷、一路跋涉、一路前行、一路爬坡的时候，他们目睹了路遥的执着与顽强；当路遥像一颗新星在文坛冉冉升起的时候，他们分享了路遥的荣耀与辉煌；当路遥又像流星般陨落的时候，他们承受了失去路遥的悲伤与惆怅。我不知道路遥生前知己为谁、有几，我却对晓雷夫妇是路遥知己深信不疑，理由之一是，路遥生前身后，晓雷夫妇对路遥始终如一，那就是呵护有加，不遗余力。只要提起路遥往事，晓雷总是心口如一，美言脱口而出。他写路遥，就是想写，就是觉得路遥值得写，不写就对不起路遥，更对不起路遥身后的时代与粉丝！基于是，《路遥别传》足可告慰路遥英灵于天上了！

《路遥别传》，“别”在这里：我说晓雷非等闲之辈，绝非无底线恭维。

1963年，他毕业于陕西师范大学，被分配到延安中学任教。第二年7月，他就在《人民文学》月刊发表了处女作——组诗《延河滚滚向东流》四首与散文《丰足牌火柴》。组诗随即由中央人民广播电台配乐朗诵，成为长期保留节目，其中一首又被选入中学语文教材；散文随即被人民文学出版社编入《新人新作选》。当年获此荣誉殊为不易，在省内、国内立即引起注意，西安的《延河》、上海的《萌芽》两家文学月刊都派编辑到延安向他约稿。十年蹉跎岁月，他曾一度沉寂。其后，他雄心再起，一边做编辑，一边重拾生花妙笔，醉心于文学创作，作品如天女散花，撒向全国各地，先后有诗歌、散文、中篇小说、报告文学结集出版，计有十余部之多。特别是1988年，他与夫人李天芳合著的长篇小说《月亮的环形山》由作家出版社出版，更掀起了热评美议，《西安晚报》发了评论专版，《小说评论》发了评论专辑，《文艺报》《光明日报》《当代文学评论》都有专评，不吝美词，予以肯定。此书与《平凡的世界》一同列入第三届茅盾文学奖17部提名作品名单供终评投票，虽然最后落选，但评委仍在《文艺报》发出“遗珠之憾”。时隔33年，2021年，他的长篇小说《浮山》由新华出版社推出，一石激起千层浪，北京的《文艺报》《中华风》、天津的《文学自由谈》、广州的《羊城晚报》、陕西的《小说评论》《文谈》，以及各大纸媒和网媒，或发消息，或发评论，都给予热情关注。说起《浮山》，我也是一睹为快，对晓雷的才情佩服得五体投地，读后直感《浮山》是晓雷才情恣意挥发的结晶：人生浮沉，人世沧桑，人情百态，人文风味，如梦境般被精心描画，如春秋般被用心书写，如纪实般被尽心呈现，其云卷云舒笔意，尽在字里行间大放异彩，读之既有身临其境之感，又有恍若隔世之感。噫，把小说写到这般境界，不说登峰造极、独树一帜，却可以说神来之笔、浑然天成！凭此才性与妙手，由他来写《路遥别传》，自是别出心裁、别有天地、别是一种叙事方略，必然向读者展现一位有别于其他写手笔下的路遥。

《路遥别传》，“别”在这里：作者晓雷的夫人李天芳，乃陕西文坛响当当的人物。1964 年 7 月，她的处女作《枣》在《人民文学》发了散文头条，也收入人民文学出版社出版的《新人新作选》一书。请注意这个细节：当年她与夫君的名字同时出现在同一期的同一个文学月刊上，且都是处女作，这不是机缘巧合么？文坛奇遇，此为美谈！自此以后的李天芳，佳作不断，享誉文坛，成为陕西文学界的一枝花。她是国家一级作家，中国作协全委会委员(后为荣誉委员)。她还是陕西省文联原副主席，现为陕西省作家协会顾问。夫妻伉俪，相互辉映。她有多部小说、散文作品集出版，散文成就尤其突出，从北京到南京，从西安到天津，屡屡获奖，令同侪惊羡。她的散文《赶花》《打碗碗花》《种一片太阳花》诸篇被选入全国各种教材，此后长期使用。与夫君晓雷合著的长篇小说《月亮的环形山》出版后好评如潮，一时传为佳话，路遥生前曾倾情写过书评。她与路遥亦有久远之谊，彼此信任非常人能比，有她的文章《财富》为证。此文一些细节催泪，令人不忍卒读，读后对路遥的理解更深了一层。基于她与传主、传者特殊的关系，她笔下的路遥一些细节又鲜为人知，一下子能把读者的心拽进“别传”里，故将此文特意置于“阅读延伸”，单独成章。传者良苦用心，读者当能心领神会。《路遥别传》里许多细节、情景，都有李天芳的影子。作为夫妇贤伉俪，她的参与自然给《路遥别传》增色不少。

《路遥别传》，“别”在这里：作者将一些自己珍藏的路遥手迹第一次亮相披露，并将释文放在前边，以方便读者大饱眼福。手迹不多，弥足珍贵。《给晓雷等的信》，既可窥视路遥早期创作的心路与行迹，亦可窥见路遥与晓雷夫妇之间的信任与友情。《答〈延河〉编辑部问》，一问一答，足见路遥的坦诚之心与睿智之识，他的文学情怀与真知灼见一览无余，即使今天阅读，犹能感受到他那颗滚烫的赤子心，他的文学见识、见解超越了时空，至今如星光一般明亮，让人耳目一新。《读李天芳、晓雷著〈月亮的环形山〉》，是路遥的书评，堪称范文，文章不长，评论不俗，非但不是应景之作，而且可谓倾情、用心，他的许多话语颇耐咀嚼，让人觉得路遥就是路遥，连书评都有范儿。《追悼杜鹏程》，不落俗套，不为应景，能感受到文心共振，天地同悲。此外，还收入了路遥的一张借条，就一行字，足令人难过。那一行字是："今借到创作之家壹仟元整。"时间是 1992 年 10 月 1 日。注意这个时间节点！一个半月后，即 11 月 17 日，路遥与世长辞。也就是说，他在离世的时候，尚在举债。睹此手迹，谁能无动于衷？反正我是心有戚戚焉，"独怆然而涕下"！

《路遥别传》，"别"在这里：为了从一个侧面折射路遥，达到烘云托月的阅读效果，以加深读者对陕西的路遥们有一个立体的印象和了解，作者特意甄选了自己九篇散文华章，传神描画或解读陕西八位作家，他们是柳青、王汶石、杜鹏程、魏钢焰、陈忠实、邹志安、王德芳、马林帆。在他们身上，有路遥的影子；在路遥身上，也有他们的影子。他们都与路遥有过文学交集——除了王德芳、马林帆，他们都与路遥曾经生活在一个文学大院，都是抬头不见低头见的前辈、同事兼文友。他们有的堪称路遥的老师，如柳青、王汶石、杜鹏程、魏钢焰；有的与路遥属文学同道、同侪，如陈忠实、邹志安、王德芳、马林帆。他们都有一个共性，那就是对文学的挚爱、敬畏、虔诚与奉献如出一辙。如果要给路遥们树碑立传，他们个个够格，俱当之无愧，他们以各自的文学成就、文学风采、文学面目群雕了陕西文学的一个众星璀璨、相互辉映的时代。晓雷无疑也是一颗星。置身其中，所以他笔下的每个人物都栩栩如生；超然物外，所以他笔下的每个人物都熠熠生辉。他写活了他们的文魂，也开阔了我们的眼界，使我们从这些作家身上，感受到了路遥时代的文学气息、文学土壤、文学神圣与文学激情。他们使我们心潮澎湃，对他们的那个充满文学活力的时代不能不充满敬意。但愿读者能从这些路遥们身上，读到自己想要的东西。

总之，《路遥别传》，别有洞天。只要阅读，必能步入与《平凡的世界》息息相关的一个不平凡的世界——呶，路遥就在那里等着，拈花微笑。此书读后，读者必会惊叹：路遥，不一样就是不一样啊！

2022年8月22日于陕西人民出版社第三编辑部

（孔明，本名张孔明。知名散文作家，编辑家，陕西人民出版社编审，中国作家协会会员、陕西省作家协会理事）

目录

路遥别传

路遥时代的作家

传外录 · 路遥手迹

阅读延伸

跋

路遥别传

路遥与谷溪（中）、晓雷（左）

路遥写作《惊心动魄的一幕》的陋室

第一章 男儿有泪

“一切都已经在昨天结束了。我想未来我写作的精神自由度会更大一些。这个奖与其说是一种收获，还不如说是一种解脱，”路遥似自言自语，“对作家来说，所谓现实，同时也就是未来，也就是历史，因此，必须有更具深度的思想，才有可能进入真正有价值的劳动。”说着，他抬起头，对着城墙上遥远而深邃的夜空凝视。

颓败的瓦屋

我在陕西作协最初的住房是有些来历的。作协所在的大院原是国民党八十四军军长高桂滋的公馆，与张学良将军的公馆毗邻。西安事变时，前院的小礼堂做了蒋介石的羁押地，中共副主席周恩来与身不由己的国民党委员长就在这里第一次见面。这房子做过外景，被拍在故事片里，门前立着一块石碑，标明这座建筑作为国家级的文物将被永久保护。中共其他代表成员在后院的平房里寓居，其中的一间后来就做了我家的居室。

半世纪前修成的这个院落，布局规整，屋舍俨然，屋上有雕花兽脊，檐下有明柱回廊，夹层窗，木地板，一派豪门大户气象。但不知从什么时候开始日趋式微，阴湿颓毁，以至于有人说，要拍摄聊斋故事，这里是现成的外景。而我们住的那一间尤其显得穷愁潦倒，破败不堪。而且，这间屋子有着诸多弊端，背墙外是马路，人来人往，喧闹不息，中午小憩时，秦腔黑头般的卖豆腐吆喝声，要震破你的耳鼓；黎明的宁静中，四个小铁轮撑起的拉水平板车声，如锅铲刮锅般的尖厉，只一割，就把你的甜梦割得鲜血淋漓；这间房面对着另一排横房的山墙，遮了本属于它的阳光，也遮了属于它的视野，路遥生前把这里叫作王李家圪塄，足见其封闭偏僻的地理形势；这间房与其他的房子起架一样高，却比其他的房子落地低，进屋时就像进地下室；这种高起架加上三面开窗，使得屋内一到隆冬就变成冰窖；又因它不对流，不通风，被堵在一个角落，到了炎夏却又特别炙热憋闷，人仿佛变成蒸笼里正在加温的麦面馒头；房子背墙的最高处开了一个天窗，屋外飞沙走石，屋内尘土弥漫，屋外暴风骤雨，屋内雨水横流……这是最不适宜居住的房屋了，但它却似乎应了刘禹锡《陋室铭》中的名句："山不在高，有仙则名；水不在深，有龙则灵。"

陕西作家协会的第一任主席柯仲平就住的是这间陋室。那时的柯老正年富力强，立志去做无产阶级的但丁，还立志要把杜鹏程扶植成中国的高尔基，把王汶石扶植成中国的契诃夫，这种气吞山河之势，当然会让人对这间屋子发出"何陋之有"的感叹。那时的柯老是我心向往之的一尊诗神，听说他的长胡子飘满胸膛，笑起来，声震屋瓦，白须在胸前抖成一团瀑布；听说抗战时期他在延安街头朗诵墙头诗、枪杆诗，能够响遏行云；又听说他正在著写一部英雄史诗，诗名叫作《刘志丹》……这些讯息，都是我所感兴趣的。我在陕北的土窑洞里想象着，何时能有幸一睹这位长须飘满胸膛的狂飙诗人的风采。但突然之间，传来他猝然离世的消息，令我打了一个冷战。听说是在前院的那个小礼堂里坐着听传达，他的心脏突然停止跳动。传达的是有关"彭高习"反党集团的文件。他的诗既然描绘与高岗、习仲勋一起闹红的刘志丹，就难脱反党的干系。利用小说进行反党是一大发明，利用诗进行反党不同样是一大发明吗？大概当年的这位狂飙诗人被这突发的又一起狂飙弄蒙了，一口气憋在胸中出不来，就撒手人寰。后来“文化大革命”狂飙再起，我从延安专程跑到西安，在这个大院里看热闹，看见铺天盖地的大字报揭露批判他的反党罪行。但我从抄出的那些诗句上，一点也看不出反党的意图，对一场新的狂飙自然非常困惑。80 年代，他的夫人王琳从云南老家专来西安的这座旧院，整理编辑《柯仲平诗文集》。这位不善治家的女作家衣着随便，性格豁达，我们一起在小灶上吃饭，她一说话就笑语连天，胸脯抖颤，真好像是受了柯仲平的传染。那套诗文集我只收到过第一卷，在此后文学困窘的日子里，后边计划中的几卷是否出齐我就不得而知了。王琳如果再回来看看这间她和柯老的旧居，看看脱皮裂缝的土墙，看看腐朽而破损的木门，会有怎样的感慨，我也同样无法得知了。

我刚调来这座大院的时候，路遥成了这间屋子的主人。这屋子与我的办公室隔着一个小院，早春时节，紫丁香开得空气里暗香浮动；暮春时节，海棠花开得丹唇粉面；初夏时节，石榴花开出火焰一片；隆冬时节，那一株壮硕纷繁的蜡梅开得既金光灿烂又冷香袭人。在这些杂花美树之间，一张乒乓球案是最好的休闲用品，路遥是这案边最活跃的人物之一。一场小老虎式厮杀过后，披着一件制服就回了陋室，我也随之跟进与他闲话。他那时最大的兴趣不是在乒乓球案上的争夺，而是在创作上寻求突围。曾经有一个冬季夜晚，他开夜车时间太久，也就睡得很沉，蜂窝煤气弥漫整间屋子，憋醒时，他已浑身瘫软，发不出声音，爬到门跟前，又一次昏厥。第二天上午，编辑部有人来找他办事，推开门才发现他已气若游丝，只是因为旧门板发翘漏缝透气，才救下他的一条性命……后来他突然闭门谢客，把自己在屋内关了一周，等再见面的时候，他拿给我两本八开大的稿纸，那是新写的一部中篇小说，没有题目，空着的题目下边，有着一句扉语：金盆打了分量在。我一口气读完那部初稿，只觉得脊背上冷汗涔涔，心里边波涛汹涌。这是用否定的态度，正面描写“文化大革命”的残酷与丑恶的小说。那时我的心理还停留在一种旧有的理论定式中，恪守着一种所谓发展和贡献的论断，忽然看见一部讨伐史无前例“文化大革命”的檄文，不能不感到震惊。但我紧接着更为震惊这作品的真实和真诚，它有意无意地在改变我的观念，使我长久固守的信条如同冰山遇到阳光一样开始融化。当路遥征询小说的题目时，我们俩你一言我一语地商讨，最后觉得《牺牲》一题最为恰当，既是点明主人公在两派的斗争中牺牲了肉体，又暗示主人公和两派群众组织都做了一次无谓斗争的牺牲品。此后的事，许多人都知道，路遥把这部小说投寄过几乎所有的大型文学刊物，均被一一退回，直到最后转寄《当代》时，路遥已表明，如果再不刊用，立即就地焚毁。然而，置之死地而后生，秦兆阳主编慧眼识珠，他发现了这部作品的价值，亲自修改，加写按语，另起题目为《惊心动魄的一幕》，既推出了一部全新观点的力作，又推出了一个颇具潜力的新人，路遥从此脱颖而出，终成了名留青史而又惜乎早逝的优秀作家。

这篇小说之后，作协家属楼空出一套居室，路遥搬进新居，这座瓦屋就做了我和李天芳的栖身之地，虽无上阶绿的苔痕，亦无入帘青的草色，但确然谈笑有鸿儒，往来无白丁。最有代表性的鸿儒有两位，一是作家杜鹏程，一是画家修军。老杜非常崇拜他的乡祖司马迁，经常坐在我们的陋室里讲童年时代朝拜司马庙，说他也随着善男信女去司马坟头，折下柏枝插在发间，传说插了柏枝，女子变得贤惠美丽，男子变得精明强干。我想，插着柏枝的少年杜鹏程，肯定就有了追随太史公的志向，日后《保卫延安》的诞生，绝对与这样的童年经历有关。后因这部书也与太史公一样蒙垢，也就使他对《报任安书》与《太史公自序》常常唏嘘感叹不已，他感叹着与太史公同样的“肠一日而九回”的遭际，也与太史公一样的神情恍惚，“居则忽忽若有所亡，出则不知其所往”。也许正是这样的精神裂变，才决定了他那种特有的杜鹏程式的握手。同一个单位，天天见面，时时见面，但每见必定握手。刚刚在前院的厕所墙外碰见，握了手，三分钟后，在办公室的门口碰见了，就再握手，再三分钟在我的陋室里相聚，又再握一次。有一次他接待外宾，与客人漫谈，客人不停地盯着他的脚面看，时间久了，夫人问彬才发现他袜子的脚跟穿在脚面上，让客人弄不清楚这是一种什么样的袜子新款式，就凝神屏息地研究，恍然之后，忍俊不禁。那时他的心被《保卫延安》的平反与《太平年月》的修改占满，自然留给别的事情只有牛顿式的大智若愚。他在我们的陋室里，总要寻烟抽，他的心脏不好，医生禁止他吸烟，问彬监督着不让解禁，他瘾发了，就来我们的陋室救急，我们是晚辈，自然不能违拗。吸进一口烟，他的思维激活了，就絮絮而谈，谈得最多的是闻捷。他和闻捷相识于延安，共事于新疆，十分欣赏这位诗人的才情与性格，总提醒我去读他的诗。其实，闻捷的《吐鲁番情歌》与《果子沟山谣》，我耳熟能详，几乎能倒背如流，但他再一次来还要叮咛。有一次，从我屋里离开时，他交给我一首长诗的抄件，看那字，像是他写的，诗题叫作《祭歌》，署的日期为 1940 年作，作者为磊生。诗一开头是这样四句：

在中国，

也有郭如鹤的。

十二月的夜，

我们想着。

老杜说，不是要发表，是要留给我。既然不是要我发表，我也就没有看，顺手放在抽屉里，保存起来，忙着应付眼前的各种事务。

离我们不远处的屋子住着几位画家，那时我对画缺乏鉴赏力，更不知道有关画的学问。因为有一个闲置的画框，就抱了去向方济众求画，请他按我画框的大小画一幅。旁边的人窃窃发笑，他们说，别人求画都是要四尺整张的，六尺整张的，甚至丈二宣的，哪里像你只要扇子大一块，还要画家削足适履不成？但少言慢语而又温和敦厚的方济众没有拒绝我，他就按画框的大小画了一幅秋景：层林尽染的山岩上站着两只觅草的山羊，那是方记山羊，只画三条腿，不分叉的蹄子，简洁传神，意味无穷。与方济众毗邻的修军，每天从前院到后院长久地漫步，走到任何一株树木跟前都要驻足凝目观察。木槿花那紫红色的花瓣，玉兰花那洁白色的花蕾，海棠花那有红似白的花簇，都让他兴趣盎然。他以这种观察与体验，画了一幅玉兰图赠给诗人玉杲，让我十分羡慕。有时看花看累了，他就来我们陋室稍做休息。修军是一位外表就极有风度的艺术家，爱因斯坦式的头颅，童颜鹤发，方颐厚唇，一双明澈的眼眸盯着你，既显得深邃，又显得亲切。他也少言慢语，谈话就是询问你在写什么，其实他的问话透露出他的脑海里不时喧腾着灵感与构思。他环顾我们的斗室，盯着墙壁上的裂缝，那裂缝上我用糨糊贴了几张纸条，为的是时时观察裂缝是否变宽，房屋可有倒塌的危险。他大约觉得这房子太过寒碜，应该有个弥补和装饰，就说，我也送你们一幅画吧。我们当然喜出望外，就时时念叨着他的大作问世。大作果然送来了，画的是两只猫。一只黑的，一只白的；一只卧着，一只蹲着。笔墨丰润温醇。那时黑猫白猫论重新热闹起来，但有人看了这画说，猫的眼睛一只睁着，一只闭着，懒洋洋的，肯定是逮不住老鼠的，不是好猫。于是他就又给我们写了“大地”两个字，他的书法带着他版画家的功力，刀砍斧劈，大气磅礴，但别人却有意无意地读成“地大”，这使他十分伤心。有一日，他拿了一份木刻新作，让我给起一个题目。那时中央还没有为彭德怀平反，陕西也还没有为《保卫延安》平反，他的画是彭德怀的木刻头像。戴着一顶军帽的彭德怀，眉如剑一样犀利，目如水一样澄明，笔直的鼻子，前伸的下巴，呈现出内在的坚忍不拔与果决刚毅。头像连着一方竖起的石头，看似坚如磐石。我琢磨一阵，建议他题作《丰碑》，他称谢而去。过了几天，他见我说，老杜起名为《山岳》，问我感觉如何？我脱口赞赏，说毕竟是大师，比我起的题目高多了，既含蓄又形象，博大沉雄，十分准确。后来这幅木刻就以《山岳》为题发表，我捧读时，常常为之心灵震撼。

如同柯仲平没有完成《刘志丹》长诗而猝然去世一样，路遥也没有完成他一系列腹稿而撒手人寰，老杜没有修改完成《太平年月》而离恨人间。修军也和方济众先后撂下画笔而去，他们两个都是刚满花甲之年离去的，手中的画笔正在雄健与老辣，却无法描绘山羊、猫、春景与秋色了。他们的逝去，让文坛艺苑清冷了许多，也让我所住的那座瓦屋变得空寂落寞起来。

这所院子的所有瓦屋都进入暮年，白蚁已蛀空了椽檩，屋顶上长满了瓦松和衰草，方砖与土坯筑成的墙体，经历了风雨的剥蚀已变得苍老不堪。有一天，我那瓦屋对面的一间忽然全部塌陷，警示所有的瓦屋都已经变成危房，不堪继续留住。在准备搬迁检视整理旧物的时候，我偶然又翻出老杜送给我的那首长诗的抄件，坐下来，认认真真、仔仔细细地阅读了一遍。读后大惊，那诗是对一位游击队长的壮丽人生的摹写，是对在血与火、枪林与刀丛中勇往直前的豪迈人生的礼赞，是对一位出生入死、舍生取义的民族英雄的赞歌。过了很久，我的耳畔仍不时回响着结尾的诗句：

你浮着严峻的微笑，
一手持着枪——
你终身的武器；
打着迎风招展，
与太阳争辉的，
天蓝的，英勇的战旗……

我猜想，也许这果真是小说家杜鹏程留给我们的一部诗作，应该推荐给出版社隆重推出，为此我向问彬打电话询问，但问彬已远在大洋彼岸的美国，我只得把诗如同文物一样再次慎重珍藏起来。

我所住的这间瓦屋，肯定过不了多久就会消失，但屋内曾经发生过的事，会如同诗句中浮着的微笑和打着的战旗，永恒地存留着，无法磨灭。

原载《中华散文》月刊，《中外文学》月刊选载

男儿有泪

一

“五原春色旧来迟，二月垂杨未挂丝”。这一年，陕北高原的春天的确来得太晚，古历二月，到处还是滴水成冰。而对于诗人谷溪来说，连他的整个胸腔肺腑里，也都是一片冰雪世界。他被关在延川县监狱羁押罪犯的一孔石窑洞里。县公检法被造反派彻底砸烂了，所有的在押犯都被送进省城监狱，偌大的正牌监狱重地，如今关押的就只有他这样一个没有犯罪的人。

好久没有住人的监狱窑洞，本来就阴暗潮湿，在严寒未退的早春二月，更加阴冷沁骨。加了铁条的窗户用厚厚的报纸糊了几层，把微弱的阳光阻隔在窗外，窑内只留下了悲观的黑暗与死亡的绝望。诗人的大脑里一团乱麻，他被浑身的伤痛完全控制了。他感觉自己的两条腿已被打断，走不成路，腰也被打断了，直不起来，他觉得自己快要死了。死，他倒不怕，浑身疼痛到这个份上，真比死了还难受，只是觉得这样死有些窝囊。李白说，天生我才必有用。我还没有用多久，怎么就要死了？母亲生了我这么一个儿子，我还没有报答她，怎么就要死了？他有些想不通。

昨天，这个贾家坪公社的团委书记正在自己宿办合一的窑洞里读造反小报上的北京来电红都快讯，正在研究关心着国家大事，听说县城里的“红四野”来抓人，他冲出门就往山上蹦，但没跑多远，一个个黑洞洞的枪口就对准他摆开一圈，几个彪形大汉伸出铁爪，老鹰抓小鸡一般，把他从土坡上提起来扔在脚底下，左右开弓，革命的铁拳头与革命的铁脚板一齐并用，顷刻间，他的那副散光镜就掉在地上摔成了八瓣，而架眼镜的地方也就顷刻间变成了对立派革命铁拳头练习的靶子。拳头砸在他头顶的右边，左眼就冒三个金花，砸在左边，右眼就冒两个金花……

“说，韩局长是怎么死的？在哪里死的？”黑洞洞的枪口对着他逼问。

“我没参加过武斗，什么也解不开（陕北方言，解音 hài，‘解不开’意为不知道、不清楚——编者注）。”他如实地回答。

“不老实说，就枪毙你！”黑洞洞的枪口对着诗人进一步逼近。

“挨枪毙，我也不知道你们问的事。”

哗啦啦，他被五花大绑捆定押着朝前走，路过一个避雨的破窑，他被推了进去，举枪的人大吼一声：跪下！

而他没跪。他觉得革命者的腿怎么能跪？于是仰起鼻青脸肿而又没了眼镜的头硬挺着。当然，招来的是又一场铁拳头与铁脚板的风暴，铁拳头专门对付他的腰，铁脚板专门对付他的腿。他被击倒，而又被拉起，再被击倒，再被拉起，因为不跪，他就这么被连续的风暴横扫。

贾家坪，四下里停。贾家坪是陕北古代驿道与现今公路通过的一个重要站口，离东边的延川县城、北边的清涧县城、南边的文安驿站和西边的永坪镇各距四十五里。秦时，这条路修成秦驰道，可以北达上郡。有一条叫作永坪河的河流傍着秦驰道从西向东流过，使这一道川成为延川的重要粮食产地，也是沟通南北东西的交通枢纽。由炊事员提升到县通讯员，为领导扫地提水拉马送信的诗人，最后擢升到团委书记，一颗心追随了缪斯女神，面对着这一道锦绣山川，时时涌动诗情逸兴。可是今日，这道川里的诗情画意都消失了，在无情拷打、生死难料的艰难行程中，诗人只清醒着一个念头：就要死了，即使死了，也绝不能下跪，我不是敌人，怎么能跪！一跪，不就变成革命的叛徒！

五花大绑的诗人被两个壮汉一把撂上卡车，风驰电掣进了县城，又被提起来扔下车，推入县城监狱窑洞，他就轰然倒地，再也挺立不起来了……

二

就在曹谷溪被押送回城的那条公路的百里之外，十年前，从清涧方向走来一大一小两个人，那是一个名叫王卫国的八岁男孩和他的父亲王玉宽。

那个叫王卫国的小男孩，就是以后蜚声中国文坛的著名作家——路遥！

他们从一个叫王家堡的山庄里出发，向着南边开始了长途跋涉，走过石嘴驿，开始翻山，山叫九里山，是韩信活埋母亲的山。传说韩信梦见这里有一个好穴位，如果父亲或母亲在这里安葬，儿子就可以大富大贵，甚至贵为帝王。急于称王称帝的韩信，不等母亲去世，就把母亲活埋在这儿，至今这儿存留着一个墓冢。九里山也是解放军歼灭刘戡、董钊的国民党中央军的大山。杜鹏程的小说有一章的题目就叫《九里山上摆战场》，写得腥风血雨，摧枯拉朽。读历史、念小说挺浪漫，但走起这山路来，却是痛苦不堪的。山路崎岖不平，一阵儿是突起的石头，一阵儿是洼下的水沟。没走多久，小卫国的脚板就打起了血泡，浑身就没有了气力，肚子也开始渐渐变得空瘪，早上吃过的那一顿饱饭不知不觉间就化为乌有了……

大清早他被叫起来，母亲做好一顿好茶饭，是飘散香气的洋芋擦擦和黑豆钱钱，让他吃了一个饱，自从弟弟妹妹接连出生以来，他觉得能吃饱的时候很少，今天好像破了例，他趴在窑前的石碾盘上，大碗吃擦擦，大碗喝钱钱饭。母亲一边看着他吃一边叮咛他，到了大妈家一定要听奶奶和大爹大妈的话，大爹那里的生活好，在那里要好好地念书……母亲说着就擦泪。母亲十八岁的时候生下他，接着又生了两个弟弟两个妹妹，后来又生了两个弟弟一个妹妹，五男三女一群孩子，拉扯不过，只好决定把他送给大爹王玉德做儿子。大爹两口不生养，但日子过得殷实，现在让王卫国过继给伯父“顶门”，既解决了父亲多子多女的困难，又解决了大爹没儿没女的缺憾，实在不失为一件最明智的抉择与安排。儿子由大爹大妈那样勤快而又善良的受苦人照看着，又能吃饱又能上学，对儿子一百个好。但儿是娘的心头肉，这么小就让他离家抛舍，是割娘的肉剜娘的心……

许多年前，绥（德）米（脂）佳（县）吴（堡）清（涧）的受苦人逃荒走南路，佳县的李有源就是走在这样的山梁上，看见东方升起的太阳，一路走一路唱，唱出了响彻中国大地的《东方红》。也就是在这样的移民潮中，王卫国的父亲、大爹与王卫国的爷爷奶奶从清涧的王家堡翻山越岭，去延川县文安驿这一道川里去讨生活。在靠文安驿河南边一个叫郭家沟的小村里住下来，大爹领着父亲开荒种地。日子过得好起来，大爹托人做媒，淳朴老实的父亲与聪明美丽的母亲结了婚。听说老家清涧土改过了，父亲与母亲离开郭家沟，又回到石嘴驿乡的王家堡过上了新生活……

但谁能知道，土改初分的土地又归了农业社，农业社归了人民公社，粮食反倒比过去打得少了，而一大堆子女尤其让勤劳的父母亲难以维持生计，不得不忍痛把亲生骨肉送给别人……

走到半晌午了，小卫国跟着父亲才走到清涧县城，早晨吃得饱饱的肚子又干瘪了。一阵清香随着一缕轻烟飘来，回头望去，是卖油茶的正在搅动飘着油花儿的油茶。小卫国立刻走不动了，变空之后的肚子就像生了一炉火，烧得嘴唇都变得干裂，他不由得伸出舌头舔舔干裂的嘴唇，露出一副馋相。

父亲踌躇起来，亲生骨肉就要送给别人做儿子了，平日让他吃不饱饭，今天还不给他吃饱吗？他颤着手去摸自己的口袋，好容易摸出一张揉皱了的脏污了的一角钱纸币，买了一碗油茶递给儿子。

饥饿是最好的调料。这一碗油茶喝起来格外香。小卫国把着碗，呼噜呼噜，还没觉得怎么喝，碗底就朝天了，他贪婪地抬头望着父亲，目光中还有一种期盼，但嘴里却问父亲：

“你怎么不喝？”

父亲说：“我不饿。”

不饿？小卫国不相信。他们一同走了八九十里山路，翻了几座大山，怎会不饿？他明白，父亲把仅有的能攥出汗水来的一张钱花给了他，口袋里已经空了，父亲不可能再买什么吃喝，而他也只好咽下去自己的那一份过多的渴盼……

他们又开始上路了，沿着宽阔的秦驰道往前走，秀延河就在路旁蜿蜒而去，不时发出喧响，到处是枣林、庄稼，但父子俩无心欣赏，大雨过后，路被冲成一道一道深沟，有时是一汪一汪深水，有时是一摊一摊稀泥，本来已经走得人困马乏，越是往前就越是饥饿和疲累。

饥饿像一个魔鬼伴随和折磨了这个少年许多年，但饥饿却滋养了他的想象和联想，也滋养了他的雄心和志气，使他日后成就了一番事业而家喻户晓。但那是后话。

第二天太阳落山的时候，他们望见了此行的目的地，那是大爹大妈和老奶奶居住着的郭家沟。西边的东坬山，东边的小圪埮山，夕阳中变成了两团墨绿，山谷中升起一团袅袅白烟，也许是奶奶开始做晚饭了，小卫国忘却了两天来的疲累，急切地要立刻扑到这最爱他的人的怀里……

三

不知过去了几天，一阵响声惊醒了诗人谷溪，睁开眼看，依然是一片恐怖景象。

枪口仍然对着他逼问："老实交代！"

他趴在湿地上喘气："我什么也不知道。"

"那就枪毙，你还有什么要说的话，现在就说。"

“那我要给我妈写一封信，一来表示我的不忠不孝，二来要告诉她，我欠一个朋友一百块钱，叫她想办法给人家还了……”诗人觉得死到临头必须办完这件大事，不要把账背到阴曹地府。

“钱顶你还了，”持枪人断然地说，“你准备一下，要活就老实交代，不老实交代，我们过一阵阵送你上山。”“送你上山”，就是送人上西天。持枪的人走了，留下一个等待死亡的通知。

地球在这个时候停止了转动。

人世间最痛苦、最恐怖的事情，莫过于等待死亡。诗人谷溪有过这种真切的生命体验。他说，在躯体和心灵受到极度摧残时，再懦弱的人也可以视死如归，坦然地去死。可是，等待死亡的过程比死亡更可怕！

残酷的拷打之后，诗人的尻壕子里开始流水，他艰难地撕下墙上一片报纸塞进裤裆，夹在尻壕子里，开始思前想后，准备迎接即将到来的死亡……

满打满算，他今年才二十七岁。十二年前，他背着铺盖卷从清涧步行到延川来上学。他是天分很高的学生，但家里穷，弟妹多，无法考大学深造，就想当一名画匠，给人去画箱箱柜柜，赚钱养家。但一时找不下活儿，一位熟人推荐他到县医院去当炊事员。这样，他就成了当时延川县文化水平最高、做饭水平最低的一名炊事员。常常为擀面发愁，为炒菜发愁，蒸馍时，每次揭锅盖，心情的紧张程度，无异于将要揭开宝匣的赌徒。

这个既尽职尽责要干好炊事工作而又不安心永远当炊事员的小伙子，洗锅刷碗后，就拿起墨水钢笔捣鼓起文字来。他根据贺家湾公社刘家河村发生的一个真实故事创作了秧歌小戏《脚印》，过春节时演出；他编写了许多新秧歌词，被县委宣传部以《秧歌百首》印发全县各社队推广；在县委当通讯员时又写了一篇通讯《一只手表》，居然被地区的《延安报》发表。因了一首《镢头歌》在省上的《陕西日报》加框刊发，以后有评论家就给他戴上“老镢头诗人”的桂冠。

宝塔山上擂战鼓，
鼓点伴着镢头舞，
劈开千重山，
封锁万条沟……
千把万把结茧的手，
千把万把老镢头，
挖掉两座大山，
修起万丈高楼……

正像路遥说的，这诗不是用笔在纸上写出来的，而是用老镢头从地里挖出来的。他就这么一首接一首地挖诗挖文，在偏僻而古老的延川县里开辟了清风习习的文学天地。

1965 年，谷溪被选成了青年文学创作积极分子，到北京参加全国代表大会，居然和周恩来总理、朱德委员长等党和国家领导人一起合影留念，这无疑是在老镢头的刃上加了钢，他摩拳擦掌，准备甩开膀子挖山不止了……

但风云突变，一场所谓涤荡污泥浊水、横扫牛鬼蛇神的大风暴卷地而来。小小的延川县找不到“三家村”，就把他认作彭真、周扬伸向这块偏僻地方的黑爪牙、小爬虫……

放下了炊事员的擀面杖，坐上了贾家坪公社团委书记交椅而又舞文弄墨的曹谷溪，便成了一个黑诗人，一定得把他批倒批臭，打翻在地，踏上一只脚，叫他永世不得翻身！

实际上，只踏一只脚，就使他无法翻身。过不多久，从县城到乡下，自称造反派的“红四野”和又一个自称造反派的“司令部”，已经顾不得众多打翻在地的当权派和牛鬼蛇神之类，他们忙于架起机枪大炮，端起长枪短枪冲锋陷阵，哪里还顾得上一个公社的团委书记和一个老镢头诗人？但也活该这位诗人倒霉。本来已经靠边站了，正好去做逍遥游，过小日子，写镢头诗，他的炊事员技术已经提高到一个手能打荷包蛋了，给自家做着吃，一定会过上舒心可意的好日月。但伟大领袖已发出人人要关心国家大事，要把“文化大革命”进行到底的最高指示，在《东方红》的故乡出生，唱着《东方红》长大而又为着《东方红》写诗的人，怎么可以做逍遥派？恰好这时，北京发出了最新指示，把米脂的“101”（当时受到军方支持的群众组织）树成了一面“文革”红旗，逍遥已久的老镢头诗人毅然表态，声明自己支持与米脂同一个派别的延川司令部是革命造反组织，自己愿与他们风雨同舟……

真是好钢用在刀刃上。就在镢头诗人发表的声明言犹在耳之际，司令部的一派打死了“红四野”一派的一位中坚力量。“红四野”一时抓不到杀人凶手，就抓来一个把他们骂作保守派的还是一个被称作诗人的地地道道的保守派的嚣张分子抵罪。这个家伙写过黑诗黑戏，开过黑会，见过黑帮头子，把这个家伙枪毙了，也算“红四野”的革命造反派做了一件响当当的革命壮举。刚刚逍遥了几天的诗人又要陷入灭顶之灾，他不能不感到天大的冤枉……不过死就死，死了一了百了，这浑身钻心彻骨的疼痛就感觉不到了，只是苦了母亲……

在他过周岁的时候，母亲搓下一根红绳子，一头系着一个石锁，一头系在儿子的腰间，石锁要这样系着儿子长到十二岁，不能有须臾分离，以保儿子平安长大，长命百岁。有一次，母亲去看外婆，一手抱着儿子，一手抱着石锁，翻山过沟，也不敢丢手，到了外婆家，母亲已经累得没了一丝儿气力……

外婆接过来外孙，一边亲一边看，发现外孙两个耳朵轮上都长着一个小窝儿，抱给算命先生看，算命先生看过说这是米面仓仓，生有这种仓仓的人有福，长大了，过州吃州，过县吃县。外婆充满激情地说："我娃长大了站铺子呀……"

站铺子的就是现在站柜台的售货员，那是外婆为外孙设计的最宏大的理想，母亲为了保证这个理想的实现，越发看紧了石锁。谷溪从记事起就发现，因为母亲的经心经意，这石锁如同贾宝玉脖子上的那块石头，一时一刻都没离开过，一直伴着自己长到十二岁……后来，为了让儿子真正成才，母亲卖了做饭的铁锅，卖了结婚的银镯子，供儿子上了高中……

这份恩情比山高，比海深，比天大，比地广，儿子还没有回报，就可能死去，这不太让母亲伤心了吗？

当然，谷溪不可能知道，此时的母亲听说儿子坐了禁闭，无法搭救，就冒着风险翻山越岭，从清涧老家来到延川刘家沟，领了儿媳，带了孙孙，再翻山越岭，把儿媳和孙孙送回安全地带……

又一次想到母亲。儿子突然死了，她还能平安地活下去吗？谷溪觉得喉咙口有些发紧，鼻子也有点儿发酸……

忽然有人推开门，让他浑身一紧，透过随着门开投射进来的光线，他看见进来的人抱着一捆干草走到自己跟前，撂下草，对他说："这里冷，铺一点干草暖和。"他不禁发愣。来人又说："我认识你。你是一个诗人，很有才华，事业上很有成就，我已串联好一些人，准备给头头们说，要求放你。"

"你是谁？"诗人惊讶地问。

"我是你的低班同学，姓薛，负责看管你，其实是来照顾你。"薛同学压低了声音。

"谁让你照顾我？"谷溪问。

"我们红四野的王军长。"

"王卫国？"谷溪震惊了。王卫国就是红四野的军长，被他们这一派骂作"王喂狗"的人，当然，他不知道这个王卫国日后会改名路遥，会是一个比他名气还大的作家，现在他只知道王卫国是对立派的总头头，"他要照顾我？不是他下令抓我的吗？"

"是哩。是他下命令抓你，尔格（陕北方言，意为现在——编者注）也是他下命令放你，"薛同学说，"抓你是因为你是个名人，你那个嘴能顶十架机关枪，站在我们的对立面，一下子就把群众都拉过去了，对我们影响不好；主张放你，是想让你改变观点，加入我们造反派组织。"

"噢，那是让我当叛徒，"诗人恍然，"那是不可能的。"这句话他并没有说出口。他明白他暂时不能太放肆，但好在眼下也没有挨枪毙的危险了。

薛同学走后，他把干草铺开，蜷在草窝里，非常暖和。而且从此，有人按时给他送饭，玉米馍馍，玉米糊糊，端起大老碗吃，很香，吃完，把老碗扣在窗台上，又钻进草窝里暖和。他在脑海里想象着那个叫王卫国的中学生军长，听说只有十六岁时，就当了军长，领着他们那一派，抢了武装部的武器，占领延川县城，攻无不克，所向披靡。在枪林弹雨中还能记得起我这个倒霉的诗人？一丝自豪的情绪油然而生，看来，自己还真的有些影响哩。一股甜丝丝的感觉代替了一阵阵袭来的疼痛，他渐渐地进入了梦乡……

四

十八岁的王卫国此时是这座县城最有权力的人物了，他带领一万多风雨同舟的红四野造反战士，赶跑了对立面，牢牢地控制了县城，一方面防备着对立面的突然反攻，一方面也准备着“荡平”延川全县。

他十四岁进延川中学读书，是生活水平最低而天分最高的一名学生。他经常请假回家。班主任问：“回家做什么?”他说：“寻粮。”班主任问：“能寻得?”他说：“寻不得。”于是，班主任就把自己的饭票给他一些，他暂且可充饥几天。

这个总吃不饱肚子的学生，并不本分。班主任教数学，他对数学偏偏不喜欢，不下功夫。但班主任的思想方法很活，对他说：“你不咋学数学，我能理解；你对文学爱好就下功夫学，不要荒废时间。”然而王卫国对文学也不刻苦，耍起来就耍得如脱缰之马。自习时间就溜出去，要么去操场里练篮球，他的篮球非常出色，是校队成员；要么去书店里看书，到阅览室看报。他看报很有瘾，大报、《参考消息》，都读，而且能理解，这在他们学校的初中学生中是很罕见的。就是因为这个特长，使得他的视野要比同辈人开阔得多，对世界的期盼当然也就更多。那个时候，他就胸怀祖国，放眼全球了。

但在同学们中间，他的才华还没引起足够的重视。班主任独具慧眼，发现了他的文学天赋，就在班务活动中发挥他的专长，只要与文字写作有关的活动，就用他。比如举行朗诵会，诗歌、散文、剧本对话片段，一切准备就绪，就让他写报幕词、串场词。他很爽快地接受，只用半天时间，就写得无可挑剔，然后就交给班上最漂亮的一位女同学报幕朗诵。朗诵会很成功，主持人给大家留下很深的印象，写报幕词的王卫国也在班上崭露头角。

“文化大革命”开始了，班主任是班上的当然领导，利用王卫国的文才组织了一个革命小组，写批判揭露文章。三个成员都是班上的不安分人物，调皮活泼，能言善辩。后来，三个人成了一派的主要头头。王卫国有组织才能和领导才能，自然成了首领。全国都由文斗变成了武斗，延川县也不例外，这一派打死了那一派的交通局局长，那一派打死了这一派的民政局局长，仇人相见，分外眼红。王卫国任军长的“红四野”暂居上风，占领了县城，使得城里的另一派没有逃掉的人成了人质，过起提心吊胆的日子。

有意思的是，把王卫国提携起来的班主任竟与王卫国成了对立面，且是对立面中态度坚定的死硬分子。与对立面势不两立的王卫国与他的班主任的感情却没有因此破裂，他们只是互相回避，逃开接触。王卫国一派想整垮这个班主任，但王卫国暗中保护，使得班主任幸免于难。

在战云笼罩的县城内，提心吊胆的还有一个人，他是王卫国的语文老师。语文老师很早发现这个学生有怪才，爱演戏，随便吆喝几个人就能上演《红岩》《千万不要忘记》，而且爱演反派角色，《红岩》中扮演徐鹏飞，活灵活现。特别是写起作文来，那快得厉害，不用多大工夫就交卷。戏剧性的是，语文老师也成了他这个学生的对立面，而且他俩分别是两派中的笔杆子。但打起笔仗来，老师的严谨扛不住学生的犀利，老师的正儿八经抵不住学生的自由挥洒……后来，笔杆子换成了枪杆子，老师只好落荒而逃，借口去上海学习而躲避了四五十天。回来之后，却发现县城早已成了王卫国一派的“一统天下”。为了以攻为守，保护自己，他壮着胆子去了“红四野”总部，对着当年的得意门生而如今是对立面首领的王卫国说：

“我不怕你，我知道你不敢把我怎样！”

王卫国说：“你老师不用怕，观点不一样，人身安全不会有威胁，你放心，在延川县城你会畅通无阻！”

对立面中立场死硬的数学老师与语文老师，都被王卫国暗中保护起来了。那么，押在大牢里的那一位同样死硬的诗人曹谷溪，是否真的也能化险为夷，转危为安呢？

五

一阵激烈的枪声传进牢房，诗人从草窝里惊醒。正值凌晨，报纸糊窗的牢房里一片黑暗，他意识到这是自己那一派对县城发动进攻，恐惧就同时袭击了他。自从薛同学带给他生的希望以来，他就开始怕死了。刚才的枪是谁放的？是自己的司令部，还是王卫国的“红四野”？在这两军对垒的关头，他们可能先要把我这个包袱处理掉。怎么处理呢？要我投降，那是不可能的；那就只好枪毙。不可能在窑里枪毙，要押出去毙，但我的腿被打断了，不会押远。押我走时，我不能朝后看，一看，他就认为我是仇人，立刻就毙了。但不管在哪里，都是死，这太可怕了，我的老母亲会受不了这个打击……诗人心里倒海翻江，悲痛和恐惧又充塞得胸膛快要爆炸了！

远远近近的枪声持续不断，在黎明前的黑暗中，带给人一种特别的凄厉与震撼。痛苦中的诗人忽然想起了文天祥的名句："人生自古谁无死？留取丹心照汗青。"也想起了伟大领袖引用司马迁的名句："人固有一死，或重于泰山，或轻于鸿毛。"诗人的生命不能轻于鸿毛，只能重于泰山，只能名留青史！

我没有变节，
也没有叛变，
我是一个坚定的革命派，
要死就死在牢房里，
虽死情未改……

诗人想，如果他们押我赴刑场，我就说明我是好人，一辈子没做过坏事，求他们放了我，救命之恩，以后报答。如果不答应，硬要押我走，我就必须反抗。抓起老碗照对方的头上砸，激怒他当场开枪，打死我，就表明我的确没有叛变。为了反抗得及时有效，他把窗台上扣着的碗翻转过来放好，这样碗就容易抓起来，窑掌上还有两块做枕头用的半截子砖，他同时抓来栽在窗台上，严阵以待……

噌、噌、噌，糊窗的报纸被捅开，捅破的地方，同时伸进几支枪，枪头上带着刺刀，在破纸洞漏进来的曙色中闪着寒光，随之拉枪栓的声音哗啦啦乱响。

“有人没有？”窗外大声喝问。

第一声喝问，诗人没有应声。第二声问过，诗人回答说：“有人。”

“滚出来！”窗外的声音杀气腾腾。

“外边的门锁着，滚不出来。”诗人老实地回答。

“你是干什么的？”声音充满高度警觉。

“贾家坪公社的干部。”诗人的回答没有任何派别色彩。

“谁把你关到这里的？”窗外继续质疑。

这是个敏感的问题。伸进枪口与刺刀的，到底是哪一派弄不清楚，贸然回答等于轻易送掉性命。诗人略做筹思，便没有任何感情色彩地答道：“不久前，我在公社被人抓来。”

叮叮哐哐一阵响，门锁被砸开，门扇被踢开，几个人冲进来，刺刀对准了已经靠窗而立准备应战的诗人，手电光在诗人的脸上一照，一个人大喊：

“这是咱的人！”

长期的神经紧张加上骤然而来的惊喜，诗人差一点昏厥过去。两个人架起他匆匆忙忙离开了这座牢房……

六

万山红遍、层林尽染的秋季到来了，在“祖国山河一片红”的浪潮中，各地的两大派群众实现了大联合，成立了“三结合”的革命委员会。历经磨难的诗人谷溪，完全有资格在公社的革委会里去当一名代表一派的副主任，但他坚决拒绝了。周总理多次说过两派都是革命群众组织的话引起他长久的深思，牢狱里的经历使他的思考更加深入。对立面的监牢里，给他送干草的人，送玉米饭的人，串联着要搭救他出狱的人，还有传话说那个崇拜他诗名的总头头王卫国，都让他觉得，对立面里的确有好人，的确不是不共戴天水火不容的仇敌。他的派性变得越来越淡，他下决心离开公社互相厮杀着的派性强烈的人群，去一个新的环境重新开始新的生活。他的人格和名字这个时候同时发挥了作用，不久他被调到县革委会政工组的通讯组，做了一名又搞新闻又搞文艺创作的宣传干事。就在这个时候，他正式见到已经当了县革委会副主任的年仅十八岁的王卫国，这个踌躇满志、一身英气的副主任对宣传干事谷溪说："我早知道你，没想到今天才第一次见你。"

谷溪说："我也早听到你的名字，还坐过你们的监狱。"

王卫国的脸上显出一丝尴尬，他说："那些龟孙子们瞎日鬼哩，我一满(陕北方言，意为全部、都——编者注)不知道。尔格我要拜你为师，跟着你学写作哩。"他说得很诚恳。

"不敢这么说，我担当不起，我也是瞎闹哩。"谷溪对着比自己小八岁的副县长表示着自己的谦虚，"咱们互相学习，互相帮助。"

曾经作为一派总头头的王卫国与作为另一派著名诗人的曹谷溪突然化干戈为玉帛，两派中的死硬人物十分不解。一派围攻王卫国："你作为堂堂副主任，拜那个保守派曹'屎人'为师，太有失身份了，连我们的脸都没处放。"另一派围攻曹谷溪："王'喂狗'那一伙几乎把你做死，你还要教他写作，这不是认敌为友、认贼作父？"然而，奇妙的文学诚然有着一种可以抵御任何抨击的力量，把两个本来势不两立的两派代表人物从此黏在一起，任凭刀劈斧砍都无法使他们分开。

王卫国就是日后的路遥，他在为谷溪的诗集《我的陕北》作序时，一开始就写道："我和谷溪最初相识在文化革命这幕戏剧的尾声部分。而在这幕社会戏剧中，我们扮演的角色原来是属于两个相互敌视的'营垒'，漫长而无谓的争斗，耗尽了所有人的热情，带来的是精神上的死一般的寂寥。文化革命作为没有胜利者的战斗结束了，但可悲的是，失败者之间的对立情绪仍然十分强烈。意外的是，我和谷溪却在这个时候成了朋友。把我们联系起来的是文学(这是一个久违了的字眼)。"

但这友谊首先给谷溪带来了麻烦。作为延川县著名诗人的谷溪先生，是这个县私人藏书最多的人，他有苏联的《铁流》《毁灭》《钢铁是怎样炼成的》等一大批著名长篇小说，有普希金、马雅可夫斯基、高尔基等一大批著名作家的各类名著，还有歌德的《浮士德》、海涅的《诗歌集》、惠特曼的《草叶集》、泰戈尔的《飞鸟集》，还有裴多菲的诗选集……在劫后余烬中，他的那一孔宿办合一的石窑洞简直就是四十大盗的藏宝洞，而求知若渴酷爱读书的王卫国简直就是一个探宝寻珍的阿里巴巴。他和谷溪每次海侃浪谝之后，就挟着几本名著离去苦读。正像他后来穿棉袄一样，走到哪里热了，把棉袄脱得撂下，离开时记不起再穿，冷得耐不住的时候，才发觉棉袄丢了，就再买一件穿在身上，热了又脱到另一个地方忘了。就这样，一个冬天，他会三件五件地丢棉袄买棉袄。他随身挟带的书本亦如同他穿的棉袄，在哪里看完，这书就放到哪里，离开后就再也想不起来了，一本本名著如同一只只莺燕，不知不觉间，羽化而去。靠着一个一个铜板纸币积攒买书而又嗜书如命的曹诗人，每一次被王卫国这种刘备借荆州式的借书而去，尔后又果然肉包子打狗——一去不回，让他简直就有剜骨割肉般的疼痛。但任凭他苦口婆心，绞尽脑汁，也丝毫无法改变这种“惨烈”的结局……

王卫国以副主任之身份参加了一个工作组，进驻县百货公司开展路线教育，公司的吕主任成了头号整改目标。这是一个有名的转业军人，曾经上过正规的炮兵学校，在广州军区的炮兵部队做过营级军官，转业后当了百货公司的主任。两派武斗升级之后，王卫国一派从清涧县弄来一门大炮，但面对那个庞然大物，没有一个人会侍弄，忽然想到了科班出身而又升任营级的“炮弹专家”吕主任，自然要请这个已经靠边站了的当权派来为革命造反发挥一技之长。听到风声的吕主任觉得大事不妙，拔腿就跑。跑出城外，藏进了一个被山泉冲刷而成的周围长满荒草的大窟窿，过了一个月吃野果喝泉水的白毛女生活。这个举动当然证明了他的路线觉悟不高，他也自然成了工作组整批的头号对象。

由于百货公司的条件限制，工作组员王卫国只能住宿到当权派吕主任的宿办合一的窑洞里，两个人夜里同睡一个土炕，白天共用一张木桌，工作组里的另一个成员是北京插队的知识青年林琼。这个姑娘，能歌善舞，活泼美丽，王卫国对她十分倾心，而林琼对他的才华人品也颇有好感，两人的关系便逐渐密切了起来。可小县城里的空间有限，为躲避众人的目光，他们就只有白纸黑字，鱼雁传书。糟糕的是，这些纯属私人化的“一级机密”没有存放的地方，两个男女工作组员无法带着它们去上批斗战场冲锋陷阵。无奈之中，工作组员王卫国对整改对象吕主任说：“我把我的信放到你的办公桌抽屉里。”

“你宽宽地放心，我不看。”整改对象向工作组员保证，就像他在批斗大会上表态坚决走社会主义道路一样。

在形成这些信件的过程中，王卫国看完而又抛掉了曹谷溪多少书，已难以统计，正像我们无法统计多年来他穿过而又丢掉的棉袄共有多少件一样。但那些名著做了那些情书和与之相随的爱情的滋养，这不仅仅赋予一对情人不断升温的幸福，也给了提供这种滋养的谷溪一种欣慰。遗憾的是，这些爱情的鸟儿不知最终飞向何处，否则，我们今天研究一位早逝的作家会有更多的第一手权威性的情感资料……

七

谷溪在县革委会住的窑洞是 2 排 18 号。2 排 18 号不仅仅是王卫国借书取书的知识之源，而且是两位莫逆之交谈天说地的场所。谷溪会讲笑话，他说，一个老汉老得尿尿的东西都寻不见了，最终拉出来一个皮带头以为就是，举起来就尿，结果热烘烘的尿水顺着两条大腿内侧直流，老汉不明白是咋回事，举起皮带头看过之后，自言自语道："日怪，是谁什麻(陕北乡音，意为什么——编者注)时候给上边做了几个眼眼，怪不得尿都漏到裤里头了……"

谷溪脸板得平平地讲他的故事，把王卫国笑倒在土炕上滚成了一个皮球。

谷溪的笑话常常伴随着当时具体的活动。比如说，两人拉话到夜半更深，肚子饥饿，煮上一小锅红枣，就要开吃时，他就挡住了王卫国的手，说他要讲完一个故事才能吃枣。于是，王卫国就饶有兴致地倾听。

谷溪开始摇头晃脑。他说，傍晚时分，有一个山村小店来了三个行路人，一个秀才，一个和尚，一个村妇。旅店里只剩下最后一碗菜，三位饿急了的客人都想吃，于是小店掌柜说："你们三个，一人作一首诗，说出来谁大谁就吃。"三位客人同时应声说好，达成了一致协议。那位秀才先开口吟道：

秀才出门来，
常把诗书带，
到头来，升了官，发了财，
老爷要吃这碗菜。

店掌柜认为官比民大，当然该由秀才吃菜。那秀才正要端菜去吃，和尚大叫："且慢！"接着也吟出一首诗来：

和尚出门来，
常把经卷带，
到头来，成了神，成了仙，
神仙要吃这碗菜。

神仙法力无边，当然比官老爷大。店掌柜说："谁还能比神仙大？这碗菜就让和尚吃吧。"那和尚要端菜去吃，村妇大声喊道："等一等！"她不紧不慢地唱出一首诗来：

娘子出门来，

常把奶头带，

一头奶和尚，一头奶秀才，

奶大了，老娘要吃这碗菜！

煮好的大红枣儿还没吃到口里，王卫国先就笑得捧腹喷饭。笑毕了，有这笑话佐餐，那顿煮红枣吃得格外香甜……

王卫国不明白，长他八岁的曹谷溪和他一样，都是清涧的山沟沟里出生的，又都是到延川的山沟沟里长大的人，为什么他很早就会写诗，就会写文章？

谷溪乐于回答这样的问题。

谷溪有一个本家叔叔，是方圆几十里有名的说书匠，通今博古，能说几十本新旧书词，那些《乌鸦告状》《红鞋女妖精》《憨女婿》《白马记》等段子说起来，把人能笑得岔了气，而村里那些唱民歌的能手一唱起山曲儿，也能让人凄惶地落了泪。

十八岁的女娃门前站，

公鸡倒把草鸡断，

女娃泪不干……

这一类似酸似甜的山曲儿又常常让人心里涌动着想哭想笑的情绪。有一年，小谷溪在学校里从破凳子上摔下来，右腿磕烂，扯皮掉肉，在家里待了三个月，说书匠叔叔就给他教说书，教快板，他也就站在垴畔上打莲花落。从说书匠那里学会了押韵，从民歌手那里学会了比兴……春节闹红火，他就跟着敲锣锣打鼓鼓掌灯笼背顺顺的人群，给外村送秧歌，后台里编，前台上演，时间长了，他就能写出诗来，他很得意地给向他求教的王卫国背诵他的诗：

赵大爷放羊下山峁，
皮袄不穿怀中抱。
赵大爷，让我瞧：
莫不是刨出大元宝？
傻后生，你别闹，
“青背”下了双羔羔！

王卫国听着听着就笑了，那么些句子用谷溪的陕北话读出来，还真有些感染力。看着王卫国惊异的目光，谷溪说，后来读书多了，就知道得多了，记得多了，连裴多菲的诗都能背出来：

今天，你用头抵着
我的胸脯，
明天，你能否用你的头
抵着我的新坟说：
我爱你！

谷溪才念了一句，就发现王卫国的眼睁得大大的，闪着亮亮的光。他说：“你先停住说，让我把这句诗记在本本上。”

“你又要给林琼姑娘写情书用?”谷溪问。

王卫国笑着默认了。

谷溪问:“你和林琼亲口了没?”

回答:“没。”

“瓷脑!”谷溪骂卫国,卫国只是憨憨一笑。

其实,当时林琼只是喜欢王卫国。三十年后,林琼告诉谷溪,那时她“确实举棋不定”。但王卫国铁了心,只爱这个“林妹妹”。煤城招工,他和林琼都被大队、公社推荐到县上,指标有限,他就背着林琼把自己的指标让出来,让林琼先一步进了工厂。

谷溪问:“那你不怕她把你撇了?”

王卫国说:“为了林琼,死也值得!”

王卫国回到他的郭家沟给大妈说,他要十几斤棉花。大妈问要棉花做什么?他不作声,一下从脸红到脖子上。大妈就把棉花包起来给他。他背到城里,用他的路线教育积极分子的每月十八元生活补贴,扯了布,让县里的裁缝缝成新被子新褥子,连同他的心一起让他心爱的姑娘带走了……

荞面圪坨羊腥汤,
死死活活相跟上。
百灵子过河沉不了底,
忘了娘老子忘不了你……

爱唱山曲的王卫国,一边反复吟唱着这些凝和着深情蜜意的曲儿,一边又迎接着另一次严酷的炽热斗争……

八

全国开始清查“三种人”。

有一天，革委会的军代表来到了2排18号窑洞，当着曹谷溪的面，对在“文化大革命”中当过一派头头的王卫国宣布一个文件：经县革委会核心领导小组研究决定，停止王卫国的县革委会副主任职务，进行审查。

不久，王卫国接到由内蒙古寄来的一封信，是林琼的女友写来的。女友风闻了今天的情势，断定林琼跟了这个停职审查的人，会吃大亏的，不等林琼发话，她先替林琼抱打不平，帮林琼解脱。她在信中说，林琼的家人不同意你与她的事，癞蛤蟆想吃天鹅肉，你们不会有好结局的，趁早死了这份心吧，你和林琼的事情已经结束了……

九

真是“屋漏偏逢连夜雨，船迟又遇打头风”，风云一时又无比倔傲的王卫国这一次可是从崖畔上掉到沟底底了。这个只有十八岁的少年，得志而又突然中道受阻的失败者，难以承受这种风云突变的打击。在2排18号窑洞里，他涕泪横流，肝胆欲裂……

这是谷溪第一次看见路遥在自己面前失声痛哭。他点了一支劣等烟吸着，等着这位年轻人尽情宣泄。

末了，他扔了烟头，讲起自己的故事。

他最早不是因文学而是因美术出名的。上完延川的初中，考上了西安美术学院附中，家里穷，上不起，就又继续上延川的高中。他用山里的红胶泥做出了鲁迅的浮雕，为列宁和毛主席塑像，送到延川县的展览馆展览；在学校的图书馆做成了两米高的高尔基泥塑，惹得婆姨老汉都来看稀罕。学校里演戏，他就制作布景，在天幕上画好修成水坝之后的青山绿水，再用报纸遮起来，在报纸上画上没修成水坝之前的荒山秃岭。在荒山秃岭上兴修水利的戏演到最后，一个灯光暗转，哗啦撕去报纸，再一个灯光转亮，就是青山绿水的新景象了，还有幕后一个茶壶嘴嘴伸出来，把一股清水叮叮当当地倒流在前台一个脸盆里，仿佛就是治理后山间涌出的一股清泉……

观众都让这戏法迷住了，而被迷得最醉的是低班里一个最漂亮的女同学，她有事没事就和他拉话，演戏的时候，总是要他给她化装，坐在他的跟前痴痴地盯着他看：

你的歌，是三月的
春风
将咯咯的笑语
播进田垄……

谷溪被撩拨得心旌飘荡。她眉宇间传出的信号十分明确，她要和他好。但他有贼心而没贼胆，畏畏缩缩，战战兢兢，终于坐失良机，等要壮着胆子表达情意的时候，却发现学校里另一个风流倜傥的男同学捷足先登摘取了芳心，而他则独自伤心了好长日子……

后来，一位叫康秀珍的姑娘和他结了婚，他当时只是一个炊事员，老丈母要女儿与谷溪离婚："你跟那个伙夫脑子，吃不上，喝不上，图个甚？"

自尊心极强的诗人说："离就离，两个石头蛋夹一疙瘩肉，怕个甚？"

可康秀珍哭着说："离了我就不活了，我就死……"

诗人被妻子的忠贞不贰大为感动，他说："那咱就不要离了。我是伙夫，你就是伙夫婆姨，我要当了干部，你就是干部家属，我要当了反革命，你就是反革命家属。"伙夫果然升了干部，尔后又被当作囚徒押到了城里的大牢。那时候，生死不明，暴风骤雨，康秀珍冒着生命危险去县城看禁闭中的丈夫。别人问："你不怕死？"康秀珍说："要活，一起活，要死，就一块儿死！"康秀珍与谷溪生死相依，贫贱富贵永不相离，让谷溪刻骨铭心，无论什么时候提起，都充满感激和鼓舞……

就在这儿合影吧！
妻子悄悄对我说：
这么多朝代了
这石人、石马和仕女
还活着？！

谷溪讲完了自己的爱情故事，然后语气铿锵对路遥说："一个汉子，不可能不受伤，受伤之后，应该躲到一个阴暗的角落，用舌头舔干身上的血迹，再到社会上去，还是一条汉子。那个熊官能当就当，不能当算球了，又不是咱老先人留下的，有什么撂不开的？女人也还有哩，又不是都死光了，不值得为这个哭鼻流水……"

这也许是在路遥感情历程中最重要的支持，是对一个敢于面对自己真情流露的朋友的直接回报。而此后，谷溪也就成了路遥紧急时刻最信赖最愿意依托的人物之一。

在林琼姑娘插队的地方，还有一位姓林的北京女知青，她就是清华附中的学生林达。林达与林琼从小在一个机关大院长大，关系十分要好。升任通讯组组长的曹谷溪，把在公社当妇女主任的林达调到自己的通讯组做干事，介绍她与路遥认识。他说路遥有多聪明，多有骨气，多有才气，目的是要林达充当一位爱情使者，去游说林琼姑娘，让她与路遥破镜重圆。

但是这么重大的使命，遭到了路遥的抵制。他对谷溪说："这件事就这么结束算了。我是一个一生都不会安生的人，谁知道以后还会闯什么祸？现在我的副主任官儿刚停职检查，人家就和咱不了，硬叫跟上我，以后如果遇到更大的麻烦，保不定还会吓成什么样子。算了，我这一生就不要女人了，死哩活哩，就我自个儿扛起来算了，别连累别人！"

谷溪并不熟悉林琼，只是因为路遥谈恋爱时常说起，也就有了泛泛之交。林琼离开延川之后，经常从煤城给谷溪来信来电话，频报平安。谷溪估摸她这是对路遥丢心不下，所以他也就想自做红娘，主动出击。但既然当事人的路遥态度这么坚决，说得又这么诚恳，他这个局外人也就不好继续坚持，只能颇不情愿地鸣锣收兵……

罢了官而又失了恋的路遥，回山沟沟当了民办教师，重新过起物质上穷困与精神上孤独的生活，与县城里的谷溪渐渐隔离，十天半月也难得见上一面了……

十

当了延川县革委会通讯组组长的谷溪，已经变成了县革委会的重要角色，统管着这个县的意识形态和舆论阵地。他既忙着发通讯稿件，拍新闻照片，又忙着写诗吟诗。偶然的一天，他看到县文化馆油印的小报《革命文化》上发表了一首小诗《我老汉走着就想跑》：

明明感冒发高烧，
干活还往人前跑。
书记劝，队长说，
谁说他就和谁吵：
学大寨就要拼命干，
我老汉走着就想跑！

这是王卫国写的。谷溪一阵惊喜。首先他感到亲切。他曾对王卫国谈诗时朗诵过自己的《赵大爷放羊下山峁》，王卫国的诗是对他谈诗的回报。再者，他感到王卫国的战略已经转移。回到家乡的深山沟里当了民办教师的这种处境，也许使这个当年叱咤风云的人物意识到，他的政治之路已被堵死，必须改弦易辙，从创作上杀出一条路来！

谷溪从这一首小诗看到了王卫国的灵气，他寻思着把这个在仕途上和爱情上双受挫折的小青年拉到写作的路上来，也许日后会造就一个人物。当然他那时做梦也梦不到这是日后一个茅盾文学奖获得者。

1970年的夏季，谷溪把发着陕北土音教汉语拼音普通话，且已取了笔名为“路遥”的小学教师王卫国，利用路线教育积极分子的名额再抽调到通讯组进行培训，让路遥重新在县城端上饭碗。

谷溪要去延川张家河公社新胜古大队采访，就带了路遥。他背一台海鸥照相机，路遥背一个红军不怕远征难的黄挎包，两个人骑一辆破自行车，没铃，没闸，没后衣架。一个蹬车，一个坐前梁，下坡时蹬轮刹车，互相轮换，走到牛母原，就已又累又饿，浑身力竭。碰到一个老汉，坐在桃李子树下守着树卖桃李子。谷溪说要买一毛钱的桃李子吃，老汉立刻捧来了一大盆。那时谷溪三十岁，路遥二十二岁，走了半天山路的后生，饿得前胸贴后背，看见果子，就大吃大嚼起来。吃饱了，谷溪放下一毛钱给老汉，老汉又数了二十颗装到路遥的黄挎包里。谷溪说：“已经吃饱了，不好意思再装了。”

老人说：“李子树下，吃的算白吃，哪还能算钱？一毛钱应该买二十个，你们带上。”

路过张家河，天已经全黑，路遥执意继续向前走。路窄，天黑，手电没电，结果把路走错了。扛起自行车，上山下山折腾了几个来回，直折腾到深夜，吃过的桃李子早已化为乌有，要不是挎包里还有那二十个可以临时救急，怕是那一夜就饿得搁到山梁上硬挺了。

那是一次十分富有浪漫色彩而深具生命意义的重大活动。路遥跟着谷溪学采访，学照相，又学吃苦耐劳刻苦奋斗。他们站在黄河畔的石崖上，背倚山石嶙峋的山峰，俯望滔滔不息的黄河，对人生和未来充满自信和向往。谷溪让路遥在一块石崖上站定，然后对好了焦距，把照相机放在对面一块石头上，然后快步走到路遥跟前，相机一闪，自动拍摄了一张二人合照。这张凝聚着生活艰辛而又堆溢着灿烂笑容的合影，既留存了人生的一个瞬间画面，又记录了一对朋友的不灭友谊。随着时光的推移，那青春的笑容显得弥足珍贵。

谷溪这一次的收获是在省报上发表了又一篇通栏标题的长篇通讯《一双铁手换新天》，热切歌颂了新胜古人引水上山的英雄事迹。那时候，搞通讯的人，一年能在省报上发一个豆腐块，就是不小的业绩，而谷溪却把通栏标题整版文章的战绩视若平常了。路遥的成果是把《革命文化》的那首小诗转载在新胜古的黑板报上，同时，乘胜追击，又写了一批诗，不但有就地取材写出的新诗，还有靠想象和回忆写出的《车过南京桥》与《塞上柳》：

塞上狂风紧，
黄沙滚滚流，
却为何——
你身杆长得这么壮，
枝叶出得这么稠？

诗到最后是毅然决然的两句：

风狂雨骤何所惧？
永做塞上一棵柳。

这是当时通行的诗歌形态，但谁又能否认这诗所含有的作者自己的独特情怀与寄托？谷溪读后，一边赞赏一边修改。他说："路遥，我在文学路上摸了十年，走了许多弯路，你的聪明才智在我之上。我指导你读书，指导你写作，我做你铺路的石头，你踩着我的肩膀上，你一定能超过我。"

路遥说："现在写的这些小诗不行，我想写一首长的，写一首高原抒怀。"

谷溪说："你现在想得太大了，这样的诗你现在驾驭不了，诗不应该是泛泛之作，应该有形象思维。"谷溪用他知道的词儿教导路遥。

再大的天才都有一个成熟的过程，刚出土的叶子总是稚嫩的。路遥当时是初中文化程度，是跟着报刊上的流行模式学诗的，当然少不了标语口号。尽管谷溪也逃不脱这种时代的局限，但他毕竟比路遥长了八岁，不只是年龄，而且包括诗龄，他有一定的实践经验和磨炼过的文学功夫。在写诗这个行当，自然就做了路遥的启蒙老师，他帮路遥改诗，他与路遥合作写诗。而且，不少诗篇，就是他们两人合作的成果。

陕西人民出版社这个时候出了一部诗集《延安儿女歌唱毛主席》。谷溪得到了一本，他从头到尾读了一遍，脱口说道："这里边标语口号很多，我要编一本，肯定比这一本好。"

十一

在陕北荒凉而偏僻的一个小县城里，夸这样的海口，简直让人觉得是神经出了毛病。在那个封闭的落后的甚至还处于半蒙昧状态的山城里，人们对外部世界的认识几乎等于零。这个县流传这样一个笑话：60 年代中国打下了美国一架 U-2 型无人驾驶飞机。有人告诉县委书记，这位书记以为是痴人说梦：“我就不信，飞机无人驾驶，咋个能飞到天上去？”报信人说：“这是报上登的。”书记的态度严肃起来：“你们不要哄我，报上怎么能登这号喧谎(陕北方言，意为不切实际、扯谎——编者注)的话？”

这位书记站在高台子上作领导讲话，记者为他摄影，他就停下不讲了，站得端端正正地等拍照，就像要照全家福。记者说你尽管讲你的，可他说这样照得好，照得端正。当人们的文化水平还停留在这个水准上的时候，你一个县城里的人要编一本书，这书还要比省城里的好，这不是大白天说梦话是什么？不要说别人，就是曾带领着千军万马文攻武卫的路遥，听到谷溪的豪言也大为惊愕，他用怀疑的口吻嗫嗫嚅嚅地说：“咱尔格编这样的书，怕不行……”此时的路遥与彼时的路遥判若两人，那时他可是“舍得一身剐，敢把皇帝拉下马”的角色。

但有一个人立时跳将出来，他是县文化馆的负责人白军民。白军民长着倒须，胆子大，他把胸膛一拍，旋风一般地吼道：“不怕，弄！”

与此同时，还有一个人物横空出世，成为这件事坚定的支持者和参与者。他，姓陶名正，原本是北京清华园里一个有名的红卫兵，来延安插队的时候，别的物什都没带，只用军大衣包裹了一个油印机千里迢迢带到陕北，在插队的地方办起了一张中国红卫兵报。乾坤万里眼，时序百年心。那一张小报不但面对中国，探讨中国的农民问题，甚至面向世界，摘编俄罗斯民歌。诗兴发了，陶正发诗：乘风云端下，始知人间苦；文情涌动，陶正发文：人也许都是自私的，问题在于这私心的趋向……

在鲜活的思想和语言已经被当时的两报一刊社论那种碾轧机轧尽汁液的日子，陶正的这些特立独行简直就是犯上作乱。

上边有人要求干预，县上就不得不遵令执行。任务落实给曹谷溪，他的通讯组组长的权力和权威正好发生了作用。

他与陶正心有灵犀，惺惺相惜，凭着他的理解和宽容之心，凭着他的三寸不烂之舌，把大事化小，小事化了，平息了一场风波。风波过后，他还将陶正弄进县城，共举大事。陶正不但参与诗稿的写作、收集、编稿，同时又一次扛来他的油印机，还负责刻写、插图、油印……十八般武艺全上。

人们常常会发出这样的困惑：同是一样的山大沟深，一样的荞面饸饹羊腥汤、黑豆钱钱饭，吃出来的人却各是各的爱好？佳县的张达志会使枪弄炮当司令，吴堡的柳青会舞文弄墨写小说。而延川却有一帮人莫名其妙地对诗神缪斯情有独钟。不但土生土长的谷溪、路遥、白军民之辈是这样，外地来的陶正、闻频、陶海粟也受了传染。

是不是一方水土养一方人，就像一方水土得一种地方病一样？历史上的延川出过一个女诗人，叫李娓娓，她才情横溢，吟唱了许多令人难忘的诗篇，这方土地莫非因这才女的熏染，使她的后人们也长河泻波，诗情永续？总之，就是这么一帮人聚集一起，相互碰撞，相互切磋，苦打苦熬，终于编辑出版了一本诗集《延安山花》，而且第一版就发行二十几万册。许多人的许多诗篇缀在一起，就如多少朵烂漫的山丹丹花儿一样，从背坡里同时绽放，一下子就成了万木凋零的当代中国诗苑里一件盛事，惊动了远远近近。

直到前不久，日本学者安本 实来延安搜集有关路遥的研究资料时，还对谷溪说，他最早知道谷溪与路遥的名字是 1974 年，那时的日本，除了能看到几个样板戏剧本以外，还能看到的就是这本《延安山花》诗集。当然这两者是不同的，样板戏是当时中国最高权力中心最高权力人物直接参与的御花园中的富贵之花，而这本诗集却是一群名不见经传的毛头小子侍弄出来的一朵山间野花。正像所有的花儿都有凋谢的时候一样，这些诗篇也许因为这样那样的缺陷而凋零，但参与这件事的一系列当事人的名字却越来越响亮，谷溪和路遥就是其中不可埋没的两位。

绽放的山丹丹花也像一束火苗，这部诗集的火苗把一群热血青年的心火燃烧起来，就使得这个不安宁的县城更加不安宁了。他们组织诗歌朗诵会，和电影唱对台戏。在文化荒芜、精神赤贫的日子里，一场电影就是久旱甘霖，但他们的配乐诗歌朗诵会，硬是把抱着板凳看露天电影的婆姨女子老汉娃娃引诱到剧场里，看不演不唱的白口戏，让祖祖辈辈不知诗朗诵为何物的山里人大开了一次眼界。谷溪与路遥合作的一首诗《当年八路延安来》，更是让没当过八路的听众也像当了一回八路一样的豪情满怀。

谷溪和诗友们筹划了一张题名为《山花》的文学小报，是继《延安山花》诗集出版之后的又一件大事。谷溪自任主编，插旗招兵，不但把延川的一帮诗歌狂徒聚集麾下，而且吸引了五湖四海的墨客骚人踊跃入伙。从此，延川县的《山花》常开不衰，而花团锦簇中，路遥的那一朵，随着时间的推移，越来越鲜艳，格外引起人们的注意：

爱听鼓风机的喧闹，
喜欢红火苗的欢笑，
和钢铁打交道，
这是你的嗜好。

将意志赋予锤钳，

把红心投入炉灶，
趁热打铁才能成功，
砧上一片火花飞爆……

显然，这样写老锻工的诗句已经不全然停留在泛泛歌颂上，开始有了某种思考后的寄托。路遥更不局限在一种形式里，开始写叙事诗、散文和小说。三百多行的叙事诗《桦树皮书包》，已开始显示了他运用诗的叙事才能，而小说《优胜红旗》，则进一步显示了他在跌宕起伏的叙事中开始了人物的塑造……

作为老师的谷溪，看着弟子的这种前进步伐，不无骄傲，亦不无惊讶，更不无关切。他惦念着已经离开了路遥的林琼姑娘，不断地给她投寄每期出刊的《山花》小报，像放飞一只又一只信鸽一样报告着姑娘生活过的小城的最新消息。也许，他还不死心要她与路遥重续旧好。岂不知“君子一言，驷马难追”，吃钢咬铁的路遥，既然结束了一场梦幻，就断然不续旧梦。他已进入另一个梦境，这却是谷溪后来才意识到的……

十二

在通讯组做培训学员的路遥，就住在谷溪的2排18号窑洞里，两人同住一个土炕，共用一个书桌。路遥与经常来这里和谷溪商量工作的正式通讯干事林达，自然抬头不见低头见。也许是路遥从林达身上看到了昔日林琼的影子，她们有着同样的成长背景与环境，有着北京城里人的生活风度，有着知识女青年的特殊气质，或者，更多的是因为林达的开朗、诚挚和干练，使得路遥重新燃起了一种希望的火花，他开始觉得不断地有话要向这位北京姑娘倾吐。但林达住的是集体宿舍，而他和谷溪住的窑洞又门庭若市，在一个古老而封闭的小县城里，少男少女两个人又不能在马路河畔悠闲地漫步，他就求谷溪想个办法。谷溪总是会想出办法的，他的2排18号下边一排窑洞前有他掌握的一个秘密地方，那就是他冲洗胶卷照片的暗室。一间平房分做两个部分，前半部分放办公桌，可以做案头工作，后半部分修了蓄水池，通了自来水，安了红光灯，可以洗相放相。除了通讯组组长谷溪本人，谁也不能涉足这块领地。如今路遥求助，谷溪想到了这个去处。他把路遥和林达领到这里，开了门锁，等他们进去之后，又合上门扇，封锁了一个正在进行的秘密。

这间暗室对这个时候的路遥来说，太美妙，太理想，简直就是他的伊甸园和方舟。只要林达有空闲，他就找谷溪要钥匙，别人面前不好明言，就写条子递上去，谷溪就偷偷把钥匙塞给他。谷溪许多重要的摄影作品是在这里冲片、显影、定影的，如今路遥与林达的故事渐渐也从这里开始显影。对于路遥来说，那是一个落难公子遇到了京城来的多情公主；对于林达来说，那是一个白雪公主遇到了自己的白马王子。失去县革委副主任职务和与林琼爱情的噩梦已经成为过去，路遥经历了一段感情由破碎到整合的过程，重新变成了一个闪烁着幸福光芒的路遥，他要向世人宣布他与另一个姓林的北京姑娘罗曼蒂克的故事。

但是，对于林达来说，还有一些事情要做。她风尘仆仆前往煤城的信号工厂，要把她这段日子的感情经历通报给她的女友。

林琼一直从谷溪每期必寄的《山花》小报上追踪着路遥的身影，她从那些他写的诗文中知道了他已越过了一段泥泞坎坷之路，度过了一次感情危机，重新踏上了另一条充满希望与光明的文学之路。她内心感到十分欣慰。林达到来之后，俩人倾心交谈。林琼在为好友祝福的同时，也为得知路遥因失恋受到的创痛而心怀内疚。夜晚，与林达同睡一张床上，林琼禁不住偷偷地落泪。她的那位插队在内蒙古的女友的真诚关爱带来的故事结局，并非她的这一位好友林达的过错，应该说，这就是命运之神的暗暗拨弄……

离开煤城，林达坐飞机飞往父母寓居的东海岸边的厦门，在鼓浪屿的海岛上，林达的胸臆间涌动着一如大海波涛的激情。她向母亲报告了她与路遥的相爱，征询母亲的意见。母亲要她讲讲路遥是怎样一个人，她滔滔不绝地述说着路遥的才华、勤奋、刻苦、毅力……末了，母亲问："你讲的都是路遥的优点，路遥有什么缺点呢?"林达一时语塞。母亲说："你不知道他的所有缺点，就说明你并不很了解他，你们的事缓一缓为好。你得先冷静下来，拉开距离之后再看看。从某种意义来说，只有当你愿意接受和包容他的全部缺点的那个人，才能成为你的生活伴侣……"

母亲是林达心目中的导师，林达是母亲的孝女，她遵从了母亲的意见，回到工作生活的延川山城，果然开始与路遥保持距离，好久不再同路遥进那个暗室。

旧梦刚刚过去，新梦刚刚开始，难道我又要失去心爱之人？路遥受不了，他对谷溪说："林达不和我好了……"在谷溪面前，他第二次痛哭流涕，像一个受伤的孩子。

谷溪说："事情不会这么简单，林达不是会突然变卦的人。"

路遥哭着告诉谷溪："是她母亲不同意，林达听她妈的话……"

"没这么严重，"谷溪说，"人家娘问得很好，你总不会没有缺点？对一个人的认识，总得优点缺点都了解才行。”

周围的人都知道了这个风波，连团委书记也找谷溪说：“林达与路遥快不行了，不行了，咱就叫T诗人上。”

T诗人是另一个北京知青，此时诗歌创作与路遥并驾齐驱，旗鼓相当，与林达也算天生的一对。可谷溪赶紧制止团委书记：“快不敢这样，不是这么回事。”他又找来林达说：“你妈的话很好，但并不是不同意你谈。我对路遥说了，路遥也同意你妈的话。那你以后就继续了解路遥，爱情的大厦也要建立在坚实的地基上，不能是空中楼阁……”

十三

正在这时，路遥收到了一封从关中蓝田县寄来的信，写信的人署名林萱，清秀的字迹表达着对诗歌的热爱，也流露着对路遥的钦慕。说是在《延安山花》诗集和《山花》小报上读了路遥的许多诗，非常喜欢，非常崇拜，自己也是知识青年，要离开家乡的平原到延川的山沟来插队，接受延安的革命传统，也要和路遥肩并肩作诗。信末还附了一首小诗《心愿》，请路遥斧正。诗的开头这样写道：

> 几年前，她想做个卫生员，
> 在花裙上套一件白罩衫，
> 那是在霓虹灯下，
> 五彩缤纷的校园……

路遥读了信，读了诗，既感动，又困惑，不知道该如何处理，就把信递给谷溪。谷溪读罢，陷入沉吟：刚刚与一个林琼割断了恋情，又让一个林达拉开了距离，再来上一个林萱横空出世，这不全叫姓林的给搅乱了？他一展大将风度，指挥若定，对路遥指示："给林萱回一封信，让介绍本人的全部情况，不许一丝一毫遗漏，然后再决定你俩的关系如何处理！"

林萱自我介绍的回信来了，开头就写道："林萱，男……"谷溪只读了这三个字，就举手拍板："回信，让他来，我们想办法给他办手续。"

林萱很快就从终南山下渭河之滨动身，越过平原和高原，穿过河谷与山沟，来到延川县城，出现在2排18号窑洞里。谷溪与路遥见到新来的这个志同道合的诗友，同时失笑起来。这是一个膀宽腰圆、魁梧壮实的大汉，一脸诚实，一脸憨厚。他俩当初还以为他是一位柳眉杏眼的妙龄女郎，警觉得如临大敌。

林萱被安置在新胜古，一边战天斗地，一边读书写诗。其中有一首儿歌《小白杨》发在《山花》上：

院中一棵小白杨，
饮着甘露沐阳光。
弟弟每天放学后，
一边浇水一边唱：
小白杨呀小白杨，
你和红小兵一起长，
白杨盼着做栋梁，
红小兵盼着握钢枪。

然而，没过多久，狂烈的疾风就吹折了盼做栋梁的白杨。在被新胜古接收入党的当天，林萱突然溺死在黄河的浪涛里，给人们留下了一个悲苦的感叹和凄迷的长歌……

十四

北京知青孙立哲是一个名闻遐迩的人物，作为一名农村的赤脚医生，在乡村简陋的医务室里，他拿起手术刀做了许多手术，在那个特殊年代里，他的事迹惊天动地。有人说，他是一个黑医生，没有行医执照，闹出人命咋办？有人说，他是一个红医生，白手起家，因陋就简，像白求恩一样全心全意为人民服务！两种观点针锋相对，县革委会莫衷一是。县委书记申易委派通讯组组长曹谷溪代表县委去考察，拿出意见。

谷溪说："我不懂医术。"

申易说："给你配一位大夫做你的顾问。"

谷溪带上几名通讯员，连同西安医学院第二附属医院的高级外科大夫王兴华，对孙立哲的行医情况与手术情况开展实地调研。他们一户一户地专访，一个病例一个病例地进行检查。他们发现，孙立哲动过的手术没有一例发炎，处方用药完全合理。特别是一例腮下腺肿瘤切除，刀口上边好拉，下边难操作，孙立哲用心处理，位置得当，刀口整齐，病人康复后，一穿衣服，领口就遮蔽了刀口，不留任何痕迹。而特别值得注意的是，远远近近的老百姓，看过病的没看过病的，无不对孙大夫精湛的医术啧啧称道，对他全心全意为老百姓济危解难的精神赞不绝口。考察的结论是：应该支持。谷溪写了一篇大型通讯《一个活跃在延安山区的赤脚医生》，《人民日报》几乎用了一个整版刊出。孙立哲一夜之间成了红遍全国的人物。这是对孙立哲的第一次公开报道，是对刻苦勤奋而又忠心为民的精神的宣扬，在那种政治冲击一切的历史时期，显得特别珍贵。那个时候谷溪的工作，特别是他的写诗作文，不可能不打上那个时代的烙印和局限。但是，他的性格的真诚，对人民事业的忠诚，总能使他有意无意地摆脱极左政治的全面覆盖和帮派习气的直接渗透。即使是报道"四人帮"别有用心提倡的赤脚医生，他也不是从帮派的政治需要出发，而是从人类所崇仰的一种永恒崇高的精神与情操落笔。

这次采访快结束时，县上通知谷溪立即返回，参加会议。其实是接受有关"九一三"事件的传达。当时的谷溪因是县委通讯组组长，才有资格与会。会场的门口站着持枪的解放军战士，壁垒森严，气氛凝重。听传达时，人人神情紧张；听传达后，人人守口如瓶。大起大落过的路遥已有了非常敏锐的政治嗅觉，知道国家出了大事，而同样有过红卫兵经历的陶正也同样感到了形势严峻。

路遥问谷溪："开的什么会？"

谷溪说："传达文件。"

路遥又问："什么文件？"

谷溪答："绝密文件。"

路遥再问："能不能透露一点？"

谷溪再答："不能传达，王法很重。"

谷溪编的《延安山花》正在定稿，听过传达的他，立即翻阅至白军民的《磨刀谣》，把"平型关前逞英豪"一句改为"青纱帐里逞英豪"。

路遥和陶正几乎同时问："为什么要改？"

谷溪的脸挺得很平，不动声色地说："平型关是地名，很平直，青纱帐有色彩，有形象，诗味浓。"

两个"小精灵"几乎异口同声地叫道："谷溪，出事了！"

谷溪神态自若，不置可否。

对于这次的传达纪律，谷溪自然不能违反，但面对国家大局和前途命运，他和他的文朋诗友们却不能不思考、不交流。在陕北黄土沟壑中因文学不期而会的这么一帮年轻人，犹如俄国的十二月党人，屡屡聚集起来议时议政，早已对林彪和"四人帮"的一套倒行逆施感到不满并发出质疑了。

2 排 18 号窑洞，宛若一个覆盖着天苍苍野茫茫的穹庐，其间，一群热血青年的视野和胸怀在不断拓宽，他们的头脑和斗志得以成熟与磨炼。他们那些超前的议时议政，拿出任何一条，都有坐牢杀头的危险，只要有一个人当了叛徒，其他的人就自然永劫不复。在谷溪的带领下，路遥的思想认识愈加深刻，他的诗文也随之继续精进。林彪反革命集团里有一个干将叫王维国，与王卫国几乎同名，也许就考虑到这种关联，也许寓意更深，王卫国才更名路遥，并且日后让这两个字响彻大地。

十五

县里成立文艺宣传队，谷溪把他的这些主要干将路遥、陶正、闻频推荐去做编剧。领着每月 18 元补助的副业工路遥很卖劲，他与陶正合写了一部大型歌剧《蟠龙坝》，又与闻频合写了一部大型歌剧《第九支队》。前者是写现实生活中的治山治水，后者是写历史斗争中的陕北闹红。这两部戏的排演都是小县城惊天动地的事件，但在路遥的创作生涯中，它们却依然是一个又一个序幕。有演出，路遥就去拉大幕，没有演出，路遥就回到2排18号窑洞，既写诗，又写词，既写散文，又写小说。他帮着谷溪编《山花》文学报，又在《山花》上展示他的一篇又一篇新作。远离了生活中情人的路遥，沉湎于缪斯女神的如影随形，生死相许……

省城里正筹备一个文学月刊《陕西文艺》，女作家贺抒玉和张文彬（即问彬）来到延川搜罗作者和作品，谷溪把发表在《山花》上的路遥的短篇小说《优胜红旗》介绍给两位女作家。读过小说，她们十分惊喜，这虽然不是什么惊世骇俗的作品，但字里行间洋溢的生活气息和真实感受，在假大空、高大全泛滥成灾的时候，仿佛一缕清新之风拂面而来。有限的篇幅里，情节跌宕起伏，人物活灵活现，也许还有一点点不经意间的内在幽默。两位女作家对这小说的作者不禁刮目相看，她们肯定了这篇小说一定刊用，也表示这位作者有培养前途。延安大学中文系的党总支书记申沛昌领着人马来延川开门办学，谷溪又把路遥推荐出来接受培训。路遥在读书和写作的同时，搁浅许久的爱情之舟又猎猎启动，给那沉闷的生活再次带来了无比的慰藉与欢欣。

春节前，谷溪回到了妻儿生活着的刘家沟，享受着紧张工作之余难得的清闲与轻松。与此同时，冷静分开许久的路遥和林达两人骑一辆自行车，大年三十回到郭家沟看望养父养母，正月初一就一同到刘家沟来看谷溪。谷溪明白，距离就是美的定律发生了作用，距离已经产生了美，拉开距离的时效已宣告结束，这对情侣已经难以分开了。当着父母的面他们很难自由自在，而到了友人这里，总会有他们享受自由的天地。谷溪找大队负责人，把知识青年住过的窑洞收拾打扫了两孔，安顿他们分别住下，然后就一日三餐地给他们大碗吃羊肉，大碗喝米酒，酒足饭饱之后，就让他们回到窑洞甜甜蜜蜜，喋喋不休……直到正月初八，春节假满，谷溪也骑上当初与路遥去新胜古的那辆破自行车，与路遥、林达一同回到2排18号窑洞，开始新的一年。这年秋天，林达撰写散文《在灿烂的阳光下》，署名程远，交给谷溪在《山花》发表。“程远”与“路遥”用字对仗、词义相同，林达就是用这种特别的方式向世人宣布，她与路遥的爱情之旅步入大道，以至永远……

历经曲折，路遥终于如愿以偿地上了延安大学中文系读书，短篇小说《优胜红旗》随同《陕西文艺》创刊号面世。这样一些连续性的事件凑到一起，给路遥的鼓舞也许就决定了他一生的方向，眼看着自己发现的千里马撒蹄驰骋，伯乐谷溪也许有着比自己发表了诗文的更多的幸福与激动……

因《优胜红旗》所显示出的才气与潜力，路遥被借调到省城，并且日后正式变成了调动，在另一条起跑线上开始他的奋斗。同时收获着他在谷溪的洗相暗室里开始的爱情，把林达调在自己的身边，做贤内助。因办《山花》和出版《延安山花》而功绩显赫的谷溪，也拖儿带女把一家七口搬到了延安城里的黑龙沟，任职延安报社的一名编辑记者。

从此，两位友人，天各一方……

十六

那时候，中国的天空，并没有因为林彪事件的发生而驱散阴霾，反倒因“四人帮”翻云覆雨而陷入更黑暗的深渊。谷溪以为越来越猖獗的那一伙人可能要执掌权柄了，他作为一个小卒，既无法抗衡，又苟同不了，坐禁闭的滋味他也尝过，不好受。于是就消沉起来，患了脑神经衰弱，不读书不看报不听收音机不写稿，托病给报社请假，回到清涧老家，给他的老爹放牛去了……

毛泽东主席逝世，报社打电话把他从乡下叫回城里，让他带着新分配到报社的大学生徐来见去富县采访。领袖的去世和时局的变幻莫测，让谷溪的心情越来越沉重，采访的日子他始终心系国家的安危。他去过杜甫逃避安史之乱曾经安家的羌村，又经过杜甫旅居过的茶坊，寄宿在牛武原上。“今夜鄜州月，闺中只独看”“何时倚虚幌，双照泪痕干”……老杜忧国忧时的心境与他此刻完全相同，那真是“国破山河在，城春草木深”的岁月，也真是“感时花溅泪，恨别鸟惊心”的情愫。他对着那夜的鄜州明月，直到更深人静，仍然难以入睡。

报社又来了电话，要他停止采访，立即返回，说是又要听取重要传达。这段时间的所谓重要传达听得多了，越听越没劲儿。他迟迟缓缓地回到延安黑龙沟家里，已经是黑灯瞎火。拉开灯，身子在炕上还没有放平稳，突然，好似一阵风突然吹开窑门，进来的竟是路遥和闻频，路遥两臂叉开举过头顶，挥动着吼叫着：“谷溪，人民胜利了！人民胜利了！……”

这简直是贵人天降，路遥怎么会在这里出现？怎么会是这副架势？他平日可从来没有这么张牙舞爪过，今日是怎么了？原来他和闻频一同来延安组稿，现在要向2排18号窑洞的“十二月党人”首领报告一个特大喜讯：“四人帮”被粉碎了！

路遥眉飞色舞地报告审查逮捕的过程，谷溪的萎靡就为之一扫，立刻如杜甫的另一首诗描绘的那样：“剑外忽传收蓟北，初闻涕泪满衣裳。却看妻子愁何在，漫卷诗书喜欲狂。……”他从壁橱里拿出一瓶白酒，顾不得炒上一盘下酒菜，就与平日不大喝酒的路遥、闻频推杯换盏起来，把这瓶酒喝得一滴不剩。即刻，他就写了一首抒情长诗《爆发了，八亿人民心底的火山！》。这首诗占了《延安日报》的一个整版。嗣后，他的另一首《声浪，在大山间滚动》中的诗句则更为铿锵有力：

冰川时代凝固的
波涛，活了！
苏醒的大山
深深地呼吸……

这边，把山头的黄土
卷下山谷
那边，把峡谷里的枯草
扬上天空……

该死的，就死去！
该生的，就出生！

他已经激情满怀，振奋无比。面对着百废待举而又全面复苏的祖国大地，一次趁着只有他和路遥两人，他禁不住说起了知心话："人家都已经获奖了，你也给咱获上一个。"

路遥回望了谷溪一眼，一边抽烟一边平静而镇定地说："不要紧，慢慢来。"

其实，路遥并没有求慢，他在不断地加强速度。很快，《当代》发表了他的中篇小说《惊心动魄的一幕》。这是正面讨伐“文化大革命”的长篇檄文，在当时的极左浪潮的思维定式中，振聋发聩。就像谷溪的火山爆发一样，那是在2排18号窑洞长期思想淬火、艺术砥砺的结果，是一次蓄积火药、一日引爆的一个总爆发。

谷溪过不久就从报社调入地区创作研究室，以后又开始编办《延安文学》，开启了他的又一轮的伯乐相马与甘为人梯的营生。而路遥从此脱颖而出，逐步走向全国文坛。

十七

1982年，山桃花和野丁香盛开的5月，为纪念《在延安文艺座谈会上的讲话》发表四十周年，全省老中青三代作家云集革命圣地。宾馆里不断重复的饭菜吃得腻味了，谷溪买回来一只羊、一袋荞面，叫来一帮人手熬肉和面，请作家们来到经济拮据的家里坐流水席，吃陕北最具风味的手工荞面圪坨。在延安生活过的老一辈们这一顿饭吃得兴高采烈，仿佛回到了青年时代。他们的谈兴极浓，不苟言笑的王汶石居然背诵起了胡采当年的枪杆诗：

打蒋匪好比下象棋，
先吃卒子后吃车，
满盘人马都吃尽，
看他老蒋逃哪里？

一向沉着持重的胡采也受气氛感染频频开怀大笑，他回敬王汶石的是，背诵王汶石的墙头诗：

挖，挖，挖，
挖开土坑种西瓜，
老蒋来了咱把瓜蔓拉，
地雷炸得他脑袋开了花……

在延川当过小学教师的杜鹏程，陶醉在原始淳朴诗情画意的生活中，一再感叹：“多年都没吃这种让人回味无穷的陕北饭了，吃起来特别亲切可口。”他还说，“这饭在西安叫麻食，在北京叫猫耳朵，在甘肃叫窝窝面，在陕北叫荞面圪坨，而唯有荞面圪坨让人倍感亲切，荞面圪坨羊腥汤，死死活活相跟上。这饭与这山曲联系起来，就显得很有文化感。”

土生土长的陕北后生路遥，没有加入前辈们的谈话，他坐在一旁静静地听，静静地思考着什么。谷溪对路遥的沉思似乎也有感应，等客人散后，就问路遥：“路遥，人家都吃得兴高采烈，你怎么一言不发，好像对今天的饭有意见？”

“瞎说，”路遥从沉思中清醒过来，解释道，“刚才的信天游正唱到我心里了，我要用小说写出这种感情。你不是收集了不少民歌吗？拿出来咱们听听。”

谷溪当记者多年，不论到哪里采访，都随身携带一个录音机，见了会唱山曲的人就及时录下人家的演唱，如今已经积累了许多盘磁带。见路遥来了兴致，就双手抱出来，一盘一盘地与他播放。就像对陕北的饭食终生贪婪一样，路遥对陕北民歌的迷恋也难以自拔。平日在稠人广众的场合，他沉稳缄默，如同一只黑熊，但关起门来与谷溪两个人凑在一起，哼起歌来全身心投入，忘乎所以。在谷溪新搬的延安市场沟半山上叫作“梧桐园”的土窑洞里，他们直到深夜仍在抒发歌瘾。

何其芳当年收编的《陕北民歌选》里有一首《冻冰》，谷溪以为编者并没有亲自听过民间歌手的演唱，只是根据文字资料整理编辑的，词句不很畅达。而他在内蒙古草滩上曾聆听过一位美丽的蒙古族女歌手五菊木桑的演唱，以为是最美妙不过的艺术了。他特别提醒路遥细听：

正月里冻冰二月里消，
三月里鱼儿水上漂，
水上漂呀想哥哥，
我想我的哥哥谁知道？

那种起兴的自然，那种隐喻的准确，那种流淌着的绵绵情意，那种激扬着的一唱三叹，实在是太感染人了。路遥不由得随着录音带里的歌声也在动情地哼唱。此时的路遥并没有透露他正在酝酿日后题名为《人生》的小说，但当《人生》一问世，谷溪自然就回忆起了这个不眠之夜的通宵吟唱。

听久了这种回肠荡气的歌儿，精神也需要松弛一下，谷溪就用他标准的陕北土音唱起了当地流行的民歌：

凤英你的眼太大，

看上人家看不上咱，
将来我黑旺魁有办法，
不缺大洋花。

黑旺魁你不胎孩，
一天几回家来，
三换衣衫两换鞋，
凤英就说你吃不开……

不胎孩，就是没怀胎而从石头缝里蹦出来的，是不成材的意思。这种土腔土调土语土话的土艺术中的土幽默，把个爱土成癖的路遥激荡得心旌飘摇。他不由得套用这段词句调侃起谷溪来了：

五菊木桑你眼太大，
看上人家你看不上咱，
尔格我曹谷溪当作家，
威名震天下……

两人就这样一唱一和，在这种时悲时乐时谐时趣的享受中，歌之咏之，舞之蹈之，心醉神迷，忘乎所以，不知东方之既白。

十八

这一年，路遥的《人生》问世了，其掀起的狂热是新时期中国文坛的一道新景观。电影导演吴天明立刻决定把这部作品搬上银幕，路遥用很短的时间改出剧本，摄制组全班人马被拉到了陕北甘泉县。正在甘泉出差的谷溪与路遥见面，自然少不了《人生》的话题。路遥问谷溪对作品的看法，谷溪不慌不忙地说：

“开车的司机告诉我，路遥可把《人生》编得好。”

路遥问：“怎么好？”

“他说，巧珍说出了所有女人想说而又没有说出来的一句话。”谷溪继续卖关子。

路遥急切地问：“什么话？”

“巧珍说，我看见高加林比我大我妈还亲。”

路遥咧开胡子拉碴的厚嘴唇嘿嘿笑了……

在拍摄巧珍出嫁的场面之前，吴天明找谷溪咨询陕北的婚嫁风俗。在陕北山窝窝里出生、长大，摸爬滚打了几十年的谷溪立刻来了神，他说：“哇呜哇，咚咚嚓，迎得新媳妇背坐下。”

吴天明拿出本本记，问：“背坐下是什么意思？”

民俗专家似的谷溪说：“把新媳妇引回来要叫背对着门面朝着墙坐，不然的话，不吉利。”

不等吴天明再问，民俗专家继续讲：“姑不引，姨不送，妗子引的是黑枣棍。”

“这又是什么讲究？”大导演不解。

“那是说，夫家的姑姑不能当傧相去迎亲，娘家的姨姨不能当傧相去送亲，夫家妗子也不能去迎，不然的话，就迎来一个像烧黑了枣棍似的丑媳妇……”

吴天明哈哈大笑："真的要是把这些弄错了，引来的巧珍可就丑得成了问题。"

他转身问路遥："这些你懂不懂？"

"我懂不了这么多。"路遥甘拜下风。

吴天明对谷溪诚恳地说："我聘请你做这部电影的民俗顾问。"

"不用聘。你们省里一个蚊子也管我们地区三个苍蝇，需要什么尽管问。"接着谷溪又讲"七引八送"，迎亲时的傧相只能是单数，送亲时的傧相必须是双数，还有如何铺毡，如何拜堂，甚至如何闹洞房，都一一备述。最后谷溪说，"关于出嫁，我说的够用了。不过，再说多少，也免费。"

这最后的玩笑，常常让人感叹。应该承认，谷溪的文化程度不如路遥高，写作成就不如路遥大，在路遥的文学起步时代，他确实是路遥的启蒙老师，当路遥一旦脱颖而出，路遥就成了他的文学顾问。但谁能否认，在那精神与物质同样匮乏的年月，他所提供的全方位的无私帮助无疑加速了这位作家的成功？而这种帮助又岂能以金钱来衡量？世界上不乏珍贵的东西，但谷溪给予路遥的真诚援助与扶持却永远如同崖畔畔背洼洼里的山丹丹花，绽放着幽静的凄美和独特的俏丽。

当年在延川县办《山花》小报的谷溪，如今成了《延安文学》的编辑，和路遥的联系因为山高水远而疏阔了，但在 2 排 18 号窑洞里贮留的那些记忆却时不时地在他面前晃动。就像他讲给路遥胞弟王天乐的"我给你像公家一样过星期日"的话，变作《人生》中巧珍讲给高加林的话一样，许多当年在窑洞里不经意间的一笑一颦、一言一语，都出现在了路遥日后的小说中。路遥的《在困难的日子里》所写的中学生背砖受苦的情节就是谷溪的经历，谷溪关于日本尿素的顺口溜也被引用在路遥的小说《青松与小红花》中：

> 公社来了大干部，
> 身上穿的料子裤，
> 前边是日本，
> 后边是尿素……

如今谷溪读着，往昔的岁月浮现在眼前，心头的亲切感油然而生……

描绘陕北高原历史变革长卷的《平凡的世界》问世了。作为书中次要人物——诗人贾冰原型的谷溪，为朋友的新胜利欢呼雀跃奔走相告。他来西安参加省政府为路遥召开的嘉奖大会，会后，二人来到省作协的平房大院。那里的玉兰花、丁香花已经开过，石榴花正开得如火如荼，蜡梅花正在静静地铺展开细嫩的长叶，在叶蒂处孕育着米粒儿似的花蕾，蜡梅下横放着一截枯木，那是路遥在写《平凡的世界》期间经常小憩的地方。摄影家郑文华曾经把路遥坐在这段枯木上沉沉入睡的镜头凝固在画面上，日后成为一张经典之照。如今路遥完成了一段漫长而艰辛的攀登，远离了辉煌之后的鲜花与红地毯，邀友人同坐在枯木上清静闲话。

刚刚在枯木上坐定，就有一溜一串的少男少女前来追逐，拿出一本本笔记求路遥签名。路遥一一签过之后这批慕名者欣然离去，趁着又一批慕名者未来之前，对谷溪说："你看尔格把我欺侮得没个盛处(陕北方言，意为待的地方——编者注)，咱快走。"他拉了谷溪，快步出了东城门，在一家无人认得的小饭馆里请友人吃灌汤羊肉包子，然后又一起躲进环城公园的浓荫下，细细地攀谈起来。

十九

“作为陕北农民的儿子，谷溪继承了劳动者那种顽强不息和百折不挠的精神品质，几十年里，一边应付着生存的窘迫与尴尬，同时以童稚般的执拗在他心爱的黄土地上寻觅和采摘诗歌的花朵。”“谷溪在人生奋斗方面的收获可能要大于他在诗歌创作方面的收获。我们又很难评判其间的哪一种收获于人更为宝贵。”

此时的路遥，也许是想起了谷溪把老娘和妻子儿女从他们共同的家乡带到延安城里，过上了稳定的城市生活；也许是想起了谷溪穿行在北京的大街和小胡同里，寻门路找人筹备了一百多万元人民币，给延安文联盖起了一座文艺大厦；也许是想起了谷溪如同抡起老镢刨地一样，一首一首地写诗，一篇一篇地作文，笔耕墨耘出像《奉献树》《陕北父老》那样影响广泛的诗文；也许是想起了谷溪依然如同办《山花》时那样激扬着热情和挥洒着无私，把一个地区刊物办成了省级优秀期刊；想起他帮助一个个无名青年把一篇篇优秀作品推给世人，帮助一个个终生埋首伏案疲劳不堪的文学老人重新焕发了青春……是的，他又接二连三地想起，是谷溪领着梅绍静带着叙事诗稿《兰珍子》去省城里找出版社出版，使她成为新时期第一个出版叙事诗的女诗人；是谷溪陪着史铁生回插过队的小山村，又背着他看黄河瀑布；是谷溪伴着延泽民去看安塞雷哨子的崖窑，老作家日后写成了《童年的足迹》；是谷溪引着蔡其矫寻访鲁艺旧址，过延川，走绥德，一直过了黄河畔，老诗人日后写下那首有名的《过延川》：

不屑于把爱钉在往昔与今日，

漂泊的灵魂永远追求陌生的地方，

世界多么宽广，

生命多么短暂，

我憧憬梦寐与变迁，

现实永远不能使我满足……

路遥更多地想起了二十年间与谷溪一同经历的风风雨雨，他忽然动情地说："谷溪，你就像咱们陕北黄土山坡上的一丛营草，个儿不大，叶子不美，色彩灰暗，也不开俏丽的花朵，但根扎得很远，生命力极强，即使掏出来在太阳地里晒上三天，只要埋到土里，下一场雨，又生叶扎根，固定着不让黄土流失，维护着黄土里的马茹茹(学名黄刺玫——编者注)、山丹丹、兰花花、金豆豆一拨一拨地开放……"

谷溪的眼里热辣辣的，眼镜片后边闪烁着晶莹的光。他说："我是个平凡的老百姓，就做这么些吆鸡关门的打杂事，能让别人冲到前边就很满足。你还能记起我在延川2排18号窑洞里给你说的话吗？"

"什么话？"路遥问，"你在那个窑洞里说的话很多，不知你如今指的哪一句？"

谷溪说："我说过，你的才能比我大，我做你的铺路石，你踩着我的肩膀上……"

"这话太绝对，"路遥打断谷溪，"不能说我在所有的事情上都比你才能大。比如写诗，后来，我感到诗歌这碗诱人的汤水不适合我的脾胃，就改行涂抹起了小说，但你一直痴心不改，始终热恋着你的缪斯……我当时要写黄土高原抒怀，至今都没写出来，而你就写出来了，写成了《呵，这个海》：

呵，这个海，
好气派！
千重峻岭望不断，
万架大山并肩排，
山似涛呵，岭如浪，
波涛滚滚天际来……”

路遥说着说着，不由得朗诵起来。

“不要取笑我了，你是不写诗了，要是写，我哪里是对手？我给你讲诗的时候，只知道个形象思维，连个意象都解不开，就只会个比喻和押韵，还因为咱这陕北土音把韵都押到半坎坎上了。”

路遥沉思片刻，接着说：“我说的是真的。你后来显然不满足于初期的山歌野调，试图用自由度更大的歌喉，唱出对生活更丰富的感受。溪水奔涌出狭小的山谷，开始在较为宽阔的河床上流淌。我甚至有一种河流突然改道的感觉，听见某种宏大的声势在你诗歌的河流中喧响。”

谷溪说：“那时我也没有想到你是未来的茅盾奖的获得者。你让我这个朋友觉得骄傲，你日后还不知道要怎么惊天动地……”

“一切都已经在昨天结束了。我想未来我写作的精神自由度会更大一些。这个奖与其说是一种收获，还不如说是一种解脱，”路遥似自言自语，“对作家来说，所谓现实，同时也就是未来，也就是历史，因此，必须有更具深度的思想，才有可能进入真正有价值的劳动。”说着，他抬起头，对着城墙上遥远而深邃的夜空凝视，灿烂的银河已横陈在头顶，无比的绚丽，他忽然对着谷溪背诵起他在北京领茅盾文学奖时的讲演词：

“……人民生活的大树常青，我们栖息于它的枝头就会情不自禁地为此而歌唱，只有不丧失普通劳动者的感觉，我们才有可能把握社会历史进程的主流，才有可能创造出真正有价值的艺术品。因此，全身心地投入到生活之中，在无数胼手胝足创造伟大历史、伟大现实、伟大未来的劳动人民身上领悟人生的大境界、艺术的大境界应该是我们毕生的追求。因此，对我们来说，今天的这个地方就不应该是终点，而应该是一个新的起点……”

二十

拍电影《人生》的时候，路遥重返榆林和绥米佳吴，上了一次白云山。这座古刹名寺集中的名山，坐落在黄河桃花渡的岸畔。1947 年转战陕北途中，毛泽东就曾来到这里站在善男信女中间看戏，据说还在祖师爷老子的圣殿里抽过一签，签语是什么，我们不得而知。对伟大领袖来说，这只是一种文化消遣。对于一位作家来说，卜签问卦也许是一种有意识的生活体验。路遥抽了一签，很好，那是大吉的上上签：鹤鸣九霄。谶语关于谋望一节有四句卜辞：

几年松下惜羽毛，
不肯低头谒富豪，

今日奋身腾碧汉，

才知志气比天高。

这也许是一种偶合，当真道出了路遥此时的功成名就。

在延安的青化砭，住着一位名叫吴云青的百岁老道，他的健康长寿与道法修行，引起了谷溪的兴趣，他为老道拍摄一幅肖像，配了简短的说明文字在报上发表，愈发使这位老道成为远近闻名的著名神秘人物。路遥知道了，很有兴趣，谷溪就领了他去实地采访。

谷溪说：“我领了一个朋友来，我们都很敬重道教教义，想请道长送我们每人一个道号。”

老道说：“你姓曹，你是人才，也有天才，还有鬼才，所以送你一个道号——曹三才。曹操、曹丕、曹植，都是人才，你曹三才，就是三曹才子！”

“这道号很好，”谷溪非常得意，“谢谢老道的吉言。请再给我的朋友也送一个。”

老道转向路遥问：“你姓什么？”

“姓路。”路遥没有说姓王。

老道脱口而出：“既然姓路，那就赐名‘路通达’！”

“好名字。”路遥非常满意地称赞。

无论是现实生活中的早晨从中午开始的灿烂图景，无论是幻想世界中的鹤鸣九霄与道路通达，似乎都预示了路遥今后的人生更加辉煌。正如他在获奖感言中所宣讲的那样，他将开始新的行程，并将奔向新的目标。但是现实生活与幻想世界都捉弄了这位苦行者。1992 年 8 月的一天，在他又一次回黄土高原蕴蓄灵感与激情的旅程中，火车到站了，而他却衰竭在车厢里站不起来。他被朋友们架起来送到延安地区医院，立刻进行检查，肝硬化已经使肝的形态变成锯齿状，而肝腹水已经让腹部变成了橡皮水袋，这是一道晴天霹雳，让路遥眼前变得天塌地陷，山崩地裂。路遥摒去了周围的医护人员和亲戚朋友，待只剩下谷溪一人时，他突然间号啕大哭，那撕心裂肺的哭声，摇天撼地，一条往昔铁塔似的汉子，转眼间就变成一个神经崩溃的孩童。他一边哭一边说："谷溪呀，我咋是完了，老天爷拦腰把我砍断了，我的病，你不知道，很严重，这一回怕是不行了……"

谷溪震惊得目瞪口呆。从少不更事的时候相交，至今，四分之一的世纪过去，他只看见路遥哭过两次。第一次主要是因为政治沉浮，从权力的塔尖掉到失落的沟底；第二次主要为爱情变故，从爱的温柔之乡掉到无爱的冰天雪地。而眼前，因为病魔的凶猛侵袭，一切充满希望的未来即将被无情夺走……男儿有泪不轻弹，只因未到伤心处。谷溪仿佛从噩梦中醒来，已经感到凶多吉少，大事不好。看见平日坚强得刀枪不入的汉子，如今变成了一个瘫软在床的柔弱孩子，想起在环城公园里背诵讲演词的雄心勃勃的作家，如今绝望颓败成这等模样，他的五脏六腑都被摇撼，心即刻就像摔成碎片。鼻子一酸，双眼就像蓄满了激波扬涛的库水，将要决堤冲闸，喷涌而出……

然而，不能！眼看要彻底垮下来的路遥，需要的是支持，需要的是鼓励，跟着他伤心落泪，那会毁掉他仅剩的希望和自信。不能哭，不能像山村里脆弱的女人那样失去理智而只有怜悯。谷溪这么一想，硬是把那一股悲痛的泪水咽回肚子里，换上一副不在乎的模样，甚至在胖胖的嘴角上强堆出一丝笑意，说起了一段往事。以前，路遥在谷溪家不知吃过多少次大肉揪面片，《平凡的世界》写成后，谷溪就发现，路遥不再吃这种饭食了。一次去西安看路遥，谈话谈到肚子咕咕乱叫，他说上街去吃大肉揪面片，路遥说街上的食品油太大，干脆去他干姐家吃陕北饭。路遥带了谷溪，坐出租车从建国路出发，到青年路叫了《文学家》主编陈泽顺，再继续坐车到和平路的最南端，花了三十多元的车费，到了干姐家。干姐刘凤梅也是作家，放下笔，赶做荞面抿节，三个粮食装子一般胖的汉子，端着大老碗，狼吞虎咽，挥汗如雨。女作家的小女儿在一旁看着看着就乐了，说这三个胖子吃饭，是一个谜语，打中国一个地名。三个肚皮鼓起来的胖子面面相觑，等揭开谜底"合肥"，便笑得人仰马翻……

忆完这段往事，谷溪说："路遥，你怎么变得这么脆弱？平日你刚烈得如同狮子，倔强得如同犍牛，壮实得如同黑熊，怎么突然间就软弱成哭鼻流水的婆姨女子？你是写书的，你的书教育了那么多的青年人，为什么你都不受一些教育？一点点灾灾痛痛你就忍受不了？"

听自己兄长般的老朋友这么饱含深情的斥责和安慰，路遥的哭声小了，他啜泣着说："我知道，我的病很严重，怕是不行了……"说着他又哽咽起来。

"瞎说！"谷溪断然训示他，"科学都发展到什么程度了，肝上一点点毛病还治不了？你这是学当年那个县委书记的样子，不相信没人驾驶的 U-2 飞机能飞到天上去……"他想用 2 排 18 号窑洞里的笑话唤回充满自信与刚强的路遥。

"个人的病个人知道，即使看的不死了，但我再不能做事，活到这个世界还有什么用？还不如死了倒来得干净！"路遥悲观地说。

"你连这么想都不要想，"谷溪说，"你应该想想你曾经在我面前哭过两次，那两次你不都是因为悲观失望哭的？可事实怎样，不是一个个沟沟坎坎都跳过去了？没有劈不开的芝麻秆，没有过不去的独木桥。好好地配合医生，吃药，打针，经心治病。你知道不，病人的情绪好，吃药打针就效果好，你要保持一个好情绪，病就好得快些……”

二十一

病床旁边吊针架子上挂着两个吊瓶，一个瓶子里装的是新鲜的血液，一个瓶子里装的是混合生理盐水的药物，连着两根管子的针头，一根扎进路遥的脚趾间，一根扎进他的胳膊里，随着汩汩流动的液体进入血管，他的肌体内慢慢发生着变化。而谷溪的绵绵话语如同另一根吊瓶管子扎在胸间，让温馨和抚慰的液体渐渐滴入路遥的心田。他渐渐地平静下来，开始接受一个新的严酷的现实变化，等待着又一个奇迹发生。

奇迹没有发生。路遥的病情一天不如一天，身体也一天比一天衰弱。谷溪去看路遥，强作笑脸，回到家里，就暗自伤心。他对妻子说：“路遥怕是不行了，现在他想吃甚，咱就给做甚。”他们变着样儿给路遥做饭，洋芋擦擦、黑豆钱钱、羊肉饸饹、荞面抿节……凡是路遥喜欢吃的家乡茶饭，他们都送。但是，路遥的饭量越来越小，甚至开始厌食绝食了。花样儿使完了，谷溪忽然想起延川家乡的大红枣。他让妻子把枣煮得烂烂的，端了一碗放到路遥的病床边，见到枣路遥的情绪显得很兴奋，似乎想起在2排18号窑洞吃枣的情景，拿起一颗枣填进嘴里，有滋有味地咀嚼着，仿佛在咀嚼往昔的岁月，咀嚼他们吃红枣写红枣的日子……

路遥连吃了六颗红枣，在这一段日子里是一个新的食量纪录，鼓舞了谷溪。他征询路遥说："还想吃甚？我去弄。"

路遥想了想说："想喝莲子汤。"

莲子汤？莲子汤是什么？炊事员出身的谷溪做惯了熬洋芋炖白菜，对莲子汤这种精致的吃喝一满解不下。打问了许多人，才搞清楚那是南方的吃食，大概是祖籍闽南的林达引进给路遥的吧？如今林达不在延安，只好由他操办了，他寻到一个会做这种汤的路遥一个现在做教师的女同学，让她精心烹制，弄来南方出产的莲子和银耳，但还需要百合。谷溪想到了梦泉居窑洞前那株珍贵的花朵。那是他去甘肃开会时，一位河西走廊的诗友送他的。花的根部包着泥巴，又用塑料布裹起，随他坐火车乘汽车，经过几天几夜带回延安栽在塬畔上，春风秋雨，夏日冬雪，精心护养，才灿然开花。这花真如同他的心肝宝贝。现在病中的路遥要喝莲子汤，缺的就是百合。谷溪没有犹豫，挥起老镢，就毁了那株名贵之花……百合莲子汤，做得色香味俱全，精致而新鲜，热腾腾送到路遥床边。然而想喝这种汤的路遥，却只是颤巍巍拿起调羹搅了搅，一口没喝，又放下调羹，他无奈地摇了摇头，一丝抱歉的苦笑堆积在那双曾经明亮如珠如今混浊无神的眸子中，这让谷溪五内俱焚，肝肠寸断……

路遥的病情继续恶化，这让平日沉稳的谷溪变得越来越暴躁。有天上街办事，碰见有人卖黄米摊黄，他给路遥买了两张放在家里。妻子和孩子不知道，分着吃了，谷溪当着客人的面大声训斥妻子："你们怎么学得这么嘴馋？"

几十年都没见过丈夫这么粗暴地对待自己，康秀珍十分不解。其实谷溪焦躁的是对路遥的病无能为力……

他拉起路遥变得干枯的手，那掌心是点点红痕，这是俗话说的"朱砂掌”，肝病的一种表征，是不祥之兆。谷溪忍住悲切，努力用平静的口气说：“路遥，我有一个想法。咱们延安医院小，条件不如大城市的大医院，人家的设备、医生强，我看转到大城市，治疗得会快一点。”

路遥长叹了一口气：“这种病放到哪里都是一样的治法，该有的药，延安都有，如果延安治不好，西安、北京、上海，也都治不好。就是送到联合国，也治不好。到西安，离三兆的火葬场近，死了人家就会把我拉去火化。还不如死到这里，你和高其国一定会钉一口棺材，把我埋到黄土山上。”路遥的话说得真诚而实际，就显得特别的凄凉酸楚，直让谷溪的心被一块一块地往下撕……

省上来了电话，说路遥不光是延安的路遥，也是陕西和全国的路遥，要把路遥送回省城，换一个更好的医院治疗。

平日，谷溪尽量阻挡人去医院看路遥，觉得人去得多会对治疗造成干扰，也怕那些感情脆弱的人控制不住情绪，让路遥看见受刺激。现在要把路遥往西安转送了，他意识到，这也许是路遥与延安的亲朋好友和父老乡亲最后一次分别，就暗暗地传话，让很多能来的人都到火车站送行。

那是一个深秋的清晨，黄土群山中已经有了寒意，秋风萧瑟，秋草开始枯萎，霜叶开始凋落，大大小小的车辆无声地驶过延安的条条街道，汇集到了火车站的广场，这场送别尽管显得那样隆重，然而，人们的心情却沉重得犹如压上了石头。

在病床上躺倒一个月的路遥已无法行走，车站打开了月台大门，人们簇拥着路遥坐的小车，涌向站台，又眼巴巴地看着人架着路遥进了车厢。路遥强挣扎着身子倚在车窗口，深情地注视窗外的群山、送行的人群，他的手在窗口无力而依恋地摇动着，脸上绽放着凄迷的惨然的笑，眼眶里噙着两汪将滴未滴的泪珠……

随着列车缓缓驶远，谷溪背转身子，卸下他的那副宽边眼镜，掏出手帕擦拭那早已不知不觉间涌出的泪水……

二十二

清涧的九里山也是一座独特的山，这山方圆九里，一道梁上突兀起几个峰峦。早年，每座峰上都建有神庙，供奉着各路神仙，说是神，其实是人——菩提树下成佛的释迦牟尼、著《道德经》的祖师爷老聃、过五关斩六将的关云长，都在这里有自己的庙宇，享受善男信女的香火。每年农历五月十三过庙会，四方的香客来朝拜，这山山峁峁都变成了人的浪潮。庙前的戏楼上唱着山西梆子戏，庙周围搭满了炉灶，摆满了小摊，炊烟缭绕，炉火喷吐，各式各样的风味小吃弥散着浓香，各式各样的货物闪烁着色彩，人们徜徉在这样的浪潮之中，仿佛真的被诸神带入天堂，过上了无忧无虑、快乐无比的生活。

后来，热闹红火的村社活动逐渐衰落，和尚道士陆续还俗，留下的庙宇建筑也在“文化大革命”中，被一一扫荡。偌大的山梁上，到处是残垣断壁，缺角少棱的石雕香炉，没有了戏楼的戏台，没有了神位的危房旧舍。神庙和斋房，或者变作猪栏，或者变作牛圈，或者变作兔舍，记载着半个世纪以来生活的变革和日月的交替。

但这里的两处遗址却没有被岁月吞噬，至今赫然留存。一处是韩信活埋母亲的穴位，它背阴向阳，面对着东南方向一座恰似印玺的山峁，这山就叫印台，也许就是因了这方印台，此地才被传说成可以大富大贵的穴位。穴位已荒草萋萋，印台安然存放，韩信的故事不断被传讲着，以至今日。还有一处遗迹是韩世忠母亲的坟墓。墓前还有明代竖立的另一通碑石，上刻“宋蕲王韩公世忠之墓”，这墓面向西北，对着诸神的大庙。在这个山峁上有大片的柏树，绿荫森森。墓的一边有座韩世忠庙，塑有韩世忠像，那是一位威武的元帅形象，戴头盔，穿铠甲，头顶的天花板上绘有八卦图。韩公双手持笏板，似在向皇上奏报战功。身旁有一副对联赞颂他：“昔为宋室忠良将，今作民族灵应神。”

后人们对这座山顶上留有两位古代名将的母亲之墓十分不解。韩信何许人也，为什么会在陕北的黄土沟壑里放羊，居然会把母亲活埋于此？韩世忠明明是绥德人，为什么其母之坟也筑于此地？如果说，韩世忠因抵御外侮保家卫国而名留千古，这里的人们愿意保留关于他的或真或伪的纪念遗迹的话，那么，身经百战而功勋盖世的韩信，却在此处留下一个被人责骂的遗存，总让人颇费猜疑。有人说，这是佞臣们为开脱汉高祖刘邦杀功臣而杜撰出来的故事。这种分析不无道理。

比起韩信留下的故事，更让人感兴趣的，是残破的窑洞式门楼的二楼上的关帝庙。楼里重新塑起了红脸长髯的关云长，一边站着书童，一边站着剑童，供桌上堆满了香表，时不时有人来抽签卜卦，签簿已被翻得残破不堪，而人们依然在这里祈祷着否极泰来、鹤鸣九霄。门框上贴有两副楹联，一副为“兄玄德弟翼德立斩庞德，出荆州破冀州威震徐州”，另一副为“兄玄德弟翼德德兄德弟，师卧龙友子龙龙师龙友”。前一副写尽关羽威镇华夏的传奇，后一副写尽关羽赤胆忠心的操守。这就是关羽的个人魅力。他的威，他的德，在两千年的悠悠岁月中，流传不衰，有口皆碑。尤其是他的重义气、重友情，至今为人楷模。谷溪与路遥的友谊，也许就与这种熏陶不无关系。

从九里山下的两个方向流出两股清水，一条向北，叫作淮宁河，经过石嘴驿，从路遥出生的王家堡村头流过，蜿蜒曲折，注入无定河；一条向东，是条无名河，经过郝家塌，从谷溪出生的郭家嘴村头流过。两条小河沿途汇纳条条溪流，浇灌五谷，啜饮六畜，供村妇洗衣浣裳。水量越来越大，形成一个个深潭，成为山乡孩子夏天的游泳池、冬天的滑冰场，无名河成为快乐之河。好像与淮宁河事前约定的一样，这条无名河最后也汇入无定河之中。饱经沧桑、历尽劫难的无定河，雄强，温驯，奔腾不息，长啸东去……

站在九里山山顶的关帝庙前，远眺千沟万壑中青杨柳树笼罩的王家堡和枣树林子拥抱的郭家嘴，“德兄德弟”“龙师龙友”的楹联，格外让人浮想联翩，感慨万千。同属一片贫瘠的荒山野岭，相距不过三十里，既生出一个诗人谷溪，又生出一个作家路遥，穷苦的生活逼使他们离开这同一片出生地的清涧，却又落脚到了另一片相隔一条山的延川两道川，就像无定河把他们的命运拴起来一样，秀延河又把他们紧紧地系在一起。这是上苍的安排，他们之间，牵肠挂肚，如今一个病卧床榻，另一个怎么能丢心得下呢？

二十三

省城不断传来路遥在医院里病危的消息，这让谷溪的心整天在空里悬着。当年为路遥保管情书的那个“炮弹专家”的外孙厚夫（后成为延安大学文学院院长、人民文学出版社出版的《路遥传》作者）到陆军四院去看路遥，路遥拖着病体半躺着问这个也迷恋上文学的延川小同乡："你外公的身体好吗？"厚夫说外公只是患了肩周炎，整个身体状况还好，路遥说，"这就好。我与你外公是忘年交，你外公是好人……"沉默了片刻，他突然说，"我这十几年，吃的猪狗食，干的牛马活，你解下（陕北方言，音 hài hà，意为理解、明白——编者注）不？"这突如其来没头没脑的话，让这个年轻人大为震惊，他有一种不祥的预感：路遥生命的烛火是否即将熄灭？

早有这种预感的谷溪在延安一直寝食难安，他把与路遥在黄河畔拍摄的那张合照翻出来，重新洗印放大，制作了镜框，带到路遥在西安的病床边。路遥躺着，双手举起那个镜框，对昔日笑着的自己也咧开嘴笑了：那时那么年轻，居然能骑上自行车翻过成百里的山路……对着照片仔细地瞧着，两个人站在黄河转弯处的山岩上，一汪深水仿佛是注满激情的胸怀，层层山岩仿佛是大脑中的沟壑，脚下的乱草则如一条通向未来的荆棘之路。从那时走到今天，既有过阴霾阵阵，也有过清风习习，既有过山重水复，也有过柳暗花明，既有过霹雳闪电，也有过光风霁月。经历的时候，不乏伤痛和悲苦，如今追忆的时候，却全然变作了甜美与幸福。人生就是与痛苦相伴，生活着就是幸福，只有长期缠绵病榻的人，才能够深切感受到回到正常的生活中哪怕去经历痛苦也是幸福，行将死去的人才能深切理解生之可贵……看得出路遥正在陷入一种掩饰了的期望和绝望不断交叠的煎熬之中……

路遥已经基本停止了进食，说是一顿吃三条指头长的鲫鱼，其实，那只是用筷子把小鱼夹起来放在唇间抿一抿再放回碗里。也许是预感到死亡的临近才增加了对生的留恋，也许是不忍让挚友为自己即将离去而悲伤，路遥强颜欢笑，说是在西安治疗了一段时间，比在延安感觉好多了，肯定能重新站立起来……

听着这些话，谷溪的肠子好像被剪刀一节又一节剪成寸断，心也被一点一点掏空了……

听到路遥诀别的噩耗，谷溪正在黄陵采访，即使出现了电视新闻，他也不愿意相信，即使电话中已经接到了讣告，也不愿意相信。他赶到西安，面对长眠着的小他八岁的生死之交，面对着一场最不堪忍受的生离死别，他放开声无拘无束地号啕，让那久已压抑在心中的悲痛尽情地如山呼海啸般的排空而来，掀天而去……

那个曾经任性的、勤奋的、幽默的、诙谐的、才华盖世的路遥穿戴整齐地被送进了火化炉，居然变成了一团灰烬，一缕轻烟，即使过了一年半载，谷溪仍难以接受，他常常记起和路遥在延川县政府2排18号窑洞里写的诗句：

天上万颗星，
地上万盏灯，
哪一颗星最亮？
哪一盏灯最明？

千颗星啊万颗星，
亮不过熠熠北斗星；
千盏灯啊万盏灯，
明不过窑洞的小油灯。

壮丽的诗篇灯下写，

伟大的决策灯下定，

五星红旗飘蓝天，

万里山河映日红……

这是当年歌颂领袖的诗篇，如今吟诵起来，挥之不去的是故人的笑容和身影。

还有什么没有做完的事情吗？还有什么心愿未了吗？我的风雨同舟、生死相交的正值英年的朋友？

是的，谷溪想起来了，路遥在延安的病床上嘱咐自己，他死后，要把他埋葬在延安的黄土山上，与生他养他的陕北高原融为一体。

谷溪为这最后的遗嘱奔走了三年。延安大学的申沛昌校长和霍世仁、张史杰、冯文德、王巨才、赵不国等几位德高望重的陕北老人制定了一个实施方案，委托谷溪具体执行。谷溪踏勘了延安的山山峁峁，最后在延安大学背后的群山中选中了一架山梁。这是有名的杨家岭上的一座无名山岭，东靠昔日中共中央“红色新闻山”清凉山，西望凤凰山革命旧址，山脚下，杏子河与西河交汇，形成的那条著名的延河款款向东流去。

此山由三道梁组成，与清凉山连成一个脉系。路遥的骨灰被安葬在三道梁中间的一道梁上，墓冢用清涧县的青石砌成，墓前有王巨才题写的“路遥之墓”的黑色石碑，碑石与墓石全部由他的出生地清涧运来。“清涧的石板、瓦窑堡的炭”，这首信天游一直被路遥传唱着，如今清涧的石板做了路遥的墓碑，将为这句信天游增加新的内涵。

墓地的山坡上有一片翠柏，墓前有两棵青松，整个山坡种植着白杨、核桃和陕北的各种杂木野花。谷溪托好友从陕南西乡运来的两棵白皮松栽植在墓的两旁。此树是路遥生前特别喜爱的，他原打算移来两棵栽到陕西作协的大院里，但这个愿望没来得及实现，他便作古，而他的朋友谷溪却要在他的身后继续实现他的愿望，不仅让他回到了他所无限爱恋的生他养他的故土，甚至要满足他对两棵白皮松的喜爱……

二十四

这座安放路遥骨灰的山梁被谷溪起名为文汇山。当年路遥在这所山下他称之为亚洲最小的一所大学里读书时，饱览古今中外名著，在靠山的大学课堂里听讲，趴在简陋的学生寄宿窑洞的土炕上阅读，或者起草他最初那些闪烁才华而又幼稚的文字，或者就在这文汇山的草坡上静坐，或者在那山间小道上漫步，开始构思他人生和事业的辉煌蓝图。后来，他提前实现了他预期的一个个目标，到达了他预期的一些高度，他因这种浓缩的勤奋而使他的自然生命提前消逝。

又是一个冷酷的冬季，路遥三周年忌日之际，北风卷地，严寒透骨，笔者专程陪护路遥的骨灰驱车延安，参与主持了路遥骨灰在这里的安葬仪式，并撰写了一副长联铺展在这面黄土山坡上：

君去矣，历经三载寒暑，依然置诸平凡世界；

绩在也，荟萃五卷文章，永远存留辉煌人生。

路遥是不死的。如今他会安卧在养育过他的文汇山，仰视蓝天白云，俯望山川河岳。因他的朋友谷溪的安排，这座山已变成了一本立体的大书，诠释着崇高的目标和瑰丽的奋争，诠释着不屈不挠的个性和坚忍不拔的情操，诠释着牺牲，诠释着奉献，诠释着事业和理想，诠释着友谊和爱情……

路遥是不死的。

同样，路遥与谷溪的友谊永在！

现在，就让我们用谷溪的诗句来结束这篇文章吧：

生一万次！
死一万次！
第一万零一次希望，
就萌生在壮士的
　　墓穴！

2000年春月，撰写于延安文艺之家；同年，《延安文学》发表，《西安晚报》连载；随后，收入各种文学选辑；2014年清明时节，修订于西安桃园寓所

圣地伯乐

路遥离世三周年，他的母校延安大学背靠杨家岭的一座原本无名而今被称为文汇山的山头上，修了一座墓，安放他的骨灰；又立了一块碑，记录了路遥的生平与文学业绩。

主持仪式的是延安大学的校长申沛昌，凄厉的北风中，他用沙哑的声音诵读了一篇关于路遥的凝聚着深情的纪念文章。正是这位瘦弱的戴着高度近视镜的陕北人，独具慧眼，用他的宽阔胸怀和有力的双手，在路遥的文学事业还处在起步阶段的时候，全力扶持路遥，帮助路遥，尔后成就了一个描绘陕北高原变革生活长卷的作家路遥，让他的艺术生命长存于这个平凡的世界之间。世有伯乐，而后有千里马，千里马常有，而伯乐不常有。申沛昌的行动为这句名言又一次做了诠释。

还在申沛昌任中文系党总支副书记分管学生工作的时候，路遥报考延安大学中文系，但系上接到一封告状信，内容是路遥在“文化大革命”中任一派武斗头头，不能录取。申沛昌记得，他领着学生去延川开门办学，发现路遥的另一位伯乐、诗人曹谷溪向他介绍，路遥是一个返乡务农而又能写诗作文的中学生，虽说在“文革”中确实是一派头头，但当时只不过是一个未成年的中学生。人才难得。申沛昌力排众议，同其他系领导共同下决心，把告状信放在一边，断然录取路遥入学。这封告状信从此石沉大海，不再回响，告状者也就无奈作罢。做出这种决定和付诸实施，在那个年代是有着严重的政治风险的，申沛昌是用自己的冒险换来了一个人才的新生。

进入大学的路遥，明确地认定了自己的目标是文学创作，对于一些与创作关系不大的或者是他已具备的某些学科知识，就放弃了课堂学习。他想主要靠阅读自学，汲取和涉猎他计划中的中外文学名著，这惹得一些代课老师颇有意见。申沛昌就只好为路遥开脱，一次次向老师解释，说明因材施教的必要性。后来，同学们选路遥当班长，这是另外一种干扰，申沛昌又规劝路遥，班长是几品官？误了创作目标那就得不偿失太不划算了。老师和他心爱的学生达成了共识，从此路遥一头扎进书堆里，潜心攻读。这时，他的一篇小说《优胜红旗》在《陕西文艺》发表了，杂志社要借调他做见习编辑，让他发展创作，申沛昌欣然同意，路遥便去了省城。在一个文学氛围极浓的专业团体，周围生活着的又是儿时心目中的那些文学偶像，耳濡目染，加上刻苦勤奋，路遥也就一步步向他的目标前进。

与其说路遥在省城的杂志社学习的是写作，毋宁说他首先是磨砺思想。在一个省的政治、经济、文化中心，极左的风潮和“四人帮”的疯狂，让他的觉悟更敏锐更深刻。形成的观点不能公开讲，他就对他的伯乐密谈。那时的申沛昌也由中文系进入校领导班子，阴霾还浓，阴风正紧，他收到路遥写的一封长信，那是一篇言辞犀利的檄文，它与当时的主流思想是那么的背道而驰、针锋相对，如果透露出一点，都可能面临灭顶之灾。但申沛昌对外守口如瓶，对路遥则热情鼓励。在其后的历史进程中，路遥的这些思考就是在这样的伯乐的羽翼护卫之下，无阻无碍地发展和成熟着。这些思想的利刃帮他剖析了迷雾般的生活，使他揭开了《惊心动魄的一幕》，从而开始了他光彩四射的《人生》，尔后又以如椽之笔，叙写了陕北黄土高原《平凡的世界》，描摹了这平凡世界上发生的不平凡的变革与不平凡的人生，从而，为改革时期陕北人民的生活做了最为忠实的记录。

升任延安大学校长的申沛昌从日本访问归来，发现已经进了省城医院的路遥写来的另一封信，说是他的五卷本文集稿已经编好，只是没有经费，无法出书，只好求母校帮助。其实路遥那次回延安主要目的就是向母校求援的，只是伯乐远在东瀛，未能见面，他就病倒了，等伯乐回到延安，他却被送到西安的医院。申沛昌看到他的高足的求援信，心里涌起一阵悲凉。他说他在此刻对路遥所遇到的事情有三个困惑不解，而没有足够的经费出书，就是其中之一。放下信，这位伯乐以最快的速度筹集了出版所需的五万元交给出版社，然后驱车来到医院，把这个消息告诉已经缠绵病榻卧床难起的心爱的弟子。路遥有了不可抑止的激动，从病床上挣扎着坐起来，连连说："这一下出书就有希望了，我感谢，我感谢!"但申沛昌已如万箭穿心，他掩饰着内心疼痛，故作平静地说："这有什么感谢的？做这么有意义的事，是应该的。"路遥有一次给申沛昌的信中说："世界广大，知音不多，学校三年，我们虽然是师生关系，但精神上一直是朋友，我永远不会忘记您。您的智慧和理解力我是深知的。我们常常不是用语言，而是用心来对话和讨论的……我知道您一直密切地关注着我的一切，我自己也是一直关注着您的……感谢您为我做的一切……”于今想起这些话，申沛昌就怆然泪下……

让申沛昌略感欣慰的是，路遥生前能够知道这个消息，亲眼见到交款手续，放下一颗空悬的心。但申沛昌无比遗憾的是，他心爱的学生生前没有看到这部装帧精美的五卷本成书。我某天看望申沛昌的时候，路遥的五卷精装本就放在他的办公室，他正在筹思如何解决五万元垫付款的亏空。他凄然而坦然地说：“这原本是中国文坛的笑话。但我想，做这件事是对的，是值得的，即使我讨吃要饭也会解决这个问题。”

窗外是热气腾腾的建筑工地，在经济紧缩时期的陕北黄土沟壑中，延安大学的热闹场面真的显示出一种特殊景观。一位教授告诉我，后生可畏，真正超越你的不是你的同时代人，而是你的学生。他们眼界开阔，学识丰富，希望所在，就在于这一批人。申沛昌是延安大学50年代末的毕业生，留校至今已有四十多年，当系主任至今已有近三十年，当书记校长已度过十二个春秋。特别是后十二年来，他奔走往返于延安与西安、北京之间，筹集了八千万元巨款，新建了六万平方米的校舍，带领一班人马，硬是把只有排排窑洞、盏盏油灯的延安大学，逐渐变成了高楼林立、设施过硬，涌现出一大批学者、教授和诗人、作家的现代化新型大学。他呕心沥血，呼号奔走，把当年只有八个系、八个专业的一所小小的窑洞大学变成了拥有四个学院、十二个系、二十四个专业的省属重点综合性大学，并使基础数学和中共党史这两个专业，具备了硕士学位的授权。力图摆脱平庸，促使人才出现，是申沛昌的一贯主张，他那瘦小的身躯里有宽阔无私的胸怀和对人类美好事业的永远不变的赤胆忠心，近视镜背后藏的是睿智犀利和永远超前的目光。当了校长的这位伯乐，便把发现和扶持更多的千里马作为他终生奋斗的目标，而这在今天被各种私利杂念污染了的环境里，显得有如高山清泉般的纯净与高洁！

1999 年，一次我去延安，在与申校长谈话间提起一件事。上次我俩见面之后，我在《路遥故乡行》一文中，曾简要地写了他发现和扶持路遥的事情。深圳一个食品公司的总经理黄振海读过了，给他写了一封信，说是对路遥的事很感动，决定每年给路遥的养母寄赠三千元养老费，又说，对申先生很钦佩，很信任，钱请申先生代转。申校长告诉我，黄经理言信行果，已经连续三年寄来了汇款，他也已如数转送路遥养母。稍停，他又笑一笑说，我也跟着沾了你文章的光。我问此话从何说起。他说，黄先生每年过春节、中秋节都要送他一份礼物。我说，这不是沾我的光，是你自己放热发光带来的回报。

到延大看望申校长的同时，我专程去校园后面的文汇山，拜谒了路遥的墓园。四年过去了，周围的树木已经长高了，枝叶婆娑，时值初秋，野花开满了山坡，紫色的炒面花、蓝色的勿忘我、黄色的野苜蓿，灿然一片。墓园新添了两个石桌、几个石凳，可供拜谒者小坐小憩。这是陈泽顺和李金玉捐赠的。金玉是《平凡的世界》的责编，如今升任中国文联出版社编辑室主任；泽顺做过《路遥文集》的责编，如今升任华夏出版社副总编辑。春风秋雨，寒来暑往，他们与路遥的友谊如同申沛昌与路遥的一样，始终不变，色泽熠然。石桌上有魏体的篆刻，金玉的题词是“平凡的世界，辉煌的人生”，泽顺的题词是“陕北的光荣，时代的骄傲”。坐在这样的石桌边，我思绪如潮，浮想联翩。

安放路遥骨灰的那个冬日，申沛昌和谷溪就在起草《关于建立路遥纪念馆的报告》。他们计划，在安放路遥骨灰的这个原本无名的山峁上建座展览馆，展示路遥的文学活动与创作业绩，并借此命名此山为文汇山，文汇山将变成一本立体的书，以供人们永远诵读。

谷溪知道我这一段日子对书法非常迷恋，要我给申沛昌校长写幅字，我将诸多感怀化作“扶英雄于危困之中，擢人才于未显之时”十六字相赠，稍后即又嫌不足，于当晚写了“旷世伯乐”四字。在我，是表达一种钦敬与祝福；在申沛昌，则无疑是接受一种当之无愧的赞誉。

原载《延安文学》

命运三部曲

在文学的竞技场上，路遥无疑是一名出类拔萃的选手，最早发表的《优胜红旗》以及随后的几个短篇小说，都应视作他的热身活动，真正起跑并跃出第一步的，则是《惊心动魄的一幕》，继而是《人生》，再后是《平凡的世界》。

《惊心动魄的一幕》是懵懂时期的盲动与幻灭；

《人生》是初醒时期的躁动与奋争；

《平凡的世界》则是熟思后的完成与完善。

这三部作品是路遥漂亮的三级跳，也应该视作他的命运三部曲，是三个乐章合成的一部华彩而悲壮的命运交响乐。在三次跳跃式、递进式地演奏中，倾诉着不向命运低头，为绽放生命美丽而艰苦卓绝地奋斗，追求高远境界，张扬英雄本色，都被演绎得丰沛淋漓。路遥理所当然地获得了文学的最高荣誉和灿灿金牌。

作为文学的殉道者，路遥经过在两所学校的苦苦修炼。一是与生俱来无法选择的生活学校，课程是贫穷与挫折，他学会了穷则思变，挫而不折。巴尔扎克说，苦难对于天才是一个垫脚石，对能干的人是一笔财富。苏格拉底说，逆境是磨炼人的最高学府。路遥没有选择地在这所高等学府里苦修并毕业，获得了一个垫脚石和一笔不菲的财富。培养路遥的另一个场所是文化学校，特别是延安大学。接纳他的，是具有伯乐眼光与伯乐情怀的申沛昌，教育他的，是申沛昌为代表的延安大学的执教老师与古今中外的文学名著，特别是苏俄文学与欧洲文学的经典。路遥在延安大学按图索骥，遵循文学史的指引，在汗牛充栋的典籍里择书苦读，这使他不断深化对人生、对社会的思考，不断深化对生活如何变成文学的思考，以之指导他艰苦卓绝的写作与探索。《静静的顿河》《苦难的历程》以及柳青的《创业史》等，日后成了他作品宏大结构与细密叙写的参照。但在我看来，《斯巴达克斯》《红与黑》《牛虻》这三部长篇，则直接成为他三部曲的潜在流动。《惊心动魄的一幕》一如《斯巴达克斯》，同样描绘了同类的相互残杀与无谓牺牲；《人生》一如《红与黑》，同样描绘了为摆脱卑微追求尊严而进行的冒险与失败；《平凡的世界》则承继了《牛虻》的崇高与美好，彰显了追求人格纯粹、追求生活明丽而承受的煎熬与自虐。我们可以隐约地看到，路遥的三部小说与欧洲的三部经典有着一种潜在的脉络相连，血气贯通，我们甚至可以在《平凡的世界》主人公孙少平脸上，看到类似牛虻脸庞上那道深深的伤疤，这是人生理想、审美理想与道德理想的鲜明标记。当然，这不是硬搬与模仿，我只是说，这两组作品的内在灵魂相类，人物命运趋同，甚至人物身上弥漫着同样灼人的沉重气息。因此，就像斯巴达克斯、于连、牛虻仍然活着一样，高加林、孙少平以及惊心一幕中的走资派与造反派头头们，仍然让当下的人们并会让后来的人们时时忆及，并不断深思。

路遥对他的导师柳青的一生总结道：《创业史》作品没有完成，但作为人生道路的创业史，应该是一部完美无缺的史诗。类似的意思适用于路遥自己，他虽然没有时间再写心中早有宿构的作品，但作为文学战线上的一名悲剧英雄，已经强雄为一座挺立的雕像。

原载《路遥研究》总第 9—10 期合刊

1982年，纪念《山花》创刊十周年，路遥（右一）、陶正（右二）、谷溪（左二）、白军民（左一）合影

路遥意有所指，说三流的作品可以写出一流的评论，省级的队员也可以打出国家级的水平。这话颇像他的自视自负。但他话头又一转，突然对《平凡的世界》做了一句总结：这不是好小说，但写完了，就是胜利。

第二章　故人长绝

写完就是胜利

1986年9月，西北五省（区）的文学期刊座谈会在兰州召开，研究改革开放几年来新时期文学发展状况。《延河》主编白描与我一同赴会，来自五地的文学同行齐聚金城，尽管时已仲秋，气氛仍然十分火热。开会前一天，得知路遥从乌鲁木齐乘机飞来兰州，白描参加预备会腾不开身，由我叫了小车去接机。路遥这时写完了《平凡的世界》第一部分，精力透支的身体需要休息，他弟弟王天乐就陪他在大西北云游，去过青海、新疆之后，又来兰州。

那天下午，天气晴好，湛蓝的天空飘荡着丝丝流云，飞机穿过阳光照射的云层缓缓落下，带着仆仆风尘的路遥缓步走出舱门。经过多日奔波，路遥看上去很疲惫，但情绪不错，瞧见我在栏杆前接他，有些意外，没有刮净胡须的腮帮子鼓动，厚厚的嘴唇咧着，露出憨直而开心的微笑。

路遥的到来给会议带来惊喜，第二天的大会特意为他安排了演讲的程序。

这天讲话的名家不少，既有各省的，也有北京的，他们的演讲很像主角出场前的序幕。《小说评论》的主编王愚首先做了发言。王愚是有名的演说家，才思泉涌，口若悬河。他先做了一个感性的起兴，说一行一行的兵马俑，俯首帖耳，愁眉不展，看来埋在地下是不舒服的，而兰州街上瓜果摊前的哈萨克族妇女像一片彩云，笑得光辉灿烂。所以，我们应该重视开放，克服封闭，重视个性张扬，开发新的活力。王愚讲，追求新的固然不容易，摆脱旧的更加困难，我们的改革事业就是从改革的人，到人的改革，要有创新意识、时代意识，文律诗运，日新又新。王愚特别强调了生活与创作的关系，认为离开生活，也可能成才于一时，但难保生命于永久。作家选择生活，生活也选择作家。比如，陆文夫与苏州生活接了槎，苏州融化在陆文夫心里，陆文夫融化在苏州人心里，所以，他的创作生出了异彩。生活的真实面貌，作家的真知灼见、真情实感，缺一不可。写了情，假的能变成真的；不写情，真的都会变成假的。作家不满足描摹场景，而是运用人类积累起来的知识对人进行新的探索。多样化的世界决定了多样化的文学，而多样化的趋势逼着我们回头去学马克思主义。

从北京归来的评论家雷达，是甘肃人，但也常讲他是半个陕西人，因为他母亲和姐姐一家长久地在陕西工作与生活。他说，作为西北人的那种感情，他从来都没有淡漠过。他把新时期文学归结为对民族灵魂的探索，认为作家要有清醒的历史意识与历史的批判眼光。他说，从哲学底蕴看，作品是对人的发现，对人的价值与才能的发现；从文学本体看，是对民族灵魂、民族性格的重新挖掘和铸造。他又说，当代意识是世界性的，是代表人类发展水平的东西，我们要用既有的普泛性，又用我们具体的特殊性，张扬个性，强调硬汉精神，这对我们的民族有好处，我们的民族需要史诗。那一时期，柯云路的小说《新星》及其同名电视连续剧正火爆，雷达很欣赏。他认为作品中的主人公不是超人，而是淹没在人群中的一员，作品写改革开放初期社会的阵痛，很真实。他讲，当代意识就是要用整体的眼光看现实，这意味着面向未来。有些作家对当代生活疏远和冷漠，有的重空间性，轻时间性，有的写原始性、生存本能，表面上解放了，实际上并没有解放。雷达讲到创新需要借鉴，说《百年孤独》具有世界性的影响，说明越是民族的，越是世界的，但借鉴都有一个拿来的过程，对我们来讲，当下越是世界的，越是民族的，当然不能离开自己的生活体验去借鉴，那样的借鉴没有用。

军旅评论家周政保演讲的题目是《大西北文学的乡土观念与寓意跨越意识》，其中讲到作家要有独立个性和自我更新精神，要坚持一种实现了新的含义的乡土观念，让作品有地域色彩和独特的文化意蕴。他也讲福克纳，福克纳说他写的是邮票大小的县域生活，而且一辈子也写不完那里的人和事，但福克纳和马尔克斯一样，并没有受到他们乡土的局限，他们的作品不给人以偏僻与孤陋寡闻的感觉。因为每一个地方都会表达人类感情的无限奥妙。作家必须具备人生体验的具体时间和地点，不要轻易离开自己既狭小而又无限阔大的生活基地。

这些讲话时不时会受到与会者的共鸣，当然也激活了路遥的思考。路遥有了冲动，接着几位评论家的话头，开始了自己的演讲。路遥是长于思考的人，但公开演讲不多，闲聊时特有魅力，海阔天空，纵横捭阖，思致深邃，且不乏幽默，但演讲时相当内敛质直。这一次，他主要讲《平凡的世界》的写作过程。他说，写他的文章有一篇题为《走第三条道路》，讲他小说的题材多是写城市与乡村的交叉地带，他表示认同。由这话头切入，路遥展开了正题，开讲《平凡的世界》。

他说，这部小说的结构借鉴了《静静的顿河》与《苦难的历程》，具体描写主要借鉴拉斯普京与艾特玛托夫时下的几部著作。两部苏俄长篇经典所展示的宏阔时代背景与重大历史事件，首先开启了路遥对历史转折与时代投影的思考。两部长篇中心事件的大转大折、人物命运的大起大落、故事情节的大开大合，都在构造《平凡的世界》时发生化学反应。《苦难的历程》中，叶卡捷琳娜与达丽娅姐妹两条发展主线的运用，我们也能从《平凡的世界》里孙少安、孙少平兄弟不同的人生道路看到类似的脉络。拉斯普京与艾特玛托夫是俄罗斯当时正在走红的两位新锐，前者的《活着，并且要记住》，后者的《白轮船》《飘动的红头巾》在中国红极一时，那时，在我们作家协会大院里，几乎人人都在捧读与热议，《延河》的各种业务会议上，几乎是绕不过离不开的话题。路遥对这三部中篇小说更是钟爱有加，小说描写得细腻入微，曲折有致，情感浓烈，意韵绵绵，尤其蕴藉深远，都对路遥给予了营养。

谈及写作的源头，路遥说，这部书的具体构思，早在动笔的三年前已经开始，而且他十八岁时就有要写一个大部头的朦胧意识，只是以前没有写作条件，《人生》问世之后，他觉得可以动手了。我想，到这个时候，他已完成了这部长篇写作的各种主观准备，而且客观上，此时他已离开《延河》的编辑岗位，进入创作组成为专业作家，可以不受任何干扰，安心静气沉潜在写作之中。他专程去延安解决技术性问题，通过搜读各种报纸，重温这个历史时期发生的各种事件，通过走访了解，熟悉地域内的时令气象情况，熟悉农副业各类生产活动比如烧砖的程序。

完成这些准备以后，他决定把自己强压在一段时间之内打出草稿。仅仅是小说的开头，他就用了一个冬季的时间寻寻觅觅，最后由一只老鼠把他带出困境。那时，他选择远离省城深藏在深山大壑中的陈家山煤矿作为写作阵地，但迟迟无法动笔。时在深夜，大雪纷飞，苦思冥想之际，床下忽然窜出一只老鼠，让凝神静默中的他大吃一惊，也正是这只让他受惊的老鼠引来了灵光乍现。他由这只老鼠想到了老鼠药，又由老鼠药想到卖老鼠药的人，这个人在眼前一浮现，他就在一堆乱麻中找到了线头。他激动得从床上跳下来，来不及加一件衣服，只穿着裤头俯伏桌前，在稿纸上匆匆写下了小说开头。渠水冲开了闸门，蚕蛹咬破了厚茧，从此笔下泉水喷涌，蚕丝连绵，一连多天，他不歇气地挥笔疾书，形成了最初的八万余字，给整部作品奠定了基础。

然而，完成了这样的开头，接下来却并没有一直顺风顺水。后来，写着写着，就不断出状况，觉得一点把握都没有，常常冒出不是这块料的念头。但是，他又期望在一段时间内，具体地说，要在四十岁之前完成这项工程。他认为，人在四十岁之前，就应该干成一件大事。于是咬着牙，硬着头皮把自己完全变疯，在燃烧中苦撑苦熬。进入这种状态，有时会突然冒出一个细节，而一个细节有时会带出几个精彩章节，会让他重新打乱原先的布局，开创出一个新生的局面……说到这里，路遥特别强调，要重视具体描写过程中出现的火花，火花会带出灿烂的场景，火花也会转瞬即逝，抓住它，就抓住了精彩。

接着评论家关于福克纳的话题，路遥说，邮票大小的地方，既存在现代意识，又存在古老文化。他在南疆的喀什街上，既看见维吾尔族巴郎子(维吾尔语，意为小伙——编者注)拉着长针绱鞋，也看见江南来的姑娘用机器轧衣服。既有新郎用小轿车来接新媳妇的，也有用花轿来抬嫁娘的。店铺里，既有传统的维吾尔族小花帽、丝头巾，也有金利来领带、奥琪搽脸霜、斯里兰卡除臭剂……这就是生活，丰富多彩的生活，新旧交织的生活，有错位，有交叉，生活就是繁复的交响乐。关键的问题是，作家要有忧患意识、悲悯意识，现实观照、未来洞察。对历史、现状与未来的认知能力，是创作的重要前提之一，也是形成作品高度与深度的一条衡量标准。路遥意有所指，说三流的作品可以写出一流的评论，省级的队员也可以打出国家级的水平。这话颇像他的自视自负。但他话头又一转，突然对《平凡的世界》做了一句总结：这不是好小说，但写完了，就是胜利。

语惊四座，戛然而止。

这话是什么意思？我暗自思忖。平日，路遥与我经常谈起柳青和杜鹏程两位先辈的命运。柳青《创业史》的四部曲构思早已确定，但伟大的计划只完成了一半，他就遽然离世；杜鹏程早已写出《和平年月》的六十万字初稿，但未及修改，心脏也猝然停止跳动。他们为自己、为文坛都留下无法弥补的遗憾。每每谈到这里，路遥对自己的百万言巨制能否写完，常有不安，但现在，他已画上了第一部的最后一个句号，自然长长舒了一口气。写完了，就是胜利。这话是自我欣慰的表达吗？又一想，《平凡的世界》第一部的部分章节发表后，一些评论家并不看好，甚或有人说《平凡的世界》太平凡。那么，路遥说写完了就是胜利，是对此等微词在做激愤回答吗？再一想，也许路遥指的是，从他坎坷的人生经历中总结出一条重要的体验：做任何事情，只有坚持到底，干到最后，才可能迎来你所期待的胜利。他是在此公开立誓，以期第二部、第三部的最终完成。

以上都不过是猜测，能确认的是，对路遥来说，这无异于一句谶语。

路遥写完了，路遥终于胜利了！

《平凡的世界》获得的诸多荣誉与长久不衰的影响，就是这句话最有力的确证。

原载《文谈》系列丛书《太白漫笔》(下)

故人长绝

向河梁，回头万里，故人长绝。

——辛弃疾《别茂嘉十二弟》

依着往年的时令，西安的天气绝没有这么寒冷，办公室还用不着火炉，居室内也用不着暖气。11 月中旬的四关之中，也绝少有寒雪突降，更不会遍地皆白。但天有不测之风云，在陕西作家协会这所破败的院子里，倏然间，气温骤降，寒潮袭来，大雪飘飘，一片苍茫。

大清早，还没有来得及吃早点，听到办公室主任在楼下喊我，我一听就觉得不妙，猜想是路遥的病情有了变化，一口气跑下四楼。果然，医院里打来电话，说路遥病情突然恶化，正在抢救之中。等我赶到病房里，往日的宁静和安适已不复存在，十几个穿白衣戴白帽的医生和护士拥满了小小的病房，围着病床上的路遥，各人忙着各人的工作，仿佛是在激烈的战场上，正在驾护着一员受伤的主帅奋力突围。

路遥就仍然平躺在那一张小小的病床上，只是他就像一架变压器，从他的鼻孔、嘴巴、手腕、脚腕，到处伸出去的都是皮管和线管，供氧气的，供吸痰的，供止血的，测心电图的，量血压的，所有的线管组成一个庞大的网络，使你觉得这些冰冷的仪器与一个有血有肉的躯体联结起来，这个弥留之际的血肉之躯也即刻变成一个残破的零件了。路遥曾经描写病床上的柳青变成一架庞大机器的组成部分，而此刻的路遥，也决然不会想到在他刚刚进入不惑之年的时候，就变成了与他敬爱的导师相同的处境。我突然觉得恐怖起来，只怕这个昨天下午与我谈话时还生机勃勃的文坛骁将，也突然会像我们敬爱的前辈那样如一颗流星倏然从眼前消失。

医生们仍然在紧张地忙碌着，两个年轻力壮的小伙子，把白大褂的袖头高高挽起，一左一右地用四只手按在他的胸脯上，鼓起全力一压一放，一位留短发的女护士举着助吸器狠狠挤压着那只橡皮球体一翕一张，配血的仍然配血，输氧的仍然输氧，人们都在等待一个奇迹出现，让血压表上再出现有力的升降，让心电图显示屏上再出现忽高忽低的激烈线条，让他自己的胸脯能够再一起一伏。但从8时20分开始，这一切就再也没有给人们以期待的回应，所有仪表都在显示，他的心脏已经停止了跳动。医生们失望地要停止眼前徒劳的工作。但是我仍然哭求道：请你们再试试，请你们再试试……白衣天使们再一次紧张地工作起来，那种紧张和繁忙就如同一场大战役的指挥中心在猛烈的攻势下面临最后覆灭时无力抵抗的绝望与急迫一样。我不断地呼求再试试，天使们就不断地徒劳地与命运之魔搏斗，让时间在咬啮人的肌肤和心灵的战栗中度过。9点30分，在路遥的心脏已经停止跳动七十分钟以后，天使们仍然不放弃他们最后的努力。他们推来一架仪器靠近病床，似乎叫作除颤器，除颤器伸出两根电缆，电缆前端连着两只皮碗，一位女大夫用两只手举起两只皮碗，摁在那已酣睡不醒者的胸脯，就像伸出双手去打捞一个奄奄一息的溺水者。医生喝令所有人后退，离开铁床，刹那间通电，两只皮碗举起，路遥的胸脯上留下两个碗形的灼烫过的伤痕，但他依然长眠不醒。这是最后的最有希望的也是最危险的抢救措施了。随着天使们黯然而失望的神情，我挤在心电图仪前凝视屏幕，那平缓的不再大起大落的直线条告诉我，即使用最危险的通电措施，也无法唤醒陕西的第一位茅盾文学奖得主了，我的眼泪无法抑止地滚滚而下……

9时35分，这是个永远叫人揪心而绝望的时刻。天使们默默地推走氧气筒，推走输液架，推走除颤器，推走心电仪，拔掉路遥四肢和躯体上所有的电线和他鼻孔与口中的插管。他的一双眼睛仍睁着，不再转动那双黑亮的眸子，他的眼睫也不再幽默而深沉地眨动，他再也不像平常坐在我的办公室的圈椅里，或者半躺在我的那张简易的硬板床上，深沉地专注地凝望着我聊天了。他只是直直地瞅着这间白色小屋的白色的天花板，似乎那目光一定要穿透那水泥结构的楼板直指苍天，带着惊惧、疑惑和愤怒诘问：我就这样地离开这个世界么？你们可曾征求过我的意见就让我这么仓促地遗憾地离开我的亲人和事业么？你们知道我的心中还在蕴藏着什么样的宏大蓝图与远景规划么？怎么就这么忍心让我离开我所热爱的创造性工作呢？你们知道我是多么疼爱我的刚刚小学毕业的爱女，她多么为她的父亲骄傲，我还要为她做很多事呢，怎么就这么连一声告别都来不及而倏然从她的生活之中消失呢？他那圆睁的双眼中有多少痛彻肺腑的问号，他是死难瞑目，他是死不甘心啊。

我噙着痛苦的眼泪，伸出双手颤颤地抚摸他那痛苦的眼睛，尽力让它们轻轻地闭合。然而他的嘴唇还张开着，那厚厚的双唇和整齐的牙齿之间，再也吐不出那低缓沉雄而又极富智慧和幽默的声音，那平日挂着或调笑或戏谑或严肃或机智的神态的双唇和嘴角，如今痛苦地绷僵着，似乎不断重复着痛苦的呻吟。路遥在弥留之际能够说出的完整的句子只有：爸爸妈妈可重要哩……爸爸妈妈可亲哩……这样两个短语的背后凝聚着多少感情、多少思考、多少人生滋味和人世沧桑之感，又凝聚着多少难耐的痛苦、渺茫的期望和无可奈何的幻灭……这人生的悲剧太惨烈了，竟至于使他也要发出撕心裂肺的呻吟……我实在不忍看见他这么痛苦，又一次用我的手指轻轻地抚合他的曾经挂着骄傲和幽默的双唇，使他能够稍稍停留一下他的无止境的呻吟……

护士们端来清水，拿来洁白的布巾，轻轻揭开棉被，解开路遥的衣襟，为他擦拭全身。整整一百天他都躺在病床上很少下地，今天突然间看见他赤裸的胸背和四肢，我不由得惊惧疑惑起来。那曾经粗犷健壮的躯体怎么就忽然间如此萎缩和瘦小？那粗壮的有力的双臂哪里去了？那暴起着肌肉的双腿哪里去了？那一双粗大的手粗大的脚怎么只剩下鱼鳞似的蜕皮和鸡爪似的指甲？那浑厚的虎背熊腰怎么就剩下如干柴一般的瘦骨呢？我曾建议他将自己所写的创作谈和评论文章编成一本书，他说就起名为《作家的劳动》。此刻看到他的这般模样，我不由得悲叹起作家的劳动来了。有人说作家的劳动是熬人油，有人说作家的劳动是卖脑汁，我的一位朋友更是愤然发泄说，如今卖脑汁比卖裤衩子还便宜。看到干柴似的路遥，我就几乎要喊出声来：干什么不好，偏要干这熬人油的工作呢？路遥说他写《平凡的世界》第二部的最后时刻，身体感觉到全面崩溃了。他绝望地想到柳青未完成的《创业史》，只怕留下和前辈同样的遗憾，他是硬撑着写完了他的第三部，但他累得上不了楼，吃不下饭，一坐在椅子里就昏睡过去。以至于此刻竟长眠不醒，任凭护士自由翻转他、擦拭他，他也不觉得害羞，他也不觉得疼痛，他再也不是那个任性的执拗的雄心勃勃的强者了，他的一切都变得与世无争。

护士们完成了他们最后的工作，用一条白色的被单覆盖了他，就默默地退出。病床上虽然留下一个曾经叱咤风云的人，但这个人却再也不能虎虎生风了。就像医护人员离开后的这所病房变得空落一样，我的心化为一片空白。只有悲哀充塞着这间空屋，我的心因悲哀而抽搐起来。

我真不能相信路遥就这样离去了。还在先一天下午，我去看他，他还宁静地躺在病床上和我拉话。主任大夫先向我们介绍他的病情，把他的病历展开给我们看，那病历厚得竟如同《平凡的世界》，像一部巨著，上边记载着他每一天每一刻的病程，血压、体温、脉搏以及病情出现的每一个变化。大夫说，他是积劳成疾的，病得严重，要准备打持久战，要他全力配合。他的任性使他的病情出现过反复，其中一次竟是偷吃不洁的水果所致。医生们叮咛他千万不能吃外边地摊上的水果，尤其不能吃葡萄，但他长时间的味觉麻木使他忽视了医生的禁令，悄悄偷吃了地摊上弄来的葡萄，结果引起腹泻，加重了病症。还有一次是他的急于求成。他认为西医的治疗手段太慢，想要中西医结合，双管齐下。他请一位名中医开药服用，结果又一次引起腹泻，导致病危。好容易这些危机都度过了，他却因输液造成的疼痛而拒绝输液，他把插管和针头拔起撇在一边，发誓不再输液。是的，已经输液三个多月了，已经很难找到一点进针的血管，粗血管插不进针，就从手指上找细血管，一瓶液体就得输上十几个小时，谁也难以承受这种无止境的折磨。但他更不知道，他的肝功能已经全部衰竭，失去了新陈代谢的作用，只有那一根滴落着血浆和白蛋白的皮管才是维持他生命的唯一命脉，那才是他的生命线，他抛弃这些就等于毁灭自己的生命。这最深刻的危机我不能告诉他。只能笼统地劝导，在医院里，医生就是上帝，必须配合他们，服从他们，才可以驱除病魔，恢复得迅速。听了我的话，一向倔强而执拗的他，此刻乖得像个孩子：那就让他们输液。于是新鲜的血浆重新滴落着，充实着他的奄奄一息的生命。原来的主治大夫护理他已经两个月，要去执行新的任务，医院里给他换上一位更有实践经验的大夫，但他却因特重感情而依依不舍，整整一天都沉默不语。我企图调解他的情绪，开玩笑说是不是喜欢上女大夫了？想和女大夫谈恋爱了？他就眼圈红红地说："她对我好……"这位大夫确实仁心仁术，她为路遥认真诊断，认真用药，认真记录病历。她还为路遥的生活操心，经常为他带来他想吃的细面条，她是真正的白衣天使！但是，哪个又不是呢？即使那些年轻稚气的小护士，除了尽职尽责之外，还自己凑钱经常为路遥的病房送上一束束鲜花。想必我的玩笑使他变得轻松起来，他的情绪显得兴奋而活跃。于是，我就拿出一件公务要他办。《小说评论》的邢小利误过了职称评审。眼下调整工资时职称至关重要，但旧的职评会停止工作，新的职评会又没建立起来。有人出主意让党组成员签注意见。我把小利的申请拿给他，要他签注意见，他欣然摸索出笔来，颤抖着签下他的名字。虽然那两个字在他写来已相当吃力，但仍然显出了他的一丝不苟。我也决然没有想到，这竟会是路遥此生所办的最后一件公务，那两个颤颤巍巍的签名竟成了他的绝笔……

已经到下午5点钟，离开时，我给主任大夫留下单位的电话号码和我的名字，要医院里根据路遥的病情随时打电话给我。但谁能想到第二天清早医院的第一个电话竟也是最后一个电话，而电话的内容正是路遥生命垂危，及至我赶到，病房里早已处在一片慌乱的抢救之中……

伫立在他的遗体旁，我无法相信这竟是路遥的躯体，这躯体竟然再也无法站立起来。三个月前，他离开西安去延安的那个早晨，他仍然背着往常下乡深入生活时的大挎包，迈着大象一样沉稳的脚步迎面而来。我买回早点要他吃了再走，他说自己去小摊上吃自己想吃的东西；问他什么时候回来，他说十天半月。然后，他迈着大象一样沉稳的脚步告别而去，那宽阔的后背驼起，粗壮的腰肢摆动，两个筋肉暴起的小腿肚子一起一落，健壮得如同一头黄牛。谁知当天到延安，他竟然下不来火车，被朋友们抬下火车送到医院，一查就查出肝硬化腹水晚期。他是一个创造奇迹的人，竟然连害病也创造奇迹。一查出来，就让世人惊骇不已。我深知他的任性，即刻就托人捎信给他，要他绝对服从医院和医生的指令。但他因怀疑自己患上肝癌而绝望地拒绝回西安较好的医院就医，宁愿静静地死在生他养他的黄土沟壑的某一片树林里。

狂躁难挨的一个月过去，他终于乘火车返回省城，我去车站接他，他已衰弱得失了形，但他依然侃侃而谈，说癌变已经否定了，腹水已经排除了，只剩下黄疸指数略高一点，是因为消化系统有一点炎症。他对未来重新树起信心，津津乐道在延安的时候，都有哪些朋友和领导去看他……平躺在西京医院准备好的病床上，即刻接受一位女大夫的检查，女大夫撩开他的眼皮问他发黄有多长时间，撩开他的外衣问他肚子疼不疼。当我第一眼看到他病后的腹部时，心里不由得一紧。整个腹部再也没有了往日堆积的脂肪，再也不是凝聚着的肌肉，而像一只装满了水的暖水袋，向左侧身，水就流向左边，向右侧身，水就流向右边，而且那皮肤黄得透亮，已经映射出一种不祥之光……70年代末，一次文学会中间，我们去临潼的片库看过一部苏联电影，然后，去洗温泉浴。我和路遥共进一池，第一次看见他的裸体，忍俊不禁。他个儿矮，腹部堆满脂肪，酷似影片中洗澡的那个皮球一样的阿廖沙。我一讲出这个联想，路遥就在池中笑得前俯后仰，弄得水花四射……而现在，我看到的再也不是皮球了，而是一只水袋，我的鼻子立刻发酸……大夫说她认识他，说他在陈家山医院空房里写作的时候，她正好就在那所医院。我说那你一定还认识一只老鼠。在场的人都不明白我的话，但路遥懂，他哑然失笑。

《平凡的世界》是在陈家山的医院里写开头的，路遥苦苦追求一个满意的开头时，孤独地守在空房里苦思冥想，突然有一只老鼠来觅食，引爆了他灵感的火花。他由老鼠而想到了老鼠药，由老鼠药而想到了卖老鼠药的王满囤，由王满囤而想到了狠批资本主义尾巴的发财道路，于是这个由眼前一只老鼠引发的故事就成了百万字巨著的第一章……路遥因此而对那只老鼠满怀深情，他甚至每天在紧张的创作中间，自己可以废寝忘食，而不忘每当深夜给那只老鼠投下食品……我对那位女大夫说起老鼠的时候，路遥笑得很凄怆，他说这一次在延安害病一月，使他的世界观变了，要宽容……从这位强者的口中突然出现了这样的字眼，既令我诧异，也让我吃惊，我感到眼前躺在病床上的路遥再也不是当初站在地上的路遥了……为了排解他的情绪，我就调侃他说，你的世界观经常转变，是不是这一次转变得更彻底？他不好意思地又一次笑了。女大夫背过他就发出了病危通知。没过几天，他就出现了第一次肝昏迷，在作协大院里引起了第一次地震……

医护人员的精心和现代医疗手段的高明又一次把他从死亡的边缘拉了回来，每周两次的新鲜血浆和每瓶二百五十四元的白蛋白似乎使他出现了转机。随着时间的推移，腹水止住了，转氨酶下降了，他也开始进食了。新的信心使他重现活力，我去看他，他就滔滔不绝地谈起作协的复兴，那所破旧院落的改造和修理，他说要把作协的办公院平房改造成两层楼，琉璃瓦、红地毯、喷水池，还要有雕塑，他说他已给一位朋友说妥，让他免费为作协大院竖起高品位的雕塑……当这些话还响在耳畔，当他说这些话的神态还浮现在眼前的时候，我怎么能够相信，他此刻竟然是会属于另一个世界的人呢?

我真的不能相信他已经死去。我用手掌轻轻按在他那宽阔明净的额头，那还有弹性的肌肤还是温热的，我凝视那双微微闭合的眼睛，感觉得到他随时会睁开双目看我，那微闭的嘴唇会随时张开对我说话。但我没有等到。

从第一次在延安的窑洞里接待他，二十年来，仿佛我们就没有中断过谈话。那时我是延安地区文工团的一名编剧，他是延川县文工队的一名编剧。在他的眼里我和天芳都是充满神秘感的人物，因此第一次见面，他竟像一个十足的中学生，这不仅仅因为他的年龄不过二十出头，更因为他的拘谨的神态和那一身褪了色的红卫装。他带来一部歌剧的初稿征询我的意见，我记不起我当时胡诌了些什么，但从此，我们就永远成为谈友。他上延安大学了，把我的家当作了他的家，每个星期日，我们清贫得只能用口粮中不到三分之一的白面做一顿揪面片，但关于文学和人生的谈话，却是我们最好的佐料。他说他和他的同学们在编关于延安的诗选，把我在各地所发表的歪诗都搜集翻印出来，他说要不是“文化大革命”，我早已成为大诗人了。而我那时却以为要是“文化大革命”迟发生两年，我也可能变成“黑帮分子”了。他谈他小时候吃不饱肚子，我谈我买不起八分邮票；他谈他在武斗时穿越林莽，眼看着与他同行的同学死在枪弹之下，我谈学生跟踪追击，把批判我只专不红成名成家的大字报敲锣打鼓地送到文工团的二楼上，那鼓槌仿佛就敲击在我的心上；他谈北京在延川县的插队知青为他打开的新视野和新知识，我谈我们团在下放劳动时从深沟里挑水，从远山中背柴；他谈他读基辛格的《外交几何学》，读苏俄和欧美的浩如烟海的名著，那么，关于《红字》，关于《战争与和平》，关于《茹尔宾一家人》，关于普希金的抒情诗和叙事诗，就成了我们永远说不完的共同话题，而关于文学、关于理想、关于追求和未来，自然更是一切话题中的最重要的主题……大学未毕业，他就调进陕西文艺杂志社，当我尽忠职守而陷入炮制“三突出”剧本的泥淖中的时候，他却开始发表了小说，而此时，他在我心目中又成了神秘人物。他每一次回延安或者我们每一次回西安，他就把省城和京城传来的最新消息以及他的最新感受讲给我们，几乎每次都使我有顿开茅塞之感。

新时期开始了，我们交往的新阶段也开始了，我们终于一同在《延河》月刊社当编辑，他在小说组，我在诗歌组，我们几乎一有闲暇就在一起聊个没完。我能强烈地感受到，他很羡慕别人在创作上获奖，他在为自己有朝一日获奖、有朝一日出人头地而着急，而奋力。有一天，他突然告诉我，他采访了一位县委书记，记录了一大本，那素材几乎是一部现成的小说，更何况他有“文化大革命”中的亲身经历和生死体验，他说他要写成一部中篇小说。果然他只用了一周时间就写成几近六万字的初稿交给我看。我看过之后的第一感觉是震惊，既震惊这部小说的真实感和闪射出来的令我羡慕甚至嫉妒的艺术才华，更震惊于这部小说主题和思想的锐利与超前。那时我的思想还深陷在“文化大革命”的长期喧嚣所形成的藩篱中，而如今由一位比我年轻许多的朋友捧出一部讨伐“文化大革命”的檄文，怎能不让我感到惊恐呢？但发自内心的真诚让我毫不含糊地认可了它，并表示我的赞赏。我们共同商量作品的题目，似乎叫作《牺牲》，意思是表面写一位县委书记在“文化大革命”的批斗中牺牲了，实际深意表明不仅这位县委书记是“文化大革命”的牺牲品，而且所谓的造反派和保守派都同样是“文化大革命”的牺牲品。我认为这就是诗意，而关于诗意，是我们最为感兴趣的命题了。不知什么原因，《牺牲》发表时被改作《惊心动魄的一幕》，并且获了全国奖。但我至今仍然以为《牺牲》是更为理想的题目，也许，是因为这个题目联系着我与路遥那一段永远难忘的交往……

从那时开始，我对路遥有了更深入的理解，这不仅使我更充分地认识了他的艺术表现的潜力，而且更懂得了他的思想的深度。他不是那种浅尝辄止的人，更不是人云亦云的人，他持有对生活的独特感受与思考，并极力用一种不同于别人的表达方式向世界传达，所以，他发出的是属于他自己的声音。

《平凡的世界》完成之时，病魔实际上早已潜入他的肌体。他感到举笔的艰难，但并没有停止他活跃而独辟蹊径的思索。他几乎每天起床后就坐在我的办公室里没完没了地谈天说地，纵谈天下大势。我戏谑地说，我的办公室就是饲养员赵大叔(20 世纪 50 年代马烽小说《饲养员赵大叔》的主人公——编者注)的饲养室，我们坐在硬板床上就像坐在赵大叔的土炕上。

但我们的话题却冲出低矮的农家小院式的藩篱，高翔于九霄云外，越过大海汪洋。当然，他说的要比我说的多得多，但他却以有我这样的不感到厌倦而又能感受到他的每个用词用语的深意的谈话伙伴而感到幸运，我能够破译他那些隐藏在斑驳陆离后边的每一个密码，使我们时时会心地笑一笑，更能够由于他的大欢大乐大喜大悲而共鸣共振，因此，我们常常忘却了时间的早早晚晚。他一进入状态，就一根接一根地吸烟，使我小小的斗室云雾蒸腾，乌烟瘴气，我受不了，我感觉他更受不了，于是我在墙上贴个“请勿吸烟”的禁令。想不到，他的任性却被这四个字给制住了。从看到这个纸条的那一刻开始，他几乎再也没有犯禁，坐在我的对面，他几乎不再吸烟，有时候说得时间太长了，烟瘾发得实在撑持不住，就乞求似的要我允诺他吸一根，而得到我的批准时，他也同时把窗门打开，让烟气随时排走。我至今还不清楚，我的四字禁令对所有平日并不任性的朋友一概毫无约束，甚至连陈忠实也一边掏出他的黑雪茄擦火柴一边粗鲁地嘟哝：“㞞，还不让吸烟，吸了怕啥？”而唯独对一向执拗的路遥却成了金科玉律？是他的身体已深感不适而在我的提醒下乐意听命呢？还是考虑到尼古丁对我的伤害而有意维护我的健康呢？至今想起，我仍隐隐地感到难过。要是早知道他必不可避免地早早地离开这个世界，何不索性让他痛痛快快地为所欲为地吸烟吸个尽兴？实际上只有在吸烟的时候，他的大脑处于最激活的状态，他的才情和思想都是在烟雾缭绕中诞生的，即便是聊天，也只有烟雾的吞吐才使他产生不竭的灵感和激情。他那被香烟熏染得发黄发黑的手指挥动着，他那被香烟熏得发黄发黑的牙齿启动着，向我讲述着他那如丝如缕的诗情和哲思。

他为我描述他的因穷困和疾病而受尽磨难以致早夭的妹妹的故事，他描述他家乡那黄土沟壑中的一棵老槐树，他把妹妹的故事和老树的故事编织在一起，说要写一部二十万字的长篇小说，题目就叫《生命树》。在这树下发生的几对青年男女的膨胀着的幸福和浓缩着的苦难的经历，那是关于黄土高坡上亚当和夏娃的历史，凝聚着数千年的中国文化沉淀和亿万斯年的黄土堆积……东欧和苏联社会主义雪崩似的解体，使他难以成寐，彻夜与我长谈。他由此而联想到他所熟悉的陕北某城几个老干部家庭的崩溃，他在发幽探微，由几个家庭探寻大千世界的奥秘，探寻其中的规律，计划写部较大规模的长篇，题目叫作《崩溃》……我说，在我看来，《平凡的世界》并未动用你最为深刻的生活体验，“文化大革命”才是以生命和鲜血为代价体验过的生活，那是刻骨铭心的生活，正像《平凡的世界》你动用了你三十岁以后的年龄段的十年获得成功一样，写“文化大革命”十年，你花去四十岁以后年龄段的十年，一定会写成一部远比《平凡的世界》更为深刻的著作。他于是兴奋而激动地说，好，用十年时间写“文化大革命”十年。我说，书名就叫《十年》。他激动得从床上站下来，大声呼喊：好！就叫《十年》，写它一百万字，把上至中央的斗争与下至基层群众的斗争，把城市的斗争和农村的斗争，穿插交织起来，写出属于自己对十年动乱的独特判断和剖析……我能感觉得到，此刻的路遥，已不是写《平凡的世界》的路遥，他对社会和世界的思索，他对艺术本体的探求，已经远为深邃和宏阔了。他更不满足于对宏观世界的呆板摹写，也不满足对人的社会活动的烦冗描述，他要把生命本原和社会底蕴中的秘密揭示出来。他那永不满足的灵魂已经漂洋过海，神往北欧的皇家科学院一项最具权威性的奖项了。就像他曾玩笑说“要拿茅盾老先生几个钱”，他现在想拿的是“诺贝尔老先生的几个钱”了。其实，我知道，钱对他说来并不十分具有吸引力，他一生最讨厌的东西就是钱，最不愿意干的事就是数钱，他每次不得不数钱买东西以后，就是立刻用清水洗手。对他真正有吸引力的是荣誉，是成就，他总是期待最高的荣誉和最高的成就，期待出类拔萃和出人头地。他毫不掩饰地表示，不拒绝鲜花和红地毯……为了这个目标，他可以彻夜不眠，可以一根黄瓜一个馒头，一边走一边咬，就算吃了一顿饭；可以撇开城市的安乐窝，去大漠和朔风中徜徉，去矿坑和掌子面挥镐抡锹；可以把十年的报纸一天不漏地披览摘引，可以把古今中外名著摆满脚地夜以继日地苦读。

前年开始，他把阅读的兴趣转向历史，他读《新唐书》《旧唐书》，读《资治通鉴》，他专门买了精装版本的二十四史，要随时查阅，读到兴奋激动的时候，说要向我推荐，他说《万历十五年》这本书对中国官场的摹写和对政治改革的解剖达到了难以企及的程度，他惊异于一个接受西方历史学术教育的美籍华人何以把中国那些幽微的历史研究得如此精到和透辟。他又说柏杨的《中国人史纲》是一部非常独到的历史著作，他说对柏杨的杂文并没有多大兴趣，而读了他的这部丛书，才深知他是一位大家……他如此如饥似渴地贪婪地穷经辨史，是想开掘他自身的思想深度和广度，进而构筑他未来作品的深度和广度……这无疑是一次新的更为辉煌的进军，但却倏然间就半途而废了……

那条洁白的被单覆盖了他的全身，只露出他那桀骜不驯的头颅，早生的华发已变作一团乱草，就像秋霜袭击后的一团芦苇。我用五指轻轻地梳理那团苇穗，诅咒突来的严霜，悲泣命运的苦涩。是的，这颗头颅再也不是那般高扬着高傲和豪迈了，也不再是那般含蓄着深情和炽热了，更不是那般涌动着大海波涛般的激情和活力了。那余留的体温渐渐地散去，只留下一团令人战栗的冰冷。一切都因这颗头颅内的活火山的涌动中止而中止，那种冰冷从我的手指通向我的心脏，我感到脏腑内的一切都变作了冻冰。我不愿意离开这座充满死亡的病室，空屋中只有护士先前送来的一盆金菊惨然默悼。我捧起那盆菊花，放在他的枕边，我期望那花香能够撩拨他的诗怀，使他从酣睡中惊醒……

整个夏天几乎每一个傍晚和初夜，他都与我对坐在我办公室窗外的玉兰树下，他赞赏我把窗前的一块空地栽满了花草，他与我一样喜欢那其中火红的石榴花，洁白的葱兰，蓬松的天门冬，奇形怪状的仙人山、仙人球……他把我的小花园称作皇家花园，我说准确地应该叫御花园。每当日落西山，闷热得喘不过气来的时候，我们就坐在我的微型花园边，无边无际地漫谈。他说要和我选定一个时间，一同乘车去关中东府游历，去潼关，去龙门，然后溯河而上，去壶口，然后再漫游陕北的黄土沟壑，再去养他的延川，再去生他的清涧，他说让我们一同住在他清涧老家的石窑内，让他的母亲为我们做陕北的花样茶饭，他说他母亲做的饭食是世界上最好吃的饭食……他要领我去看他读过书的学校，种过地的山坡，还有和他所钟爱的村姑幽会的地方，他说那个时候并没有和谁谈过恋爱，但从心底里对他喜欢的村姑有一种语言无法形容的甜蜜感觉，他希望我能熟知他的一切，并为他写成一部评传。说着这些的时候，他却时不时地悲叹说他可能肝上有病，我就劝他去医院检查一下，但他不置可否。或者，他时不时感叹说他身体完了，我又催他去医院就诊，他又不置可否。我并不知道，他是否知道他真有病，他的悲叹是一种不舒适的感觉，还是他早已明白病入膏肓。但我总是奇怪他明明老说有肝病，老说完了，怎么就整天整天坐在我对面闲聊，而就不肯迈进医院的门槛呢？就在他病倒在延安之前的那个酷热的八月，一连多少天他患腹泻，他也不肯去医院认真查一查，只说是肠胃有炎症，胡乱从朋友们家里拿上一点黄连素、土霉素，有一顿没一顿地吞服。我也总以为既然他懒得去医院就医，就说明他不一定有什么大病，他的不适必定是写完长篇后的高度疲劳，那犹如超期服役的飞机一样的金属疲劳式的肌肉疲劳，怎么也没有想到疲劳竟然发生突变，竟不幸而应了他谶语似的“完了”……此刻站在他的遗体旁，我真懊悔，当初他说有病他说完了的时候，我怎么就没有拉着他推着他甚至于训着他骂着他去医院呢？我是多么多么的粗心和麻木啊……

在他的遗体旁我已守候了五个多小时，从清晨8时到下午1时，我时时期待着他突然呻吟一声，或者惊叹一声，或者突然睁开眼睛朝我微笑，或者突然坐起来要与我闲聊，但这一切幻想终归于虚幻。我们为他一一穿戴，穿上洁白的内衣内裤，穿上暗绿条纹的涤纶长裤，穿上水洗绸的浅咖啡夹克，穿上纯毛的灰大衣，穿上中美合资制造的现代味儿的旅游鞋，还有一顶深蓝色的博士帽，放在他的枕边，他一生都没有戴过帽子，如今要去一个阴冷的世界，有一顶帽子，也许会抵御寒冷。当他穿戴得整整齐齐而平躺在病床上的时候，我又不禁哭出声来，我说这是他一生穿得最合体最雅洁最高级的一套衣服，但是他再也难以自我欣赏自我陶醉了……随后，一辆小推车把他送到太平间，管这个特殊世界的老头儿问我，该把他放在什么位置？我不假思索地脱口回答，把他放到最好的位置。但最好的位置是在上帝的旁边，我们这些凡夫俗子日后又怎样和他攀谈呢？

一封接一封的唁电、唁函从四面八方飘来，犹如雪花，纷纷扬扬，使得初冬的日光也显得愁惨。房前，路边，院落中间，一个个花圈排列起来，一幅幅挽幛悬挂起来，犹如落雪覆盖了大地，一片惨白。无论是从花圈挽幛的挽词中，还是从唁电、唁函的悼文中，我们都能听到撕心裂肺的哭声。人们哭他，是因为他的实绩丰硕，他在短暂的生命历程中创造了灿烂辉煌的业绩；人们哭他，又是因为他的英年早逝，那原来已经辉煌的事业会更加辉煌的，那原来已经成熟了的年华会孕育出更加让人惊异的奇迹来的。从某种意义上看，他的事业刚刚开头，在我们这个有着特殊而深厚文化传统的国家，四十而不惑，日行中天，英年盛年，这是多么让人寄予期望和幻想的年华啊，那是刚刚挂果的大树，那是刚刚育瓜的藤蔓，那是正在高产乳汁的奶牛，那是千金难买的最具创造力的黄金般的岁月啊……老年人哭失去骁将，同代人哭失去良友，晚一辈人哭失去高师，人们哭他给这平凡的世界留下一块难以填补的空白，哭他给苍凉的人生留下一片难以挽回的损失。而他的女儿哭他，将永远失去一位愿为她摘月摘星的父亲，在他的遗体要推进火化炉的刹那间，那一片惊天动地的哭号使铁石和草木都会有撕裂之恸，我亲眼看着多少人和他的女儿拉扯着将要推他进入火化炉的那辆小平车，我的哭声和我的泪水已把这个椎心泣血的时刻永远凝固在心灵的底片上……

正像青年作家刘元举从远方来信所说，他不相信春天还与之倾谈的生气勃勃的作家会在冬天变成一行黑色的铅字。我也难以相信一个乐起来乐得忘乎所以、恨起来恨得目眦尽裂的人，怎么会恍惚间化成一撮灰烬？然而，事实就这么无情地把我们的一切幻想熄灭。从火化炉房走开，我突然间揪心地问自己：这个世界上这个与我促膝相谈了二十年的雄心勃勃的人就这么消失了吗？就再也不会躺倒在我的硬板床上，或者坐在我的破藤椅里没完没了地谈下去吗？冬日的阳光还是那般愁惨，朔风还在窗外悲号，我木然地伫立办公室内，呆望着我的硬板床，又呆望着窗外玉兰树下那曾经摆着两把破藤椅的阒寂空地，一遍又一遍地沉吟着著名诗人雷抒雁寄来的《国殇》般的电文：

风凄凄兮云飞，
雪霏霏兮天垂，
玉树折兮山推，
故人一去兮不回……

原载《开拓》杂志、《延河》月刊，收入各种文集

路遥故乡行

8月6日清晨，我兴冲冲地从大街上买回早点，走到办公室的窗前，突然一阵哀伤袭上心头。就在去年的这一时刻，路遥背着他那下乡时惯用的深灰色帆布挎包，穿着T恤衫、旅游鞋，迈着熊步要去延安。我正买回同样的早点，要他吃一些再走。窗外的小花圃里，一派生机。火红的石榴花，洁白的葱兰、茉莉花，以及攀着玉兰树的粉色牵牛花，都在精精神神地开放，叶脉间滚动着一夜凝聚的露珠，在清晨的霞色中闪烁。一切都显得充满生机与期待。然而，路遥此去却一病不起，缠绵病榻整整一百天，11月17日，与世长辞，留下了他的一系列人生狂想与小说构思。而如今，草木依旧碧绿，花儿依旧灿烂，只是从这里离去的故人，却再也没有回来。摆放破藤椅的地方空着，已生出一层层绿苔。此时此刻，让人强烈地感受到，人生真如这草叶上的朝露，瞬间即逝。我为人生的短暂和生命的脆弱感伤，更为路遥的遽然离去痛惜。我把买来的糖糕和豆腐花摆放在办公桌上，想请路遥享用，凭窗眺望那条铺砖的小路，依稀中期待从这条路离去的路遥，再沿着这条路归来，享受这叶绿花红的良辰美景。这种难以摆脱的情绪笼罩着我。路遥生前曾要我与他一同驱车陕北，去看他的家乡，去吃他的家乡饭。想不到还未实施这次计划中的旅行，他却已经作古。

但我必须完成这项行程，以期路遥的灵魂得到安宁，何况他的离去还留下了年迈的生母和养母，此刻正不知是何景况。带着惆怅和感伤，我们一行踏上北去黄土古原的漫漫长途。时而上山，时而下坡，时而高原，时而沟壑，一路阴雨霏霏，天低云垂，雨雾中望去，秋庄稼浩浩茫茫，淋漓雨水与葱茏枝叶掺和成深沉而凝重的世界。我们驰过金锁关，翻过龙坊塬，越过交道河，一直开往那沟壑纵横的遥远偏僻的地方。

小车一直沿着秀延河北上，左弯右拐，穿行在清涧川道里。这个季节，雨洗之后，川道的秀美让人震惊。远山层层叠叠的梯田中的糜谷豆黍，把绿色点染得丰富多彩，近坡的红果枣梨，把村庄笼罩成一首首含蓄而优美的抒情诗。假若，真如路遥约定的那样，我们一同按这条路线来旅行，我们会有多少关于这条河川的话题，会有多少共同的感慨和议论。然而，此刻我只能带着缺憾，只能独自沉思和缅怀。

路遥出生的王家堡，就是这条秀丽川道中无数秀丽村庄的一个。路遥的新家就在公路旁的山坡上，有一家黑妹餐馆正对着依山而筑的新窑。我们正要顺着山坡往上走，路遥的生父王玉宽恰巧从田间归来，他戴着白帽，披着黑夹袄，肩膀上搭着旱烟袋，一脸的饱经沧桑。老父亲和我们握过手，领着我们到了窑前，路遥的生母马芝兰闻声从窑里跨出，立刻难过起来。我们一同坐进窑里，两位老人一个号啕大哭，一个向隅而泣。我们不再谈话，一任老人宣泄悲伤。

老母亲边哭边说，小时候家里穷，十八岁上生下路遥，接着又生下路遥的两个弟弟两个妹妹，拉扯不过，只好把路遥给了他大爹。路遥的生母是清涧人，因光景不好，随大人到南路谋生，经人介绍，与在延川讨生活的清涧后生王玉宽结了婚，两个人开荒种地，勉强维持日月。1947 年清涧土改，分了地，他们才回到王家堡老家。她告诉我们，小时候的路遥特别聪明，在王家堡村上了一年级，就给了延川他大爹……但是，路遥对老家的人感情很深，大妹妹得心脏病死了，路遥非常伤心。路遥曾经对我讲起过这个妹妹，深怀悲痛，决心为这个不幸的姑娘写一部小说……

老母亲渐渐停止痛哭，认出了我。她说，你是李天芳家的，一点儿都没变。我说，哪儿会不变，都已经十多年了。十四年前，林达生女儿时，她来伺候月子。那时她不到五十岁，硬朗利索，精明干练，一头乌黑的剪发向后一拢，出出进进，买菜做饭。闲时就在作协大院里与我们拉话，她思路敏捷，语声清朗，纯美的陕北语言中流泻出机智和练达，显示出陕北女性那种特殊的才干和品行，深得大家的尊敬。现在虽说才六十刚过，但满头花白，身体臃肿，说话显得气喘，听说她已患上老年性高血压，走路已有些沉重迟缓。我不由感叹起岁月的无情。时光老人会用冷峻的双手把人世间的一切重塑，把年轻变作衰老，也会把健康变作死亡，会在人类生活中不断制造新的不幸。

簇新的四孔接口石窑一字儿排开，显示了这个家生活的变迁。院落打扫得干干净净，一尘不染。几株枣树和梨树，让繁密硕大的青果压得低垂着枝条，大丽花在夕阳中灿烂地开放。宁静，淡雅，朴素，自然。我环视这座院落之后，就到每孔窑内察看。不论是老人住的那孔窑洞，还是当作灶房的那孔窑洞，一切井井有条，清清爽爽。灶房的后窑里摆满了酒瓶和罐头瓶。酒瓶全都装满自己腌制的西红柿酱，罐头瓶内装了什锦腌菜：辣椒、黄瓜、茄子、豆角。一切都显示出这位母亲是陕北农村中那种十分能干的女主人。路遥曾一再邀我与他一同回到这里，住在这宜人的窑洞里，吃母亲做的茶饭。在他看来，那是世界上最鲜美最可口的食品。他说，我们住十天半月，母亲的饭锅里不会出现重样饭。那时，我们坐在西安那所破败的院落里向往着这一天，像小孩子盼着过年过节一样。如今我来到这个久已向往的地方，而他却不能陪我了……

路遥的生父王玉宽，比老伴大四岁，寡言少语，心地善良。平日他总忙于给人帮忙，帮这个后生说婆姨，帮那个女娃找婆家，谁家的红白喜事，他都走到前头。大约因为心好，他一直当着村里的干部。又因为他不会当官，所以到头来只做到村里的副队长。当副队长最大的一件政绩是，同意村里人在公路旁边修树。修树本来是为了树长得更旺，但群众一行动，就把树拦腰砍断，白煞煞的一条沟，惹火了公路管理段，请来公安局逮人。这位老庄稼汉，承认事情是他弄下的，与外人无关，保护了众人。他被公安局拘留，受了二十多天牢狱之苦。从看守所回来，他像没有经过什么事一样，仍然一如既往地上山劳动。

这两位老人，一位质朴，一位精明；一位深情，一位强干。他们共同孕育了一个杰出的儿子，而又在不该失去儿子的时候失去了。此刻相见，勾出他们内心深处的凄楚。我们把补助款交给老人，想让他们心上结冰的时候能感受到些许温暖。在院内，我为两位老人照相，想留下一个永恒的时间与空间以及这空间与时间中的萦萦绕绕的意绪。握别的时候，我们再三嘱咐老人珍重，沉重地领略依依不舍这古老词汇的无穷内涵。

告别老人之后，我特意抽出身，去路遥家老庄里看了一回。当年生路遥的旧窑和旧炕还在，旧窑前的石磨石碾鸡窝猪窝还在，默默诉说着清苦的过去。庄里人对我说，四沟一边的山叫四毛山，另一边的山叫王家圪崂。路遥出生的旧窑就在王家圪崂山坡上。我记得路遥初进作协，住的那个角落被他称作王家圪崂，后来李星住他的对门，他便把那一方改叫王李家圪崂。那时只感受到他的幽默，于今才知道这幽默连接着他的一缕乡情。就像一根剪不断的脐带，故乡把乳汁源源不断地供给了他，他也把绵绵无期的思念给了故乡，他说它，写它，感叹它，赞颂它，以至于他要回到故乡的土地上去害病，甚至决定死在故乡的土地上。故乡于他是永远神圣的。

在陕北沟壑中的延川县境，有一道文安驿川，流着一条文安驿河，河的岸边绕着一条公路通往榆林。据说，秦时此路作为驰道，通往上郡，文安驿的下站即为清涧驿。就在这两个驿站之间的一道狭窄而偏僻的小沟里，藏着一个小小的山庄，那便是养育路遥的郭家沟。沟前一道小石桥，桥头一条小土路，路畔就是郭家沟的沟渠水，小得如一根细线，日夜不息地流着。村头捞河沙的小伙子告诉我，顺着这条路马上就可以进庄，但我却长久地在村头踯躅。我看东边山上的枣树、槐树、椿树，看蒿草、雪草、酸刺笼罩的崖畔，我看西边小圪垯山上向日葵在夕阳中发出灿烂的金光，显示出生命的诱惑和激情的喷发。难怪路遥一再要我到这里来。望着眼前这一切，我就全然明白他的乡情有多么浓郁。我从小东山和小圪垯山之间抬头仰望，那小小的一缕蓝天显得特别湛蓝，而蓝天上的纤云又显得分外洁白，似乎你在别的地方很难看到这么蓝的天这么白的云，云和天凝成了一种高远，一种深沉，一种博大。我反复沉吟反复诘问，难道养育路遥熊样体魄的，竟是沟底这么一条指头粗的沟渠水？而扩张他狮样雄心的，竟是这么一缕狭窄的蓝天？

路遥的养母李桂英老人刚从山上回来，她风尘仆仆，汗流浃背，一手掮着锄，一手提着筐，一听我们是路遥的朋友，是从远路来看她的，就不禁痛哭起来。这位可敬的养母失去爱子后，坐在窑里哭了半个月，过春节的时候，也没买一两肉，没买一根粉条，整日以泪洗面，她好像丢了魂魄，再也难以生活下去了……

她和她的老伴一样，有着中国劳动人民最优秀的美德，善良、慈爱、勤劳、质朴，质朴得如同黄土崖畔上的马茹茹，寂寞地开着灿烂的花朵。他们本来是清涧人，但在他们年轻的时候，清涧地方苦焦，就离开家乡走了南路，在延川的郭家沟开荒种地，赖以糊口。光景过得去，但遗憾的是，他们夫妇虽说生了三个孩子，却都相继夭折。他们便把弟弟的长子路遥领来抚养，从此，也就把一腔挚爱给了这个螟蛉，管他吃，管他穿，什么都由着他。路遥不好好学功课，一黑夜一黑夜地熬油点灯读课外书，她就由着他的性子。路遥在城里上中学，她经常提个篮子进城看望他，有时送洋芋擦擦，有时送油糕，有时送扁食(即饺子)，她把所有的母爱都倾注给了这个继子。“文化大革命”中，路遥当了红卫兵司令，陷入武斗的旋涡之中，她急得四处奔走寻找，竟然最后流落到沿门乞讨，把讨要来的吃食再送给儿子……儿子成人了，在外面干上公家的事了，她从心底感到欣慰，虽然老伴不在了，剩下她孤独一个人留在窑里，但她心里有远方的儿子，并不觉得过于难过。一个人的饭不好做，热了热吃，冷了冷吃，她只在心里为儿子祝福，祈盼着他的工作长进。

路遥获了茅盾文学奖回到村里来看她，她正在捡高粱，一见儿子，她高兴得老泪纵横，就要给儿子煮鸡蛋，儿子说先到后沟里看看水坝，她说你快看去，庄稼长得可好哩。尽管儿子一出门就三年五载不得见面，但只要想到有一个儿子在远方工作，她的心里就觉得踏实觉得实在。儿子就是天上的太阳，虽然离得远，但那光照着她，永远温暖着她的心。然而现在儿子没了，空落落的石窑洞里只剩下她一个古稀之人，仿佛天塌下来了，她无心也无力料理生活，炕上的被褥她不能拆洗，窑掌里的器物她不能整理，像那根撑着破窑的柱子折了一样，她的心似乎垮下了半块。窑壁上吊着一个她做的布娃娃，布娃娃一手拿着花朵，一手提着藤篮，她是要打发布娃娃给儿子送饭去呢，还是给儿子送上一朵鲜花呢？抑或是儿子不在了，她就和这布娃娃说话、睡觉，免得留下她一个人难熬孤独呢？

我在这破窑里久久环视，那一块破毛毡可是路遥当初铺过的？那火红花的布被子可是路遥当初盖过的？不经意间，我看见案板上放着一碗我叫不上名儿的食品，一问才知道那叫抿节，是用豆面擦的。我忽然想起，路遥在医院里直到弥留之际，要吃的正是这种豆面抿节，我不由得纳闷：是老人知道儿子一生爱吃这种食品，特意为他留下的？还是老人知道儿子临终的愿望，特意为他做下的？然而，不管怎样，我看到了儿子与母亲相通的心。但我越是这样想，越不由得心里难过，凝视满头白发的老人那双目中的茫然和凄苦，我心里一阵大恸。孰谓少者殁而长者存，强者夭而病者全乎？呜呼，彼苍者天，曷其有极！

窑前的槐树枝叶参天，覆盖出一大片浓荫。想来，春天，路遥吃过槐花做的菜饭；夏天，路遥在这伞盖下纳凉；冬天，朔风摇撼枝条发出的声响，会给予这个敏思善感的少年以无穷的遐想和向往。我凝视那树下的石磨，看那磨旁的柴垛，看那柴垛旁荆条筐中刚摘下的豆角、茄子，看那风中颤巍巍的白发苍苍、皱纹纵横的老人，又顺着窑畔往对面的山峁眺望，山顶上正有人扶犁扬鞭，云朵在馒头似的山包上缭绕，穿着红背心的牧羊人赶着一群羊漫散在山坡上吃草。我心中不由得说，这就是养育路遥的土地，这就是养母！我们把给养母的生活补助款留给老人，把今后长期的抚恤金做了安排。老人含着泪伸出枯槁的手紧紧拉着我们，仿佛眼前站着的是她的儿子。我们离开了，而她仍在柴垛和磨盘的后边伫立着，那汗湿的白布衫，那飘拂的白发，那模糊的泪眼，直到此刻，还在我的眼前晃动……

有人说，陕北当地除了毛主席、周总理去世引起的震动以外，就数路遥去世的震动大。这种震动使他们在记忆的深处永远无法抹去对这位早逝者生活历程的印迹。延川郭家沟的党支部书记刘俊宽是一位老基层干部，十二三岁就到乡上工作，十八岁与路遥的养父王玉德拈香结拜，王玉德来延川讨生活，他给找个窑窑住下，让他们开荒劳动，两三年就改变了光景。王玉德结婚时，刘俊宽是引人的，去接新媳妇，结婚的费用也是他出的，花了一万元光华票子。因此，他是路遥名副其实的干爹，也是有关路遥童年一个权威发言人。他说，路遥上小学不咋学，调皮大，但考分高。本课不好好学，专读课外书，给班里四十个同学起外号，四十个同学又联合起来给他起外号。那年考上初中，因为没筹集到学费，半个月没有去报名，等到报名时，学校按规定不收了。路遥哭着找干爹帮忙，刘俊宽正在县上开党代会，看见干儿子的模样，就领着他找县长、找校长、找局长，教育局开了碰头会，才收了这个穷学生。假若那时没有这位干爹的帮忙，也许小学毕业的路遥终生成不了作家。他上中学后，每个星期天常回村里劳动，常常得劳动奖状。刘俊宽讲起这些往事，充满深情和惋惜。他的形象和他的为人都让我时不时地想起《人生》中的老德顺爷爷，想起那个让绝望的高加林重新鼓起勇气的山村圣人……

说起路遥的学生时代，他的中学班主任和语文老师当然最有发言权。班主任常友润是教数学的，但兴趣广泛，视野开阔，知识面宽，也有思想深度，所以即使路遥成了名，也把这位班主任当作忘年知己。《平凡的世界》获茅盾文学奖之后，路遥在延安的中学同窗聚集在常友润家里，为路遥举行庆功会。路遥代表大家向老师致辞，他说："你是我们十位班主任中最好的一位，不仅教我们，还了解我们，能和我们交朋友，因此，我们既是师生关系，也是朋友关系，即使远走天涯，我们也愿意有机会回来与你交谈，你总是与我们有话可说。"同学们肯定他的《人生》，批评《平凡的世界》。他辩解说，你们没全面看，不了解，请你们再全部读一读。常老师问他，能不能再写一部《红楼梦》式的作品，他说他要写一部大山覆没的故事。大山要覆没了，年轻人要迁移，但老年人没人愿意迁移，年轻人痛苦地离开后，大山果然覆没了。他说他由写诗而写散文，由散文而短篇小说，由短篇而中篇，由中篇而长篇，他不愿意回头，不愿意重复自己。今后要写，就上下几千年，中外大事件，要写就写这样的东西。那顿饭，他没有吃多少，身体已不大好。天黑了，他要离开。他说这个下午过得很愉快，这个下午，他才像他自己，在外面老好像在演戏，这个时候脱了一切戏装，因为老师同学了解他，没啥可伪装的。以此可见常老师与路遥的关系之深。这位前班主任深知路遥对学习的偏废，包括对他所教的数学不下功夫。他找路遥谈话："你不咋学数学，我能理解，但你既然爱文学，就得下功夫，不要荒废时间。”他知道这是个不本分的学生。虽然爱好文学，但不刻苦，耍起来没完没了。因为他还是初中学生，才华还没有引起更多人的重视，但这位班主任独具慧眼，看到了他的文学天才，并且注意发挥他的专长。一次班上举行朗诵会，内容有诗歌、散文、戏剧片段。为了把朗诵会办得更有魅力，也为了有意识地锻炼这位高足，常老师就让路遥用文学语言撰写晚会的串场词。路遥爽快地接受，用了半天时间写成之后，交给了有表演才能的姓曹的女同学主持朗诵。代课的不代课的老师都来了，小曹把串场词朗诵得非常精彩，从此，路遥的文学才华给大家留下非常深刻的印象。

发现路遥才华的还有语文老师程国祥，这位慈眉善目的长者说，路遥爱演戏，有怪才，《红岩》《千万不要忘记》那些话剧，路遥随时组织几个人排一排就上演，一上演就轰动。路遥总是演不怎么好的角色，或者是匪兵甲，或者是特务乙，或者是狗腿子。他演的最大角色是《红岩》中的徐鹏飞，活灵活现。程老师说路遥上理科根本不听，把作文也不当回事，写作文快得厉害，草草交卷后就去写诗。那时写的诗不行，程老师就给他一本《重返杨柳树》。后来，就干脆把自己的文学书籍全部送给他。有《钢铁是怎样炼成的》，有《日日夜夜》，有莫泊桑、契诃夫，有现代的《红旗谱》《创业史》，也有古代的《水浒传》《三国演义》，程老师把自己的全部文学财富交给了这位有怪才的穷学生。而路遥写作才能的最初体现便是写派性文章。这位语文老师讲，他和路遥是两派，分别是两派的笔杆子。他写得拘谨，没有战斗力，而路遥针对他这一派的文章，放开写，想咋写就咋写，特别生动，弄得他们招架不住。他曾经保存过这些文章，后来弄丢了，实在可惜。

说起写派性文章，自然就说到“文化大革命”。路遥那时仅仅十六岁，就成为一派的领袖，他有非凡的组织才能与领导才能，以初三学生的身份却能指挥高三的学生，而且有令即行，有禁即止，一呼百应。结果由文斗而武斗，两派最终成为不共戴天的仇敌。令两位老师至今感念不忘的是路遥的重感情重情义。路遥指挥的一派控制着县城，程国祥回县城后直接去他的武斗总部找他。他为自己壮胆，对他的学生说，我不怕你。路遥说，程老师不要怕，你也放心，观点不一样，人身不会有威胁，你在延川县城会畅通无阻。这位程老师果然没有受到对立派的威胁，却在第二天早上成为攻进延川县城自己这一派的俘虏。那位常老师是路遥的对立派中的死硬分子，与对立面势不两立，决不离开对立面控制的县城，但路遥暗中派人保护他，平常又避免与他接触，感情始终没有破裂。因而直到现在，他们师生二人仍然要好如初，情同手足。

当路遥在延安住院的时候，这位前班主任前去探望，一见到他，正在躺着打吊针的路遥立刻坐起身，说起家事，他在老师跟前哭了，老天太不公平，把我拦腰斩断了，我就是丢不下女儿，要不然，吃一把安眠药算了。常友润第一次也是唯一一次看见自己的学生哭，立刻劝慰说，放下包袱，安心养病。他发动自己在延安各个工作岗位上的学生给路遥变着花样送饭，使这位绝望中的学生增强了信心，路遥说，我把这些饭吃了，就可以上山掏荒地了……

在两位老师的回忆里，因为“文革”，十九岁的路遥当了延川县革委会的副主任；也因为“文革”，路遥的副主任被免职了。他回到乡下去当民办教师，下功夫学文学。家里条件差，吃饭困难，但他从没有忘记苦读。为谋饭碗，他又去县文艺宣传队做临时工，拉大幕，当伴唱。他会用出色的男中音演唱陕北民歌，大约与这个时候的实践不无关系。

大学开始复课，心怀大志的路遥决心深造，但阴影仍然笼罩着他，有人告状反对他上大学。他的志愿报到哪里，告状者就把状告到哪里，急得县委书记、县革委会主任都四处奔走，为他澄清事实真相，帮他求情斡旋。他们认定了这个暂受挫折的乡村小后生绝非等闲之辈，如果他的才智发挥不出来，将是一种严重的浪费。以后的事实证明，他们是知人善任的伯乐，没有他们，一匹千里马也许会老死荒山。这批伯乐中，有一位名叫申沛昌的人，他当时是延安大学中文系的党总支副书记兼副主任。听说了延川县伯乐们的推荐与说明，他当机立断，决定录取这位因历史原因而陷入是非纠葛的前红卫兵造反司令。告状的不断上告，他以静制动，坐视不理。长此以往，告状者没有了劲头，而路遥终于成为被他戏称的亚洲最小的一所大学的正式大学生。

申沛昌不只倾力确立了这位未来作家的大学生身份，而且像上边提到的两位中学老师一样，因材施教，为其早日脱颖而出排除了各种障碍。路遥认定了自己的创作目标，主要靠自学，许多代课老师自然意见纷纷，申沛昌只好出面为其解脱。路遥开始当班长，事务性的工作占时间太多，申沛昌就对他说，班长是几品官？误了创作目标，那太不合算。并与班主任商量，免了路遥的职务，让他潜心搞创作。“四人帮”的倒行逆施，路遥敏锐地感觉到了，他不敢在别处公开讲，就在这位申书记面前倾吐，不断磨砺着自己的思想锋芒。申沛昌说，路遥去西安当见习编辑时，曾寄给自己一封长信，阐释他当时的全部感受与政治观点，此后的历史走向一一验证了他的先知先觉。当然，路遥没毕业就去省城当见习编辑，也是申沛昌开了绿灯，全力扶持的结果。路遥成功了，这位伯乐有理由感到欣慰；但路遥早逝了，这位伯乐自然怀有切肤之痛。

申沛昌告诉我们，路遥在延安病倒之前，曾经向他写过一封信，说要出版文集，经费无法解决，请他帮忙筹助五万元。路遥去延安，主要是为这件大事，而他当时却远在日本出访，回来后路遥已经转院到西安。此时的申沛昌已是延安大学校长，他毫不犹豫地去筹措款项，最后以学校的名义花五万元购一千套书，书没有出，就先垫付上。他觉得做这件事是值得的。他带着给出版社的交款手续单去医院探望路遥，并告诉事情的处理结果。他的已病入膏肓将不久于人世的学生显示出少有的欢欣，连连说，这一下出书就有希望了，我感谢，我感谢。这有什么感谢的？这位恩师心中充满酸楚。他感觉到路遥最后一次去延安是携着几种困扰与烦恼的，其中之一应该就是出书经费。如今五卷本一百六十万字的《路遥文集》精装本就放在申沛昌校长的案头，而他的心高才盛的学生却再也难以看上一眼了。假若路遥地下有知，他当会为此感到莫大的欣慰。

申沛昌校长和延安的诗人谷溪正在筹划将路遥的骨灰迁往延安大学，并想在骨灰安放的地方修一座路遥的纪念馆，立一块碑。这想法很有意义，我表示省作家协会愿意为这个举措献出自己的微薄之力。倘若这件工程完成，既满足了热爱路遥的读者的心愿，也满足了这位亡者一心回归陕北故乡的心愿，黄土将重新拥抱这位黄土的儿子。

路遥离去已快一年了，但他却没有在人们的生活中消失。这次旅行所到之处，总会听到各式各样的人谈及这位陕北作家。在延川，有人告诉我，路遥的《人生》写的就是他们延川，刘巧珍和高加林谈恋爱就在贾家坪的玉米地里，刘巧珍给高加林送狗皮褥子就送到城北的黑龙关大桥上……到清涧，王家堡的人又告诉我，《平凡的世界》写的好多人和事都是他们庄的。他们说，老窑沟流的水叫四沟水，对面的山沟叫庙坪沟，沟里的流水叫庙坪沟水，而路遥在小说里写成双水村。他们的乡叫石嘴驿，而路遥写成石圪节公社；离他们村不远的庄子叫瓮子村，路遥写成了罐子村。甚至说路遥小说中的孙玉亭写的是他的一个亲戚，说这个亲戚念过中学，是村里的知识分子，贫下中农管学校的时候他任过贫管会主任、党支部委员，爱念报纸，爱搞运动，爱闹红火，就连他的形象也和电视剧(1989 年中国电视剧制作中心出品十四集电视连续剧——编者注)中饰演孙玉亭的那个演员牛犇长得一个模样……

这位黄土地生养的作家似乎化作了漫天飞舞的黄土，飘落在每一座山峁上，也似乎化作缕缕炊烟，弥漫在每一孔窑洞里。不论是谁，只要提起路遥，就有说不完的话题。一个傍晚，我们去延安地区医院，想看看去年路遥住的病房。一进院门，就碰见看管自行车棚的一个女人，问她知道路遥不，她说那么大的名人还能不知道？听了来意，她就领我们绕了几绕，在后院叫开传染科的门。一个小护士领我们到病房，这位秀气的姑娘是甘泉县人，她的名字就有一个泉字，叫张泉颖。她知道路遥的《人生》就是在她们甘泉写成的。说起这位故人，仍然流露出深深的怀念。她说，这间病房里过去摆放着一张钢丝床，路遥住不惯，换成了硬木板床，直到今天，这所病房里仍然留着这张床。人们不能相信，路遥的人生旅程就会这样匆促结束。真所谓天者诚难测，而神者诚难明矣。所谓理者不可推，而寿者不可知矣！我为路遥没能实现生前的畅畅快快来一趟故乡之行的夙愿而叹息，更为路遥那残缺不全的人生旅程而深怀惋叹。

延安的清晨，雾蒙蒙的，凉飕飕的，倚着延河大桥的栏杆，俯望延河水悠悠向东流淌，不时发出低沉的声响，心中充满难以名状的情绪。记得在《人生》里，路遥写过一条大马河，那是秀延河的代称。记得在《平凡的世界》里，路遥直接写到了这条秀延河。秀延河把延川县城劈作两半，又用一座铁桥把两岸连接起来。我曾站在那座桥上，想象着高加林与巧珍会面的情景。路遥呕心沥血把一条自然的河永远镌刻在由铅字铸成的意象世界里，而他那有血有肉的形体却再也不会回到那座桥上。秀延河曲曲折折地投入延河，延河又曲曲折折地投入黄河，黄河汹涌着奔向大海。我站在延河的大桥上，只能讷讷地感叹：逝者如斯夫，逝者如斯夫！

原载《文学天地》月刊，《星期天》《作家文摘》转载

破碎的借条

偶然在旧物中发现路遥手写的一张便条："晓雷，请将写××大楼那壹仟元稿费领出交给林达。"署名下的时间是9月19日。初看此条，已记不起这在哪一年，但一注意字迹，我就判断出可能是那个不幸的年头。圆珠笔摁在随意撕下的一页条据纸的背面书写，笔画虽不潦草却歪歪斜斜。潦草不是路遥的书写习惯，歪歪斜斜难道是病中所为？果然，没过多久，我翻检出了林达在9月21日写的领条："今领路遥写××稿费壹仟元正(整)。"这月日前写明了1992年，证实了我的感觉。路遥写字条的日子离他告别时世的11月17日，相隔只有两个月，字条上的笔迹确然已显示出他此时此刻的衰弱状态。

路遥的这笔稿费有一段来历。一家大企业要搞一次形象宣传，想请知名作家捉笔书写一组文章。企业倒是有名的企业，但出手并不阔绰，计划一篇文章付酬一百大洋。组织这次活动的人十分作难，说是你要名家写文章，名家都有自己的创作计划，断开原来的思路去写新的命题作文本身就很苦恼，又给这么少的稿酬，恐怕路遥这样的作家连吸烟的费用都不够。企业家问，那需要多少？组织者说，你给一百后边再加个零，看看如何？企业家牙一咬，拍板了，但组织者仍然心存忐忑，不知道路遥肯不肯屈就这次活动，试探着把这些情节讲给路遥听，竟没想到他听后咧开嘴巴嘿嘿一笑：那就捡这两个小钱。原定一周以后截稿，估计路遥会拖上十天半月，没想到路遥第四天提前交差，而且写得极其认真，题目醒豁，行文大气，誊抄得如一贯那样干净工整，这让组织者也不能不甚觉惊讶。

其实，这是形势使然。上世纪80年代末90年代初开始，作家这个行当已经面临了严重的挑战。按照往常的写作惯性和套路从事纯文学创作，发表文章与出版书籍已变得日渐艰难，菲薄的稿费与暴涨的物价形成的剪刀差让大部分作家入不敷出，生计维艰，情绪失落。生存的困窘和创造的危机，已打乱了计划经济条件下作家的工作生活常态，连一向特立独行、率性而为的路遥也不得不去适应风云变幻，而在原本出自激情与灵感的原创性工作中委屈和约束自己，为较高稿酬而被迫屈尊就驾，去写并非情动于中而形乎其外的熟悉题材。事后推算，这次写作的背景恰在路遥已经身染重疴的日子，于今想起，总让人多了一分酸楚。

然而，看到另一张他写的条据，就不仅只是酸楚，而是令人揪心了。这是一张借条，是路遥在领条时隔十天之后的10月1日写的："今借到创作之家壹仟元整。"比之于上一个条据，这张借条的字迹已明显看出路遥的身体每况愈下，力不从心。除却字形歪歪扭扭，笔画有气无力，一撇一捺，都已无法控制，笔尖好像一直在纸面上打滑，就像他此刻正拖着病体跌跌撞撞、颤颤巍巍地移向一个黑色的对岸，实实在在显示出生命行将结束时难以支撑的悲凉步履。十天前，领了也许是一生中最后的一笔稿费；十天后，留下了也许是一生中最后的一张借条。生活是在怎样描画着一位蜚声遐迩的作家的命运轨迹呀！

看着因一笔稿费的两张单据，我不由得去揣测那时路遥急于领出稿费的用途，后来发现其他材料，终于弄明白，这原是为了妻子林达赴京调动工作、安排女儿上学、装修房子等的急用。临时领取稿费，稿费不够，又不得不再次借款。生活的瑟瑟冷风是在怎样地吹拂着一盏曾经光焰四射如今又行将熄灭的生命之灯啊。

路遥离去以后，生活发生了新的转折，文学创作如同其他行业一样，在经受市场的不断冲击与调整、淘汰与选择、变更与重组、解构与整合后，渐渐步入了适者生存的崭新轨道，名家与名作也会成为名牌商品，一旦成名，身价百倍。这样的作家会彻底摆脱穷苦的困境，也会彻底摆脱穷苦的屈辱，甚至会有幸登上福布斯排行榜，享受财富、荣耀与尊崇。以路遥的实力，他不难跃入这个行列与位置，但是上帝没有给他安排这种机会，他带着种种遗憾与缺失离去。

如今在我面前的这张借条是怎样结账的，我已经忘却了。账目肯定是了结了，不然借条不会到我的手头，而且失去凭证效力之后，已被撕碎扔掉。后来我把这张 32 开作协信笺纸写成而又撕掉的十几块碎片细细捡起，又一一拼贴在一张 16 开的信笺纸上，虽则形式上仍然不失完整，但实际上已经完全破碎。这个世界时时刻刻都有东西在破碎，物在破碎，人在破碎，思想在破碎，心灵和感情在破碎，破碎的东西太多了，而每次破碎都难以完全弥合与修复，所以才堆积了太多的唏嘘喟叹。

原载《太湖》杂志，《各界》《延河》《陕西日报》等转载

第三章 野花之祭

把人生百年的全部能量集中在四十年间释放，随之而来是太多的疲累与困乏，没有一个淋漓酣畅的长睡是无法消解的。这是路遥的失误与悲剧，也是路遥的荣耀与辉煌。

路遥逝世八周年墓前致辞

在一个寒冷的日子，作家路遥同志一觉睡去，竟是八年，至今也没有醒转过来。把人生百年的全部能量集中在四十年间释放，随之而来是太多的疲累与困乏，没有一个淋漓酣畅的长睡是无法消解的。这是路遥的失误与悲剧，也是路遥的荣耀与辉煌。

“古之立大事者，不惟有超世之才，亦必有坚忍不拔之志”(苏轼语)。如果说，把一生的才智与意志凝聚起来，为江山社稷和黎民百姓去做千古不灭奉献的人，可以称作英雄的话，那么路遥无疑扮演着英雄 A 角。他在通往崇高目标的路途中，从来没有向苦难和挫折低头。即使困顿到只用一根黄瓜一个馒头充作一顿午餐补充营养，以期从事最为繁重最为艰难的文学巨制的时候，也是如此。即使为此身染重疴，频频仆倒桌案，但清醒之后，他就擦去虚汗，继续前行。就这样，他从十八九岁开始，从陕北黄土山窝里的一个偏僻的小县城的一张 16 开大的《山花》小报上起步，一直走到北京，站在金碧辉煌的国家最高文学奖的颁奖台上，宣讲“生活之树常青，我们栖息在它的枝头，由衷地歌唱”，并发出“获得的已成为过去，一切必须重新开始”的誓言。仅仅一年半，他就訇然倒地，让第九交响乐戛然终止。他最终奏出的乐段，是对他永远令人感伤的总结，但却是对千千万万后来者最为深情的召唤。

人们在检点他的遗产的时候，揪心地发现，他一生积累的物质财富仅仅是最高文学荣誉带给他合在一处共一万元人民币的奖金，他又毫厘不动地留给年幼女儿作为学费。但人们惊异地发现，他的五卷文集如同一个绩优股，随着日月嬗递，而其价格指标每时每刻都在飙升，其价值难以用数字估量。享用这笔精神财富的，是热爱他的千千万万读者，特别是那些正在用青春年华设计未来的新的跋涉者。

荣华后世，枯槁当年，是古人对圣者贤者无奈的感叹。金盆打了分量在，是路遥用俗语对圣者贤者积极的概括。今天，在初冬阳光的沐浴中，我们又一次聚集在这里，为的是从这位早逝者的身上汲取精神元素，以增加自己的骨骼的硬度与灵魂的光泽，以期告慰这位如今的长眠者。

这座黄土山峁对路遥来说，无异于安乐的华屋与舒适的眠床。安息吧，路遥，愿我们今天在此地的相聚，能进入你美丽、清新而幽远深邃的梦境！

原载《延河》月刊

路遥十年祭

“浮云一别后，流水十年间。”唐人韦应物的诗句此时变作我的感叹。韦应物是吟唱与故人的别后重逢，而你却是壮士一去，不再复还。韦应物与故人相见，“欢笑情如旧，萧疏鬓已斑”，而我，鬓发虽斑，却难觅旧友。路遥呀，还记得在我那斗室里侃侃而谈的日日夜夜么？你慵懒而散漫地舒展四肢，蟠卧在我那张简陋的硬板床上，半靠着脱落斑驳的粉墙，凝视我那“请勿吸烟”的庄严敬告。我则仰躺在桌案前吱吱作响的旧藤椅里，凝视你那欲忍不能的窘状，暗自忍俊不禁。你逡巡良久，终于耐不住开口，征得我的允许，你抽出一根带把儿香烟，掐掉过滤嘴，点着火开始青烟缭绕，于是漫无边际的话题就飘荡在漫无边际的浓浓的云里雾里……

窗外，并非特别名贵的花木装点着夕阳，接着又溶入夜月，这座院落古老而荒凉，衰朽而破败的土屋仿佛垂死挣扎中的破落贵族，无力而孤寂地僵卧着，但残留的几株花木却如同不灭的贵族后裔，以粉朵与馨香纷攘着，点缀着，使这凋零的古院维持一丝生气，在为我们的谈话营造着丝丝氤氲。

我办公室一头的东窗前，是老根上新发的海棠新树，伞样的树冠辐射出一丛枝条，枝条上缀满粉中透红的花朵，那花朵似一群孩童粉雕玉琢的面颊，俏丽而鲜活。另一头的西窗前是一株亭亭玉立的玉兰，白玉兰的树干修长，树冠妩媚，花儿绽放，如同一身素妆的白雪公主。微拂的晚风中，有花瓣轻轻飘落，仿佛是在为我们演奏春天的故事。紧靠玉兰树，是一株石榴，疲累的枯茎上勃发着遒劲的枝柯，好似青年男子挥舞的手臂，石榴花开得火红，如团团激情的火焰，那应该是夏日的高昂的歌唱。离石榴树不远，是一株年代特别久远的蜡梅，骨突的梅根像碌碡，箭镞样的梅枝射成了一团绿云，遮没了你写平凡世界的那一间旧屋。冬天，绿叶脱尽，蜡梅灿若金光，一至夜晚，就随着冷风，一阵一阵地送来清香，那香气醇美得没有一点杂质，仿佛天地间所有的灵秀之气全都弥漫在此，这又是我们谈话的佐料。真的，你的谈话，有如玉兰花的纯净，石榴花的火热，还有那蜡梅花的幽香。亢奋的话题犹如花开花落，永远都在绵绵不断……令我怦然于心的，是你关于“十年”的话题。你说，要用即将开始的四十岁至五十岁之间的十年岁月来写另一部小说。我说，我知道，你是想从平凡的世界走向非凡的世界。你嘿然笑了。那是孩子式的笑，孩子式的率真，孩子式的憨朴，孩子式的自得，还有孩子式的一丝羞涩。

你说，那十年有太多的震撼和怪异，枪林弹雨中，你眼看着同你一起逃亡的一位伙伴被山头上射来的子弹击中，他的身体失去平衡，转了一个半圆，然后躺倒在路边的血泊中。我说，这很像《突围》和《崩溃》的情节。你说，你们提着枪，扛着麻袋，麻袋里装着钱，穿越蟠龙山的荆棘丛林。我说，这类似《毁灭》和《铁流》的故事。我们感慨，我们嬉笑，十年中有太多真诚的荒唐，也有太多缥缈的庄严，生活大师让我们饱览了太多的黑色幽默和红色荒诞。你体验过冲上权力宝座的得意，也体验过从巅峰摔落至谷底的绝望，生命所能体验的，你都体验了，所能经历的，你都经历了，你确实有资格完成一部关于人生、关于社会、关于民族、关于时代的大书。这让我想起了唐代另一位诗人李益的诗句："十年离乱后，长大一相逢。……别来沧海事，语罢暮天钟。"李益有类你的东西，负才傲物，思智超常。他后来因诗获罪，屡遭贬谪，这决定了他仕途的不达，却也决定了他诗途的通达，穷而后工。但你有不类李益的东西，经历深刻，思维宏阔，对于一个特殊的时代和一段特殊的现实，你具有不可取代的体验。用一部小说，来写你与共和国一同承受十年劫难的刻骨铭心的生活，来展示我们民族十年的哀伤与期盼，也展示你的十年灵魂拷问和生命反思，你会有话可说的，是会言之有物的，是会有切肤感受与真知灼见的。没有奇事，难有奇文；不渗入作者自身的遭际，一部大书的震撼力会受到局限……我们为这样一些似乎是规律性的东西津津乐道。你说，你不会完全按过去的写法写了。我说，我知道，你用《早晨从中午开始》已告诉了世人。你说，就写一百万字，就写多部头小说。我说，这是又一个鸿篇巨制，从不惑之年开始，到知天命之年结束，用十年写十年，小说的名字就叫《十年》。《十年》？你眼睛顿时一亮，从半躺的硬板床上翻身下来，扔掉烟头，在我的斗室里所剩不多的空地上踱步，一边连连称好，一边摩拳擦掌……

如今，时光过去了十年，我们谈话的那个院落已面目全非了，你写小说的旧房和我当编辑看稿的斗室已不复存在，一座崭新的高楼耸空而立，所有的花木都已零落成泥化作尘了，就像我们的谈话那样，烟消云散。但你我先后住宿过的那间旧屋尚存，只是变作了危房，门窗朽损，摇摇欲倾，用了木板铁钉凑合着钉在一起，遮风挡雨，住进了来西安古城做工度日的乡下流离者，锅灶铁炉就放在屋内煮饭，油烟缕缕，四下飘散……屋前你我都特别喜爱的那株紫丁香，也早已香消玉殒，魂魄杳然，偶尔到这小屋问话，就时时让我忆及你在此写作《惊心动魄的一幕》的旧景……

沧海桑田，倏忽十年，我忽然记起，该是你预期中的小说《十年》杀青的时刻，不知你是否画完了最后一个句号？你有如山一样的意志力，制定的目标，就会实现。倘若不是阴阳隔界，那该是我又一次享受先睹为快的时光，那该是何等的畅爽愉悦啊！

然而，这一切似乎都只能在梦中经历了。我应该告诉你的是，虽然我们无法看到你《十年》中的非凡世界，但人们却依然流连你《平凡的世界》，回顾《在困难的日子里》，品味《人生》。这些，在许多青年人的世界中，似乎越来越变得重要。你已有的文本在这十年中，不但没有磨灭，相反愈加被世人珍重，那些著作一版再版，一印再印，许多年轻人将其作为人生的教科书。你所一贯崇尚的卓越竞争、诗意追求、英雄情结、伟人向往以及与之相连的百折不挠的奋斗精神，总是拨动着后来奋斗者的心弦，给他们干涸的心灵以滋润，以慰藉。

这又使我不由得发出感慨：我们固然缺失了你关于“十年”的一段创造，却没有失去你关于创造的永恒精神。这精神就像安卧在你坟头的黄土山坡一样博大深厚，春天开满色彩斑斓的山桃花和野丁香花，秋天连荆棘与藤蔓也挂满玛瑙翡翠般的秋果；就像扎根于你坟边的你生前喜爱的白皮松的枝柯与松针一样，一年四季勃郁茂盛，峥嵘蓊蔚。

我不由得吟咏起欧阳修祭石曼卿的睿智而感伤的文句来：

> 生而为英，死而为灵。其同乎万物生死，而复归于无物者，暂聚之形；不与万物共尽，而卓然其不朽者，后世之名。……呜呼……吾不见子久矣，犹能仿佛子之平生……

原载《延河》月刊

永远的眷顾

路遥离世不久，我曾与李星合编了一本怀念路遥的文集，题曰《星的殒落——关于路遥的回忆》，书稿交由陕西人民出版社出版面世，轰动一时。书中文章由路遥生前的文朋诗友撰写，均为第一手材料。这是研究路遥的第一本书，颇为珍贵。嗣后，怀念、研究路遥的文集、专著、传记相继推出，蔚为大观。其中，作家厚夫、张艳茜分别撰写的两个版本《路遥传》，更有着持续而广泛的影响。去年到今年，新华出版社原社长梁相斌策划，延安大学原校长申沛昌领衔，组织几位作家编撰了两本书，一为《路遥与延安大学》，一为《路遥的大学时代》，由新华出版社连续推出，成为回望路遥、研究路遥的又一件文坛盛事。

1988 年 7 月 27 日，应该是《平凡的世界》完成不久，路遥满怀深情为母校延安大学题词：延大啊，这个温暖的摇篮！没有比摇篮更能准确概括路遥与延大的关系了，两本书忠实地记录了路遥风华正茂的摇篮岁月。

《路遥的大学时代》首先描述了这所大学的光荣历史，一段由伟人与巨匠形成的灿若星河的历史，被描写得恢宏壮阔，气贯长虹。星光照耀下的这所大学，其厚重的革命历史与浓烈的人文氛围，是最丰沛的源源乳汁，哺育陶冶了一代又一代有志的热血青年，路遥作为后来者置身其中，接受的教养与熏陶更有鲜明的印记。就在那时，路遥宣称，要在四十岁之前干成一番大事业。他说，中文系的学生或者做政治家或者当作家，当政治家更有权力实现自己的理想。这样的志向，与母校的天赋背景有着密切的内在关系。后来，路遥曾经自我调侃，说他住的是亚洲最小的一所大学，其实，这是一种反讽，他真正想说的是，他所上的大学，就是精神世界思想领域深邃而开阔的高等学府，他为此满怀自豪与荣耀。

这本书由此开宗明义，具体叙写了路遥大学生活的方方面面，他在课堂聆听诸位优秀师长的讲授，他在课外苦读大量的经典著作，清贫的生活，无序的起居，丰富的娱乐活动，以及青涩的初恋，有趣的同窗轶事，都有具体且不乏生动的记载。更突出的是，本书撰写了在新的历史背景和时代潮流中，延安大学所传承的不要教条而要为实际服务，不只要学科学学文化，而且要学做人，以此为教育宗旨指导下的学习生活，这应该是营养路遥人格胸襟的乳汁，也应该是营养路遥智慧才情的乳汁。革命年代的延安大学学员，既要学政治、学文化，又要参加大生产运动。路遥的大学时代，对教育结合实践赋予了新的内容、新的内涵。路遥在校当班长时放了“三把火”：组织排演《长征组歌》，创作演出《我们生活在杨家岭》，率领同学下乡采风收集《吴堡民歌》，就是躬行延大宗旨的三次实践。延大坚持这种开放式教学，引导与组织学生走向社会，学工学农学文化，其间，让他们进榆林日报社当实习记者，编《延安颂》诗集当实习编辑，还特别支持路遥去陕西文艺杂志社做见习编辑，这些理论联系实际学用结合的一系列教学举措，对路遥的影响巨大而深远。同时，路遥自己更主动自觉地走进社会的大课堂，广泛地结交朋友，转益多师，在文朋师友中切磋交流，在艺术各门类高人中广纳博采。所有这一切，都无疑地开阔着路遥的视野与胸襟，深化着他的思想与意志，积累着他的智慧与才情，让这个深怀远大理想的青年，在梦想的道路上大步前行。

这本书，内容质实，不虚饰，不隐讳；文风质朴，不矫造，不浮华，是一部严谨的信史，显示了路遥日后成为著名作家的由来与必然。对研究路遥，对研究文学创作，甚至对研究教育教学，都是一把特殊的钥匙，开启了一扇别样的大门。

在政治严峻的年代，延安大学接纳了路遥；在社会转型的时刻，延大把路遥送上文坛；在经济拮据的岁月，延大为路遥筹款出版文集。如今，斯人离去多年，延大又用两本书，表达母校对她的这位优秀学子的眷顾，这是最为深情的眷顾，永远的眷顾。

路遥的三十周年忌日即将来临，我曾写过怀念老作家魏钢焰的一篇文章《野花祭》，其中写到路遥与这位前辈的一段重要交集，现在也用这篇拙文，对离开我们三十年的路遥再做一次野花之祭。

原载《文谈》系列丛书《太白漫笔》(下)

路遥时代的作家

1982年5月22日，参加纪念《在延安文艺座谈会上的讲话》四十周年活动的陕西省老、中、青三代作家到市场沟山上谷溪的“梧桐园”做客。胡采（前排右三）、杜鹏程（前排右四）、李若冰（后排右二）、王汶石（后排右三）、修军（后排左三）、路遥（后排左二）、肖云儒（前排右一）、谷溪（后排右一）、胡小海（后排左一）、鲁雄录（前排左二）、赵相红（前排右二）、卜昭文（前排左一）

延河月刊社春节茶话会后部分人员留影。前排右起：魏钢焰、牛玉秋、李天芳、李若冰、王汶石、胡采、路萌、杨韦昕；中排右起：李星（右一）、汪炎（右二）、路遥（右五）；后排右起：陈贤仲、解洛成、晓雷、董墨

但汶石老非常放达，他超然物外，从不问及单位的是是非非，也从不谈论个人的恩恩怨怨。如果谈文学，他总是高屋建瓴地提醒，一部文学史，就是一部创作史，离开了作品，一切都不存在。

天白未了雏年志

在渭南的这些天，忙得疏远了新闻，手头没有报纸，也就索性过起不知有汉、无论魏晋的日子。有天朋友看过我，走后遗下一份晚报，我也放置床头。直到过了几日，有点空闲，才躺在床头随意翻看消遣，但刚刚扫过一眼，就让我震惊得跳下床来，把报纸捧在窗前再去细读，不长的消息让我读了三遍，白纸黑字，确凿无误，一位我所尊敬的师长辞世了，这让我十分难过。

王汶石老先生病重住院反复过几次，几次都化险为夷，转危为安，安好后就一如往昔，这让人对他的生命力寄予了极大的信任。去年住院时的情况，要比往年严重，抢救时身上插着各种管子，特别是一条鼻饲管子和一根导尿管子，不只让他不堪忍受，而且已经让亲人难以承受了。我去医院探望时，汶石老又在喉管里被插进一根用作吸氧和吸痰的管子，让他连翻身的可能都没有了。他的夫人高彬对我说，作为亲人，都不忍心再看病人那样痛苦，病人几次都想叫拔掉那些管子。我劝她说，也许那样会让病人和亲人暂时得到解脱，但时过境迁，日后也许会因没有努力治疗到最后而让亲人后悔，还不如咬紧牙，下定决心，忍受眼前的折磨，帮助病人冲过这个难关，换来永久的欣慰。我说，这是秋冬交接的时刻，所有的病人都会在此刻面临严峻考验，冲过去就会是柳暗花明又一村的。我的设想变成了现实，春节前夕，汶石老的病体奇迹般地日见好转，竟至于拔除了所有管子，回家过年了。出院时，他用钢笔在便笺纸上写了一首七言绝句：

一线归来远风雷，
那堪向暮病魔围，
赖有天使细呵护，
喜见枯枝又绿回。

这是真正的绝句，虽是赠给全体医护同志“哂纳”的，但同时又是留给夫人和子女最后的墨迹。在这一次危险中，医生和家人都做了呵护的天使，使得汶石老又一次枯树逢春了。春节我去给他拜年时，他竟不顾要秩序性地机械吸氧，坐在床上天阔地广地纵论起了天下大事。

我在作家协会最初工作的时日，这位资深老作家给我的感觉与他作品留给我的印象大相径庭。作品所透视出的作家的确如邵荃麟先生所点评的那句名言：是含着微笑看生活的人。读他的《大木匠》《夏夜》《新结识的伙伴》那一系列精粹的短篇，时时让我忍俊不禁，甚至过了许多年，说起那些故事和人物，还能笑出声来。但生活中的他，却是一位不苟言笑、冷面冷目的王大爷。我虽然像尊敬任何一位大院里的前辈作家那样，从心里尊敬他，但平日却很少与他直接接触，更很少与他当面谈话。后来，我试着写小说，发表了一个中篇，想得到前辈们的指教，就硬着头皮也送他一份刊物。不长的日子，收到了他的回信，给小说极大的热情鼓励，甚至说想不到我竟是一个“讲故事的能手”，把他“震了”，男主人公“活灵活现”，三个女性“各有个性，形象鲜明，就像挂在墙上的一幅神态各异的仕女图”。这无疑是在我的艰难跋涉中亮起了一盏路灯，对我的人生轨迹产生了重大影响。此后我一鼓作气，便续写了两个中篇发表，并合成一本《苦爱三部曲》出版。他在那封信中热切鼓励的同时，针对小说存在的问题直言不讳，以至于我把这封信作为书的序时，有的朋友都感到十分惊讶。但我坚持这样做了，因为他的否定与他的肯定同样珍贵。我和李天芳的长篇小说出版后，他叫我们去谈意见，那是一次极为深入与广泛的探讨。他把小说读得很细，谈得很细，成败得失，长处短处，肯定得让我们感动，否定得让我们心悦诚服。他的一句话是让我们永志不忘的，他说，你们在陕北没有白待。什么时候想起这话，即使遇到严重挫折和泥泞坎坷，就感到有一阵清风拂过面颊与心头，顿生了一种莫名的温馨与勇气。

经过这样的耳提面命，我的心里再不畏惧冷面冷目的王大爷了，每遇春节，给别人拜年，也就要去给他拜年。平日不苟言笑的他，在这种时候就变得越来越慈眉善目，我们的谈话也就越来越海阔天空。作家协会这种单位的性质决定了和名利二字靠得很近，也就容易生出许多是非。但汶石老非常放达，他超然物外，从不问及单位的是是非非，也从不谈论个人的恩恩怨怨。如果谈文学，他总是高屋建瓴地提醒，一部文学史，就是一部创作史，离开了作品，一切都不存在。他的谈话，总有一种俯瞰的气度和囊括的力量。有时候，他就像一位参透万物的哲人，预言某部作品会引起轰动，某部作品会招来指责。他是那种“万物静观皆自得，四时佳兴与人同”的智者，同时又是“道通天地有形外，思入风云变态中”的战士。他在“文革”中挨批斗时患上了疝气，很早就行动不便；又因早年吸烟得上气管炎，气候变化就难以出门；后来又害耳病，失聪重听。但这些都没有完全妨碍他去关心国家大事、民族命运。80年代开始，城市里的改革，农村里的变化，都让他牵挂在心。第一年，我告诉他，责任田如何让农民有了吃的；下一年，我告诉他，栽苹果如何让农民有了钱；又一年，我告诉他，到处都在栽苹果，恐怕不是好兆头，他说他有同样的担心；再一年，我告诉他，因为苹果滞销，许多农民又开始毁树还田，他的两道浓眉紧紧地凝聚起来……年复一年，他的满头黑发变成了灰发，灰发又变成了白发，最后连眉毛也变成了两道雪岭……再与他谈话时，就有一种面对圣诞老人的感觉，似乎他只剩下一个祝福后人与安度天伦的使命了……然而，令人钦敬的事实是，这位岁暮老人的心里，依然是一片青春的天地。

十八年前，画家李琦为汶石老画了一群鹅黄绒毛的小鸡寄赠，题词曰：“辛酉鸡年，为生机勃勃之雏鸡造像，颇有兴致也。”汶石老接画，立即挥笔在画上作记：“喜获李琦辛酉赐鸡图，余年正六十岁，感慨颇多。”随之自题一首七绝于画上：

岁逢辛酉满花甲，
半世风云何须夸。
天白未了雏年志，
犹争一唱醒万家。

这画一直就挂在他书房的一面墙壁上，与之相对的书柜上挂着他的另一幅书法作品《千里》。我想这两个字已不是“千里之行，始于足下”之意，而是曹操的“老骥伏枥，志在千里”。一诗一书，十分明确地传达着“烈士暮年，壮心不已”的情怀……

春节过后不久，汶石老又一次病危住院。这一次抢救，他身上的各种管子让他连说话的可能都没有了，他只好拿起笔写下询问医生的话：何时能解放我？医生虽然又一次做了可敬的天使，没过多少时日，就取掉了束缚他的那些医疗器械，给了他重新解放的喜悦，但无法彻底修复他那些已经老化和残损的各种器官，也无法彻底改变他那极度衰弱的肌体。依靠药物维持生理机能的这位老人，精神领域里依然是春风化雨，生机盎然。他嘱咐夫人先搜集整理他的旧作，为他的文集做先期的技术工作，嗣后他要全身心投入地再度创造。思想空闲下来，他又询问我说过的苹果种植饱和问题解决了没有，苹果滞销会不会让农民难以承受，会不会影响粮食种植？前不久的一个清晨，医生例行查房问他：昨晚睡好了吗？他说：不好。为什么？医生警惕他的病情有什么变化，他却说：北约把驻南联盟的中国使馆炸了……医生瞅着这位危重病人宽慰地说，那事儿有党和国家领导人管，你少操点心。这位老人平生第一次腼腆地笑笑，没再争辩。但我想，一定有一句话在他的喉咙里卡着，那就是：国家兴亡，匹夫有责。这是六十年前，他在奔赴延安时就抱有的信念……

如今，捧着登有他猝然辞世消息的那张报纸，徘徊在渭南乡下旷野，遥望着蜿蜒东去的渭河，心里不时泛起浪花。

这河水流过的土地，曾是他小说中许多故事和人物诞生的地方，而在不远处的泾河旁的五七干校里，长时间的“斗批改”风暴带给他的是田园和岁月的荒芜，并把他过早地推向迟暮。他不甘心，直到停止呼吸的那个瞬间，仍然耿耿于他的雏年之志与千里之行。迎着麦茬地里阵阵吹拂的熏风，我为他的辞世拟发了电唁：

西安延安漫漫长途足迹永在，
渭水泾水茫茫大地风范常存。

原载《延河》月刊，收入《王汶石纪念文集》

智者之智

曾经有一位前辈对我讲过这样的事，柳青经常批评他不肯下功夫读书，说你看人家王汶石，蹲在茅坑上，手里还拿着契诃夫的小说在读，如今把契诃夫全集数十卷一卷一卷地读完了，小说咋能写不好？

距今五十年了，也是一个春天，在陕西作家协会大院里，有两个人正在进行有关文学创作的谈话。事后，被其中一位用日记记录下来，使我们有幸窥见了当代文学史上两位大家似乎平常而并不平常的私人交往和生活情状。

两位大家之一是王汶石。他刚刚陪同朝鲜友人游完莲湖公园，带着疲惫回到单位后躺下睡觉，朦胧中觉得有人推门进来，睁开睡眼一看，是柳青。他便一跃而起，招呼来人入座。于是，两位从延安走到西安正在描写新生活的战士作家，开始了一次关于艺术创作的恳切探讨。因为我看到的是王汶石的日记，他把双方的寒暄和无关紧要的应酬都略去不记，所以剩下的只是创作谈了。也正因为这样，柳青的许多精彩之论就如同王汶石所形容的，像火柴突然擦燃了，一次又一次地闪烁着亮光。

柳青一再劝告王汶石说，要考虑成熟，要看准，看准了狠狠地写下去，写到自己精疲力竭为止，可不敢走弯路。他建议王汶石应该离开蹲点的村子，说那里的东西还不够，许多东西那里没有，应该多花时间到别处看看，然后再把许多生活印象和自己熟悉的模特儿很好地捏在一起；应该特别注意写人，写出人的性格——思想性格……也就是说，以思想实质去创造，不可用生活路线的条文和概念；要把生活中的各种矛盾提炼出来，作家的功夫就在于把自己摸透的生活与从别处补充来的材料，捏在一起，看是否捏得成功。柳青强调，不要听那些骗人的话，以为生活中可以写东西，那是不可能的，因为周围许多人物时刻要闯进你的写作中来，干扰你，使你无法摆脱他们的自然面貌而进行艺术概括。只有当把自己已经交了朋友的那些生活中的人物忘掉了的时候，才可能不至于照他们的自然面貌描写他们；但是选择模特儿，选择作品的主人公却应该是写自己非常熟悉的，在生活中感受很深的人。不熟悉的、在训练班认识的人，不要去写，那是写不好的……为了印证自己的经验，柳青甚至举例说，他原先想以米脂县委书记为模特写四大部，结果写了十二万字以后也只得放弃……

出现在半个世纪前的这种艺术谈，即使到今天读来，都有一种振聋发聩的感觉，一些提法甚或至今都会有人质疑。但文学史一再证明，柳青的谈话，句句是甘苦之言，是切身体会，具有普泛的实用意义，为了不走弯路，即使今天，我们也仍可参考他说的去做。关于这些话需要有许多篇论文去阐释，而我在这里着重思考的是王汶石的态度。虽然柳青比王汶石年长几岁，但就资历和造诣来说，他们应该属同时代人，也都是同在战火中洗礼过的革命作家。可在聆听柳青的侃侃而谈时，王汶石并没有传统文人相轻的丝毫陋习，反而显示出无限的欣喜与尊敬。他在日记中写道，柳青像以往那样健谈，他想把自己所感到的体验生活与进行创作等各方面的问题都讲出来，看来，他是真诚地愿意在交谈中给类似我这样的人以帮助。王汶石把柳青的谈话视作真诚的帮助，当然虚心吸纳和倾心接受，这则日记本身就是这种态度的明证。他甚至进而感叹在文学工作者中这样的交流很不够，说有时谈到相互间的创作时，不免带着点官场气，使人不能畅所欲言，自由切磋，连以文会友的古人都不如，停留在座谈会上的那些洋洋评论多半是肤浅的未经深思熟虑的，因而也多半是不恳切的。

我对王汶石的这种精神风貌深怀感佩和钦敬。在读他留下的大量日记的时候，我处处时时留意他在广泛涉猎，虚心汲取，他几乎在每看到一部好书、一篇好文、一出好戏时，都要对所过目的作品在日记里进行细致剖析，优长，缺憾，像专家在写学术论文，也像学生在做家庭作业。读了高尔基论浪漫主义的言论，他就想到自己作品中人物、事件、题材、背景之间的关系，告诫自己，文学必须塑造出典型人物来，而要做到这一点，就必须摆脱那种缺乏艺术构思的，把笔锋拴在战斗、生产、工作过程上的拙劣描写，因为这种描写里用大量事实、事件和过程细节把人物埋葬掉了。由此生发，他又认定以一个巨大的社会事件作背景，从这个背景上选择一个突出事件，并从这个事件的人与人关系上提炼出巨大的思想主题来，突出地塑造参与这个事件的人物，并通过故事的展开，情节的发展，来展现人物的精神面貌与典型性格。他读过屠格涅夫的几部长篇小说，便总结其特点是：结构更完整，更紧凑，更精练，更清丽，更优美，更有戏剧性。但他同时注意到它缺少托尔斯泰的深厚，缺少契诃夫的深不见底、远不见天涯的处处流动着的那种浓重的气氛。

曾经有一位前辈对我讲过这样的事，柳青经常批评他不肯下功夫读书，说你看人家王汶石，蹲在茅坑上，手里还拿着契诃夫的小说在读，如今把契诃夫全集数十卷一卷一卷地读完了，小说咋能写不好？我相信这件逸事。因为王汶石的日记里记载了大量的阅读心得，从古今中外的名家名作、传世经典，到报纸杂志的流行新作，他都在广涉博猎，而且每读必定动笔，对所读作品条分缕析，而且阅读范围不为文学所限，对电影、美术、戏剧甚至音乐舞蹈都同样关注，每有触动，必记心得。比如看过朝鲜女功勋演员崔承喜跳舞，就在日记里论述，真正的舞蹈既反映了朝鲜人民的英雄伟绩，彰显了传统民族特色，又在形式上具有新的创造。对所有的创造，他都怀有一种如饥似渴的知识饕餮和一种虚怀若谷的精神贪婪。我读他的日记，常常自我感叹：原来如此，王汶石的智慧原来是如此这般获取的，是如此这般占有的，是靠这种刻苦自励和永不停息的功夫吸纳的。当然，这只是问题的一个方面。

作为一个智者，王汶石是谦虚的，但同时是清醒的。研究石鲁之后，他在日记中写道，作为艺术家来说，要虚心，要有自知之明，要永远不满足自己已取得的成就，但这一思想却必须以雄心壮志为前提，以不断前进作基础，以超过前人、以独树一帜、以在艺术上有巨大贡献为目标。否则，所谓自知之明，所谓谦逊，都会反而变成裹足不前的借口。在日记中他评论一些会演节目，没有进行艺术提炼，不能高于生活，把活人变成了机器人。他几乎是宣言式地写道：艺术家在进行创作的时候，必须有旁若无人的气概和自鸣得意的心境；必须既遵循前人的经验，又处处自创新路。他认为石鲁在这方面的作风，值得他的同辈战友们深思和借鉴。王汶石说，宁可一事无成，也应标新立异。艺术史上，一千人中有九百人在因循守旧，获得一时成功；有一百人在标新立异，其中九十九人一事无成，终生潦倒；只有一个人获得成功。但是宁可做这九十九人中的末尾，也不要做那九百人里的排头，因为那实在太没有意思了。

这就是王汶石之智，这就是智者王汶石。有了如此的认识，我们才能约略破解智者王汶石何以写出那些充满灵智与机敏的作品。

皇皇四卷《王汶石文集》，既收录了他的代表性作品，也收录了他的大量日记，就好像既交给你一座宝库，又交给你打开宝库的钥匙，所以捧在手里不能不感到格外欣喜。

原载《太湖》月刊，收入《王汶石纪念文集》

别样的教科书

腥风血雨之中，他在日记里时时剖析自己，制订完善自己的计划，并冒着连天战火去实践。读战争日记，读到的是一位年轻的知识分子在自觉地进行血与火的洗礼，在革命的熔炉中冶炼和锻造自己的那份执着与自觉。

有一本书，我早就应该读的，但不知平日穷忙什么，直拖到这个秋天才去读它，它就是旷世闻名的作家杜鹏程四十万字的《战争日记》。这部距今已近半个世纪的纯私人的笔迹墨痕，于今读时让我深深为之震撼。吸引我的，既有他拢括全篇的坦诚，比如他记叙读屠格涅夫传记，知道这位俄国作家四十年间始终不渝地热恋着一个女人，由此勾起自己失恋的痛苦，即使行军途中看到一个美丽的农村少女就会想起她的那一种灼疼；也有他的贯穿在字里行间的真情，比如他多次记述了由于行军打仗，无法去看望随着干部家属疏散转移的寡母而在心中涌动着“慈母手中线，游子身上衣”的缕缕感伤。但更为重要的是，一位二十六岁的革命青年，通过私人日记所作的内心独白与倾诉，竟然成为全面而真实的有关三年解放战争的一部波澜壮阔的史书，而且是那么绘形绘神、有声有色的一部史书。

日记是从党中央撤离延安前夕的坚壁清野写起，到内线防御的三战三捷，到内线反攻的沙家店战役，到外线反攻的宜川战役，到挺进西安，挺进关中，挺进大西北，一直到野战大军的红旗飘过天山，插上新疆南部重镇喀什城头。日记不但记录了我西北野战军横扫西北战场的辉煌历程，而且时时辐射出全国各个战场的军事进展，历时三度寒暑，纵横九州大地。更让人震惊的是，战争日记不纯然是军事记载，战争时期的各个方面，军事的、政治的、经济的、文化的，群众的支前活动，部队的思想工作，前方的流血牺牲，后方的土地改革……几乎当时生活领域的各个层面，都在这部战火纷飞中写成的日记里得以真实而真切的展示。时下评价作品，多角度、多层次、多侧面、全方位、全景式、史诗性……这些词语几乎被我们用滥，但评价老杜的战争日记不用这些词汇，似乎就不足以概括出它的整体面貌和真正价值。正是因为关于人民革命事业一段全景式的忠实摹写，才使它具有一部革命史书、斗争史书的品格，对我们缅怀过去和对待今天，就成了一部难得的生活教科书。对于在游戏机、巧克力、迪斯科和流行歌曲中成长着的青少年朋友，就格外值得一读了。读一读那些关于死、关于伤、关于累、关于苦、关于艰难沉重、关于浴血奋战的酣畅淋漓的记载，咀嚼它、吸纳它，就会获得时下令人眼花缭乱的种种保健补品所不可代替的滋养作用，它是另一种促人健康、促人清醒、促人生机勃勃青春永驻的一种特殊的营养品和强身剂。

说战争日记是教科书，绝不是说它就是抽象和概括出的干巴巴的政治课本。不，这是活生生的有血有肉的教科书，记录着活生生的人，活生生的事，还有作者活生生的感情和活生生的思索。你在这里能看到一位穿着土布衣服、土布鞋袜的活生生的杰出统帅彭德怀，朴素沉稳、超人智慧、军事天才，那么和谐地统一在一个人的身上。你也会看到一位活生生的王震将军，在弹雨横飞的指挥前沿，他会吼喊完不成任务我就砍了你的头，战斗一结束，他见了你，会问你多大年纪，娶媳妇了没有，要娶媳妇就要娶他们湖南女人，他说你根本不知道他们湖南女人有多么勤劳多么贤惠多么值得爱。日记中记叙的许多普通士兵都是穷苦农民出身，贫穷和困苦养成了他们珍惜一针一线的习惯，看见破棉絮烂绳头也捡起来缠在腰间揣在怀里挂在枪杆上舍不得丢掉，让作者感到又可笑又可怜。但作者同样记下了他们在一个战役之前会用咬破的指头写下遗书，把身上仅有的积蓄留下来交给组织，冲锋号一响，就抛却一切，挺身而上，勇往直前，为胜利献上他们的热血和头颅。什么是英雄主义？什么是牺牲精神？什么是崇高目标？答案就在这些平平常常的人物身上，就在这些平平常常的琐事之中。平常之中有着金子般的品格，太阳般的精神，你不能不被感动不被感染。日记还忠实客观地记录了某些不尽如人意的事情，字里行间会透露出他的感慨困惑，或者他的判断见解。在部队中对于同志的无端怀疑过激处理，他会表达不同的意见；土改中对地主的过分照顾和一律的扫地出门，他会认为是违背人民利益；有许多事情，他记述时含而不露，但细细思索，分明能感到内中的微言大义。打运城，他记述了敌人的殊死抵抗和敌我双方都付出的惨重代价，自然让人想起晋西北土改时的某些过火行为。对革命举措中某些得失的种种思考，使我对他过早的成熟深表敬佩。

写战争日记时的杜鹏程，不是作家，尽管他那时就有着浓浓的作家情结，时不时地把这样的心迹诉诸日记。看了《西行漫记》，他下决心写一部《被剥夺了灵魂者》；读了王若飞的事迹，他要写一本《领导之艺术》；读了西蒙诺夫的《日日夜夜》，他就自责为什么人家能把战争写成那样的好书而自己却不能……但他把这样的梦埋藏在心底，首先承担起现实使命，时刻牢记自己是一名随军记者，是一个战士。他深入到乡村最偏僻的角落和战斗的最前线，眼看着流血和牺牲进行采访，哪怕被敌人追得一天步行上百里，疲劳得眼皮抬不起来，但一停下脚步就趴在老乡的磨盘或灶台上去书写鼓舞士气的通讯报道。在前方指挥所里，他眼瞅着他熟悉的战士扑到敌人的火力口跟前，甩出手榴弹与敌人同归于尽，而他怀里则装着战斗前这位战友送给他的毛巾和纪念品。他写道，你要见过同志的尸体和鲜血，你要体验过炮弹撕心裂肺的爆炸，你就会觉得那种时时想个人的心情是多么卑微。怀着这样的心情，他做着战争中的各种具体工作。审查俘虏，组织担架，编剧本，写大事记，要他当组长他就为一组负责，要他当队长他就肩负起领导一队的使命。今日订婚，需要未婚妻在后方就留在后方；昨晚结婚，今早需要他去前方就去了前方。他在一本粗糙纸质的日记本封面上摘抄了车尔尼雪夫斯基的一句话：在人们所宝贵的东西中，最宝贵的是生活。他的日记真实地反映了他是生活的践行者。这日记的魅力之一，也在于记录全民族命运大变革的同时，记录下他个人的心路历程，痛苦、欢乐、恐惧、焦灼，一个普通的人所可能有的喜怒哀乐和酸甜苦辣的丝丝缕缕，他都一一如实地做了记载。腥风血雨之中，他在日记里时时剖析自己，制订完善自己的计划，并冒着连天战火去实践。读战争日记，读到的是一位年轻的知识分子在自觉地进行血与火的洗礼，在革命的熔炉中冶炼和锻造自己的那份执着与自觉。

战争日记还是毅力与意志的产物。战争中繁难的工作负荷与瞬息万变的时局，几乎消耗了人的体力和精力，哪里还会有适合写日记的时间和空间？但奇迹就恰恰在不可能中产生。敌人在后边追，在前边攻，天上飞机炸，地上大炮轰，就是在这种持续恐怖与紧张中，他或拄着枪杆记，或戴着草帽记，或坐在坑道里记，或伏在马圈里记。没有墨水，随身带一些颜料片，用时倒水化开，没有笔，用一根柴棍绑个蘸笔头。他的这件新式“武器”让独四旅的政委杨秀山十分感动，就命令后勤部特批他一支钢笔。十三团的政委、《保卫延安》中李诚的原型李恽和看见他的日记，禁不住给上边题写了一句话：一支锋利的笔，相当于一个精锐之师。杜鹏程就是带着这样的感情去记战争日记的，此后就带着这部日记写成了最初一百万字的大型报告文学，文稿中的人物全是日记所记载的真名实姓。后来，几度增删，几度易稿，最终变成了震惊文坛的小说《保卫延安》。面对小说，老杜自己说，虽然不是“满纸荒唐言”，却是“十年辛酸泪”。有位台湾作家曾对我说，他得知《保卫延安》小说初稿用麻袋装，在老杜勤奋严谨的精神面前自己感到耻辱。如果他知道了小说之前的战争日记的诞生过程，不知又将发出何等感慨！

长久以来，我只比较清晰于《保卫延安》之后的老杜，却朦胧着此前的杜鹏程；只迷恋着气贯长虹的《保卫延安》，却不甚了解何以形成《保卫延安》的无穷魅力。读过他的战争日记，这一切才豁然于心。我不禁询问老杜的夫人、作家问彬：老杜生前为什么不发表出版战争日记？我以为假若新时期开始之际发表它，其轰动也许不会亚于《保卫延安》。问彬不无感伤地告诉我，老杜一直痴迷于修改长篇小说《太平年月》，无暇他顾。即使看了她抄写整理出的战争日记，也只是淡淡地惊讶自己年轻时还能管那么多事情。他的受尽磨难的心脏无法最后完成《太平年月》的修改，为我们这个世界留下了一个期待弥补的缺憾。而在他心脏停止跳动之后，问彬把他的战争日记奉献给世人，却弥补了另一个几乎同样的缺憾。读了战争日记，我以为，杜鹏程绝不是文人意义上的作家，而是战士意义上的作家，是革命家。出土文物一样问世的战争日记，是与小说《保卫延安》具有同样福泽后人意义的精神财富，在建设精神文明的事业中，它是闪烁着异样光彩的无价之宝。

老杜一周年忌日时，他的骨灰在韩城的象山上安放，那日金色的秋阳下开放着满坡满岭的野花，送灵的每个人都争相采撷，把他的新坟装扮得灿烂夺目。我曾有感而想写一篇野花祭，但未及成文。现在老杜离世有十年了，读战争日记的感想就是我再编织的一枝素花，捧出以作心祭。

原载《延河》《陕西日报》

野花祭

在他心里，早已把自己和大庆这一面中国工业战线的鲜艳不衰的红旗联结在一起，早已与王进喜这样的英雄成了生死兄弟，即使经过浩劫，历尽磨难，那血脉无法剪断，那颜色无法冲淡。

人死之后，魂归何处，有着各种不同的选择。周恩来总理嘱咐把骨灰撒到祖国的江河大地上；胡耀邦同志要把骨灰埋在当年团中央创办的江西共产主义劳动大学校园；而心存遗憾的邓小平同志的骨灰一半撒在了香港的海水里。这些都能见出逝者的胸怀与所思所想，是他们的精魂作出的最后诗篇。

比之于这些领袖人物，诗人魏钢焰的最后一篇诗，则是写在了他一生血脉相连的大庆。

他的骨灰埋在一棵树下，那树像蜡梅，也像桂花，枝杆蓬勃，绿叶婆娑，七月的阳光很热，枝叶形成的绿荫，轻笼着他的墓碑，带来了一片凉爽。墓碑只有一尺高，是墨色大理石雕琢的，上面刻了姓名和生卒年月，其他内容只有两行——诗人、作家，陕西省作家协会名誉副主席。读过这样的人物简介，我不由得心潮起伏。老魏的这三顶头衔，都不是组织任命的。诗人和作家，是他的诗篇和文章换来的桂冠；名誉副主席，也是他诗文影响所及而受到特别聘任的职务。他的一生没做过大官，没掌过重权，没占过显位，也没领过高薪。他是一位经过战争年代枪林弹雨，也经过和平年代暴雨骤风的老一辈革命作家、战士诗人，一直用笔进行着永不疲倦的战斗和劳动。

20世纪60年代，是诗人的创作喷发期，他写雷锋的抒情诗《你，浪花里的一滴水》一经问世，就洛阳纸贵。此后的报告文学《红桃是怎么开的》《宝地·宝人·宝事》连续喷发，几乎是“每有所作，必臻绝唱”，不断在读者中引起冲击。

就在此时，关系着国家经济命脉的大庆油田建设拉开序幕，中国作家协会号召作家深入大庆体验生活，魏钢焰奋勇当先，从大西北奔赴北大荒，直接到了王进喜的钻井队，与铁人朝夕相处。据说，当时去大庆的艺术家不少，但与王进喜成为至交，彼此能不设防不隔膜无遮无拦谈话的，便是诗人魏钢焰。也许是惺惺相惜，灵犀相通，也许因为两个人都有率直坦诚而又豪放侠义的性格，总之，有话就说，有苦就诉，从来不掖不藏什么，对于对方，内心深处没有任何障蔽，所以很快成了刎颈之交。

不但自己扎根在大庆，诗人还同意将伴侣余敏调到大庆油田宣传部工作，把儿子调来当采油工人，自费锻炼。只留下三个未成年的女儿在西安上学，自己管理自己，最小的女儿那时只有七岁。余敏来时，给王进喜带了秦腔磁带、红辣椒面，让这位陕西乡党（王进喜祖籍陕西省大荔县——编者注）在北大荒过足了家乡瘾。而余敏受到的招待，却是她不喜欢的酸菜。早年在陕北的革命岁月，她吃厌了酸菜，后来一见就反胃。北大荒的气候也让人生畏，冬天冷得大便冻在屁股上，夏天蚊子像日本鬼子的飞机一样狂轰滥炸。三个女儿过暑假到大庆探望父母，体验了这种生活之后返校，在火车上道别时，突然为父母和自己的艰苦难过，抱着母亲号啕痛哭，一时惊动了满车厢的旅客。

但余敏坚持下来了，后来她总是要酸菜吃。诗人问她，你不是不吃酸菜吗？余敏说，现在这里的酸菜好吃了。这种变化体现在诗人身上，便是反映大庆的大作一篇接一篇地问世。他写王进喜的《历史的谱写者》，写英雄群像的《毛泽东之歌》接连发表，随之就让千千万万的读者热血沸腾。他的文章不只有大气磅礴、金戈铁马，同样有光风霁月、鸟语花香。在《绿叶赞》中，他写育儿园里一个小孩在墙角伤心痛哭，而育儿员却撇下不管，只去哄别的孩子，诗人愤愤，前去质问，却发现哭着的竟是育儿员自己的孩子，正在悉心照料着的全是别人的骨肉。这根琴弦轻轻地一拨，就让千万的读者心弦震颤。

正当诗人呕心沥血用如椽大笔为英雄立传的时候，一场政治风暴铺天盖地而来，夫妻双双都被关进牛棚。诗人那个自费当工人的儿子魏林刻，眼见一个个好人被当作牛鬼蛇神挨批挨斗，义愤填膺，从大庆跑到北京，直接递上一封抗议信：不许迫害老干部！后果可想而知：大庆有个魏林刻，很坏！“坏人”当然只能抓进大牢。住在牛棚里的诗人只怕妻子经受不了这种打击，趁着小女儿送饭就让她传话：告诉你妈，让她好好的……好好的什么？余敏知道是丈夫让她好好地活着，不能自杀。她在心里说：我才不自杀哩，我要看这种日子怎么结束。

无论是对于诗人还是余敏自己，这种经历并不陌生。诗人早在少年时代就经过这种风雨。他上的中学，是薄一波宣传共产主义的地方，他听了宣传很兴奋，就写标语到处张贴，结果被国民党抓进监狱。那时只有十四岁。从监狱出来，参加了共产党领导的抗日决死队，调到太行区火星剧团鼓动抗日。后来又调到陕甘宁边区绥德分区的抗大文工团，所在的组里有一个演《雷雨》中四凤、《日出》中小东西很有名的演员叫余敏，两人一见便很投缘。余敏看见这个被称作美男子、金嗓子的人天天在写，很是不解，问他写什么，他说写日记，问他为什么写日记，也不嫌烦，他说将来要当作家。余敏好奇，就看他的日记，这一看可不得了，发现这个人坦荡、诚恳，心里纯得没有一点杂质，立刻要许托终身。但此时想当作家的金嗓子，却在整风运动中莫名其妙地被打成了艺术至上的“托派分子”。余敏的闺中密友力阻余敏：他政治落后，是个非党员，还是托派分子，你怎么能爱他？赶快与他了断。但余敏说：他把历史讲清楚了，就不是托派。这个出了名的小东西坚定不移，死心塌地爱上了艺术至上的“托派分子”。在一孔连门窗都没有的土窑洞里，窑掌上挂一面中国共产党党旗，窑门口挂一道抗战文工团演戏的大幕，两人穿着已穿了两年早已油污不堪的灰棉军装，在土炕上铺上两个人的军用棉被，举行了一个庄严隆重的战场婚礼，然后就在新四旅里做宣传队员，随着纷飞的战火挺进，一直挺进到遥远边陲的乌鲁木齐……

斯大林逝世的噩耗传来，金嗓子情绪激动，提笔写成《宣誓》一文。有人看了，说这文章分行以后就是诗，金嗓子照办，寄给《人民日报》，一经见报，新中国诗坛就升起一颗新星。接着，诗人抒写修建湛江铁路的长诗《六公里》，抒写一个少年寻找八路军要求参加革命的长诗《草鞋进行曲》，这两首长诗相继问世，诗人魏钢焰从此名满天下。

魏钢焰原来一心只搞他的专业创作，但组织要求他轮流值班，当没人愿当的《延河》副主编。他接到一篇很有水准却似乎不合时宜的来稿，用之有险，弃之可惜，深夜几经请示主编，凭着艺术良心毅然发出此稿，反右派斗争风暴骤起，诗人立刻陷入旋涡中心。妻子说，不要怕，把你打成右派，我领着孩子陪你到农村去种地。诗人问，你不与我划清界限？妻子说，我知道你不反党，有人说你是真正的党员作家，这个评价我同意。在恶风苦雨里从没有掉过一滴眼泪的诗人，此时突然扑向妻子，相拥而泣。

在余敏眼里，丈夫就是真正的革命作家，他不论走到哪里，都会有革命的诗文问世，即使是匆匆的中越边界之行，也会写出一篇《国旗为什么是红的》，怎么就会成了反对革命的黑作家？他平日从不为个人争什么利益，对妻子儿女严格得近于苛刻，不准说自己是魏钢焰的儿女，说你们有本事干大事，没本事干小事，绝不要想什么特殊照顾，获取什么非分利益。他甚至告诉子女，办公室的用具是单位分配给我的，信封信纸你们都不能用。这样的人，怎么会是牛鬼蛇神？余敏相信自己，更相信丈夫，相信总会有走出牛棚的一天……

他们走出了牛棚，却无法走进他们钟爱的正常工作，在偏僻的山村过着拉风箱做饭吃的日子，扛着锄头下地，点着油灯补衣。此时，有人要诗人为一家电影厂写一部命题电影，答应写成之后，把他们夫妇调回城市。诗人说："实在对不起，我不擅长写电影。"他断然谢绝了迷人的诱惑。因为在他心里，早已把自己和大庆这一面中国工业战线的鲜艳不衰的红旗联结在一起，早已与王进喜这样的英雄成了生死兄弟，即使经过浩劫，历尽磨难，那血脉无法剪断，那颜色无法冲淡。早在丢下女儿离开西安到大庆的那个时刻开始，他就立下了一生为大庆的英雄和大庆的土地谱写历史的壮志，也就拒绝了一切浮华和舒适的诱惑。现在风暴过去，他又能来到荒原，寻找失落的灵感与激情，挽回错过的蹉跎岁月。

这一次来大庆，已没有了小家，他要交钱在灶上吃饭，不收钱他不干，惹得油田的党委书记发火。但他不发火，他说这是应该的，他是来进行创造的，不是来享受的，是来奉献的，不是来索取的，他的铁人兄弟就是这样度过了短暂而光辉的一生，他也得这么对待生命。关于铁人和大庆他还有许多文章要写，那是写生死相连的土地，写生死相交的弟兄。那个风风火火生龙活虎的王铁人已经不在了，但他的足迹无处不在，他的豪情无所不在。诗人怀着感伤和惋惜写着《忆铁人》，为一位逝去了的生死故交谱成了一曲远近传唱的挽歌。

然而这也是诗人为自己谱成的挽歌，成为他一生事业的绝唱。在诗人的心结里，不管风剥雨蚀，岁月的风尘总无法让他心中的火焰熄灭，深知诗人的智者王汶石，满怀欣赏之情吟诗作书相赠：

烽火卢沟走太行，
延水天山留华章，
向暮犹恋铁人吟，
梦魂常系北大荒。

诗人把这相知相惜的赠诗装裱起来，挂在书房，鞭策自己，续写辉煌。但很遗憾，上帝留给他再创造的时日不多，让他魁梧健硕的身体过早地衰竭，过早地告别了他的创造生活。

他的文学成就早已留在史册，却有人莫名其妙地对他说：人家是国家一级作家，你是陕西一级作家。听了这话，妻子立刻愤愤不平，说怎么人家是国家级，你是陕西级？诗人一笑，劝慰老伴，你当年背背包往延安走的时候，想没想过将来要什么级？老伴说，没有。他说，既然那时没想过，现在就不要争，即使评了陕西级，也说明国家没有忘了你，你还要争什么？

这位从十四岁开始为革命坐牢，十七岁为抗日参加决死队，又冒着解放战争的炮火进军新疆，新中国成立后在陕西作家协会工作三十余年的革命战士、文学前辈，居然没有单独提过一次工资和级别，直到七十三岁去世时，仅仅是个 14 级的行政干部！站在他的墓碑前，不能不让我感慨万千。

在作家协会大院里，我们一起生活过十五年，给我最深刻的印象，就是他的淡泊与宁静。他总是一大早在大院认真地锻炼身体，回到家就不知疲倦地读书写作。他很少在公开场合抛头露面，从不追求物质待遇、地位名分。那年作家协会换届，我是秘书长，多次登门说服，费尽口舌，他才勉强出席会议，打破了他一贯坚持不在虚浮场合出现的惯例。

但他对文学的关注却一时一刻都不停歇。发现他认为的好作品，由衷赞赏，发现他认为不好的作品，就率直批评。对于晚辈文学工作者，更是悉心关注，臧否分明。我曾经赞许过一部作品，他不同意，趁着我给他春节拜年，就声色俱厉地批评了足足半个小时，那种严厉让我铭志不忘，因为给了我许多深入的关于艺术的思考和关于人生的启迪。我和李天芳的长篇小说出版以后，他仔细读过，在书中又勾又画，随处点评，给我们详详细细谈了整整一个上午，该赞扬就赞扬，该批评就批评，绝不虚与委蛇。路遥的《平凡的世界》问世，他与路遥谈了一天，百万字的书本里写满了眉批，后来路遥拿去一套新书换回了那套眉批过的旧书，这部魏氏点评的《平凡的世界》，实在应该看作是诗人留给文坛的另一个人生脚本。

当年在大庆生活的时候，诗人就与妻子说过，将来要把骨灰埋在大庆。诗人去世后，余敏让子女们完成父亲生前的心愿。如今，诗人长眠的地方，就是当年大庆油田会战的中心地带，那里至今保留着当年创业时的情景。第一座肩扛手拉弄来的六十吨重的高二十七米的钢铁井架依然凌空耸立，旁边就是依托它打出的大庆油田的第一口油井。几近半个世纪过去，这口油井依然汩汩地涌流原油，油井旁还保留着当年点油灯睡通铺的干打垒破房，还有燃篝火、吞冰雪的地窝子。这片如今野草凄迷野花乱眼的地方，人已经来得少了，但诗人安睡在这里却很坦然，也很适意。他生前尽管名篇迭出，声名显赫，但并不企求享受鲜花与红地毯的荣耀，只愿与风云为伴，与奋斗结缘，如今安卧在一片曾经摇天撼地的旧景之中，应该就是他的最大满足了。

在这寂寥而落寞的旧地，人迹罕至，万籁无声，没有别物可作祭品，只有茵茵碧草中的野花开得自在而烂漫。我们徜徉在艾蒿和荆棘丛中，采摘来金黄色的野菊花和粉红色的打碗碗花，用纸巾细细地擦拭过那低矮的墓碑，然后把花恭恭敬敬地献在碑前，深深地鞠了三躬，虔敬祭奠。

诗人逝世的时候，我正倒大霉，一时无法写成片言只语的文字，多少年来都觉得不安。现在终于有机会作一次野花祭，而且能亲自告诉诗人，他的老伴这几年一直为出他的文集奔波，这诗文集很快就要面世了，他应该感到欣慰。

诗人曾经生活的荒原，如今可是处处繁花茂树，处处波光水影，遍布大庆土地的采油机，一俯一仰地工作着，仿佛是一群群虔诚的膜拜者，在向长眠这块土地上的故人永远地致敬。

原载《延安文学》双月刊

翻鏊子的艺术

陈忠实高出他人的是，别人可能在一件事一个人的描写上只拐了两个三个弯，而他的《白鹿原》在一件事或一个人的描写上，却拐了七个八个甚至十个弯。

白鹿书院的朱先生有许多精辟而独到的高论，其中一例，便是把白鹿原比作一只翻烧饼、摊煎饼的鏊子。这比喻使人过目不忘，原因在于它的概括准确与形象鲜明。陈忠实笔下的古白鹿原，时而奋起反抗的农民把土豪劣绅塞在铡刀下切掉脑袋，时而又是反扑回来的土豪恶霸把农运积极分子用一根绳子抽吊到半空，又猛然间抛下来蹾死。国共两党，时而合作，时而决裂，时而是推翻帝制的盟友，时而是内部仇杀的死敌，时而“国”字占了上风，时而“共”字掌握主动，颠来倒去，反复无常，使读者眼花缭乱。

《白鹿原》中出现的人物及其生命轨迹，与这种事件的繁复性如出一辙，几乎所有主要人物的经历都如同鏊子上烙烧饼一样，翻了无数遍。那个长工的儿子黑娃，从对书籍毫无兴趣的憨朴学生，到拐走了举人老婆的莽汉，到交农运动中的先锋，到落荒而逃的土匪，再到光宗耀祖的保安营长，再到举起叛旗的起义人士，而最终又变成一个被革命政权处决了的屈死冤魂。那个族长的儿子白孝文，忽而是道貌岸然的条件合格的家族统治的接班人，忽而变成被女人拉下水的偷鸡摸狗的伪君子，忽而变成富家勤劳节俭的庄稼汉，忽而是吸食鸦片的大烟鬼去讨吃一顿舍饭，忽而是倾家荡产的浪子，忽而是改邪归正的君子，忽而是杀人不眨眼的反动派的猎犬，忽而又摇身一变成为混迹于革命队伍中的有功之臣，甚至变成庄稼人眼里的皇上、人民政府的县长，却最终用一声黑枪打死了凛然正气的与他有着手足之情的黑娃，从而暴露出自己的卑劣狰狞的恶鬼面目……

我以为，这种翻鳌子的笔法，翻出了《白鹿原》这部小说不同于其他长篇小说的高效应。阴阳交替，二律背反，矛盾置换，对立统一，翻鳌子翻出了作品深邃的哲学底蕴，而这种哲学蕴涵不是外加的，是化在生活事件之中的，因而也就显示了生活的深刻与复杂。而人的生命轨迹的这种翻鳌子式的描绘，使得一个个人物犹如斧凿刀刻出来一样，真切真实得就如同你的父母兄弟。他们的乐极生悲，否极泰来，福兮祸倚，祸兮福随，时而山穷水尽，时而柳暗花明，时而置于死地，时而突露生机，淋漓尽致地显示了人事沧桑，反复无常，吉凶难料，神鬼莫测，那种命运感的不可捉摸，沉浮荣辱的绝难意料，都是真实社会和真实人生的令人惊悸的投影。没有这种翻鳌子式的描写，是决然不会产生这样的效果的。说白了，这种翻鳌子式的笔法，就是转折，就是拐弯。生活没有直线，唯其把拐弯显示出来，才显示了生活；人生没有直路，唯其把拐弯显示出来，才显示了人生。

陈忠实高出他人的是，别人可能在一件事一个人的描写上只拐了两个三个弯，而他的《白鹿原》在一件事或一个人的描写上，却拐了七个八个甚至十个弯，这就使这部书的描写显得入木三分与力透纸背。

当然，不仅仅如此。陈忠实在描写事件与人物上大起大落、大开大合的同时，在情节与细节的设置上同样不停地在翻鏊子。鹿子霖因死乞白赖、威胁利诱，实现了与田小娥的性享受，但作者的笔触一转，故事发展成田小娥发觉鹿子霖把自己当枪使的卑劣行径，终于在他癫狂得欲仙欲醉的时候，骑在他的脸上尿了一泡。白孝文以一个族长继承者的身份，以庄严神圣的乡约族规，用刺帚血淋淋地处治田小娥的偷情事件，没料到时隔不久，他却栽倒在田小娥的胯下，以同样的罪名被绑到同样的耻辱柱上，受到同样血腥的惩罚。鹿兆鹏明明被五花大绑押送到国民党的刑场上被处决了，但作者的笔锋一转，被击毙的竟是县城监狱中的一个刑事犯，共产党人鹿兆鹏却从冷先生牛车上的五麻包草药中间钻出来了。整个白鹿原的民众明明悲痛欲绝地安葬了一位抗日的民族英雄鹿兆海，但作者的笔锋又一转，这位民族英雄原本不是献身在抗日的中条山战场上，却是被打死在进犯共产党领导的抗日根据地陕甘宁边区的内战中。那个白鹿原精灵似的纯洁可爱的白灵姑娘，怀着无比美好无比崇高的人类理想去投奔革命圣地，不期却被混迹于革命营垒中的邪恶势力活埋了。陈忠实真是运用转折的好手，他用他的一支魔杖似的生花之笔颠来倒去，把故事情节设置得无比生动与丰富，时时把读者引入胜境。至于细节的描写更是这样。读者绝不会忘记那个有着字与龙两面而被翻来翻去的铜圆，也绝不会忘记黑娃吃下一块甜美得震荡五脏六腑的冰糖而又最终在豪绅的大包冰糖上撒了一泡尿；鹿子霖的儿媳妇偷偷给公公的饭碗里塞了一撮牲畜草，最终却又被公公给儿媳一报一还；白嘉轩明明是穷困中急于传宗接代娶妻卖地，但几经转折，折出来他的真实目的却是用一个计谋把鹿子霖的风水宝地换到手。

《白鹿原》中的这种描写可以说贯通到全书的每一章每一节中去。甚至于连全书使用的叙述语言与对话都充满了曲说而非直说，让拐个弯儿的语言充满了机警与智慧的色彩。

《白鹿原》这种翻鏊子的笔法，使得全书潮涌浪滚、旋涡深卷、波澜迭起、妙趣横生，既反映了生活的深刻性、真实性，又展现了情节的生动性、丰富性，同时揭示了人物的复杂性、可信性。它的哲学底蕴使人长久沉吟，回味无穷；它的艺术魅力使人目不暇接，荡气回肠。这是真正的长篇小说的艺术。我以为，翻鏊子的本领就是长篇小说的艺术，翻鏊子翻得越勤越自然越准确，小说的魅力就越强越激荡人心越耐人咀嚼。但这种翻鏊子的本领是参透人生与不断进行生活和艺术的积累从而形成的一种硬功夫。没有对人情世故的透彻洞察，没有在长期艺术实践中的惨淡经营与沉淀蓄势，那个鏊子举起来是翻不了几下的。

原载《陕西日报》

志安目光的焦灼渐渐散去，渐渐换上他平日收到用稿通知之后的那种喜悦的快慰神情。所有在病床边的人都如释重负，终于为这绝望中的人解答了最让他牵肠挂肚的问题，也都落下颗颗空悬着的心。

绝笔

路遥在弥留之际为这个世界留下两个字，那是在一位青年人的职称评审表上表示同意的签名。虽然他已经百日几乎没有进食，靠输血和输液维持生命，全身肌肉日渐萎缩，手臂也已难有提笔之力，但这个生性好强的人鼓起全身的力气，咬紧牙关，仍把他的名字写得如同平日所写成的那样，一笔绕到底，最后把那个遥字的船坐得强劲而飘逸。当然那笔画处处是颤抖的印痕，就像心脏仪显示屏上那一刻曲曲折折的波幅，虽然表明他的生命行将结束，但那线条之间所显示的内容确是异常清楚。

相较之下，邹志安留给我们的绝笔，却是一团迷雾。那天去医院看他，他的病情已经十分恶化。慈祥和善的女医生告诉我们，放疗之后，他的肺部虽有所改善，但放疗后期，出现了转移症状：乏力加重，他的右侧胸廓疼痛，肝脏肿大，六七项功能都不正常，血液中的胆红素排除不了，全身发黄。医生断定，那种凶恶的细胞已经转移到他的肝部，引起肝功能衰竭。我的心胸间突然又一次地震，心似乎又垮下来一块，两个月前，就是因为肝功能全部衰竭，送走了四十二岁的路遥，难道志安也让我们再一次撕肝裂胆吗？我们都意识到事情的不妙，路遥的心脏最后停止跳动，就是这般模样：全身乏力，饮食难进，肤色犹如蜡一样黄，黄中透亮，闪烁着不祥的光。

我想让志安再一次鼓起勇气，就拿各种发笑的话题逗弄他，这是我一贯的策略。我每次去看他，都不纠缠有关病的话题。我知道他害的是顽症，消灭病魔，靠的是医生，我的任务，是要从心理上把他从病的困扰中拉开，不论在他发现病情后服用中药时，恶心发呕，还是在他最初化疗时，剃光的头皮上画上一道红线条，抑或在他化疗后病变转移又只好注射拉克细胞，我都尽量地与他东拉西扯，以至于谈情谈性，胡乱给他寻开心，他也真的常常笑得前俯后仰，笑得眯起他那狡黠又略带羞涩的细眼，噘起他鼓突起的嘴巴，偎在病床上搂起他的双腿。然而这一次，我们却无法说笑了，他已经精疲力竭，不能坐，只能靠人扶着半躺在床头，喉咙里像卡着什么那样不断发出呼噜呼噜的声响。他的妻子说他有事要说却无法说话，就撕下一页稿纸铺在他的眼前让他写，他提起笔，抖得写不成字。那笔落到纸上，就像竹竿撑在冰面上，恣意滑动，笔下出现的是歪歪斜斜的线条，或竖，或横，或平行，或交叉，但没有一笔不是颤抖的，最后形成的是四团莫名其妙的痕迹，就像东方巫师所画的神符。

面对着这谜一样神秘的符号，我首先无法抑制内心的悲哀，这个曾经生气勃勃地连续写出七部长篇小说、几十部中篇小说、数以百计短篇小说的作家，一生流利晓畅地写下几百万字，那么潇洒，那么自如，如今手中的钢笔却重若千斤，难以挥动；当年说话就像机枪扫射一样的快人快语的关中楞娃，那么犀利，那么明彻，如今却难以表达一句话，难以吐出一个词甚或一声感慨、一声长叹！为文之苦，竟至于此，怎能不让人万箭穿心呢？

一年之中，我曾多次去看望志安，至今使我难以释怀的，是他脸色的变化。他曾经面色红润，皮肤光泽鲜亮。一旦病魔侵入肌体，便显得惨白憔悴。这大约一则由于病理引起生理变化，二则由于心理的突然刺激。及至入院化疗以后，他突然变得如煤炭一般黝黑，让人难以相认。在他不能继续化疗而改为服用中药以延续生命的日子，我去看他，他的脸色完全变作土灰，没有一点活气，我心里暗暗痛苦地闪过面如死灰那句成语。而此刻，他像蜡人，脸色黄中透亮，闪烁着不祥之光，而且最让人揪心的，是他已经不能说话，只能用最后的力气留下这几个玄秘莫测的符号了。

这些神秘的符号到底能潜藏着什么？要他问答，他不能说话；要他用笔，他写不成字。只好对他附耳说，由我们提出问题，他只用点头或摇头表示肯定与否定，他点点头表示同意，于是我们问，是不是谁欠了他的债？他摇摇头。是他欠了谁的钱？他也摇摇头。问他是不是想见嫁了远方的女儿？他又摇头。是不是担心儿子升学不顺？他还是摇摇头。是不是操心老母亲没人照管？我们说，你的母亲就是我们大家的母亲……他已有些厌烦，既不点头也不摇头了。我们一个个束手无策，面面相觑地徒叹奈何！

也许真有心电感应，不管我们如何隐瞒，就在这时，志安的老母亲感觉到儿子的病情有变，要来医院探视。这老人家已年过古稀，满头白发。以她的高龄来看望弥留之际的儿子，刺激太大，况且机关离医院较远，数九寒天，万一老人雪上加霜，有个三长两短，更加悲惨。我不主张老人这个时候去医院。但转念一想，如若此时不去，一旦志安不测，老人没有见儿子最后一面，儿子没有看到老母亲最后一眼，也是人间遗恨。斟酌再三，还是把这位颤颤巍巍的母亲送到病房。出乎所有人意料的是，这位含辛茹苦的老农妇，却表现出令我们惊讶的刚强和清醒。她挪动着一双小脚靠近儿子的病床边，冷静地慈祥地伸出那双勤劳一生的手，开始摩挲儿子骨瘦如柴的病体。她缓缓地抚摸着，从头到胸，从胸到腿，从腿到脚，儿子每一块肌肤都是她的心头肉，她的抚摸凝聚着最深的母爱和最惨痛的生死离别之情。所有在场的人的目光，都随着她的手指的移动而移动，都在阅读人间这最崇高而又最感伤的诗。突然，老母亲的手停止在志安瘦削的蜡黄的脸颊上，对着志安那充满复杂情感的眼神说："娃呀，你往高的看，往远的看，往大的看，世上的事都是空的，只有人在才是要紧的。你的病能看好，好好看病。"母亲用她饱经忧患与沧桑的哲理俯瞰生活，阐释生活，来安慰垂危的儿子，"你有什么话就给妈说。"她把儿子的手放在自己的掌心等待回答。她的镇定和明晰使所有在场的人震动。但是，她的哲学却并不能使垂危的儿子全然接受，也没有解开儿子在纸上留下的团团迷雾。一颗清泪涌出志安无力的眼帘，滚过腮边，他还是既没有摇头，也没有点头。老人给儿子把被角掖了掖，临别说："家里的事你都放心。你有事，妈再来。"老母亲挪动那双小脚颤巍巍走出病房。一离开病房，她就捂着多皱的脸失声痛哭。她意识到上苍留给儿子在这世界上的时日不多，但也许并没有想到这是生离死别的最后一面。过了一天，她的儿子就溘然长逝。

重要的问题还是志安画出的那些符号。我们都明白，这是一个人集聚起残留的力量和思维提出的最为重大的疑题，如果我们解不开这谜，在这濒临深渊的时刻，他将难以安宁；如果离去，他也将难以瞑目。志安平躺在病床上，皮包骨头的四肢和躯体一动不动，他连颤抖一下的力量也已经消失。他的头颅平放在枕头上，面对着天花板，眼睛痴痴地睁开，那眸子不会再像平日那般羞涩而狡黠地眨动，似乎是在注视着他所询问的那一个方位。他的嘴巴已不能合拢，短促地呼气，似在不断地重复询问同一个问题。他的双唇发干，皱起层层干皮，要不断用棉球蘸水濡湿。我坐在他的床边，一手捧着茶杯，一手拿着棉球，不断蘸水涂抹他那干裂的口唇。他像一支蜡烛经过长时间熬尽了蜡油，残焰即将熄灭。那烛光中不断闪回他的形影。我认识他第一面时，他穿着对门襟夹袄，小口布鞋，短短的偏分头，俨然一个乡下的放牛娃。及至他名声显赫，仍然是他的对门襟袄，小口布鞋，短短的偏分头。只是近几年，农民已经普及西装，他也才穿上了后边开衩的衣服。但是他仍然吃着低标准，吸着劣等烟。随着创作量的不断递增和创作质的不断提高，他那劣等烟瘾不断加重，终至于那种致命的细胞乘虚而入，首先吞噬了双肺，现在又侵袭了他的全身。平躺在枕头上的头颅依然保持着偏分头，只是那头发已经稀疏，裸露出头皮，头发也不再润泽，像枯干的细枝。他用他的小说为这个世界形象地提出和形象地解答了许多人生的课题，现在把最后一个问题推到我们面前，难道我们不能使他得到一个满意的答复吗？

在大家一筹莫展的时候，京夫来了。他忽然想到志安的关中风情系列长篇的第一部已送交出版社，是否作者放心不下这部作品的处理结果？于是他拿来纸和笔，写下出版社的名称和这部书责编的名字展示在病人那双茫然的失神的眼前。令大家惊讶的是，这页纸就像一道亮光照射向志安，他就像突然间被注入活力。他眼睛发亮，扫视纸页之后，即刻鼓起力气点点头。京夫立刻在纸上写道，责编已经来了信，说长篇已通过终审，决定出版。志安目光的焦灼渐渐散去，渐渐换上他平日收到用稿通知之后的那种喜悦的快慰神情。所有在病床边的人都如释重负，终于为这绝望中的人解答了最让他牵肠挂肚的问题，也都落下颗颗空悬着的心。我手中留下他疑团的纸页似乎已经没有用处，但我舍不得丢掉，轻轻地夹在我随身携带的工作手册中。过不多久，志安喉咙中那阻滞不通的呼噜渐次减弱，以至止息，那双痴呆呆的眼睛慢慢闭合，干裂的嘴唇也慢慢合拢，终于，辛劳四十六年的心脏停止跳动。送去太平间之前，我又慢慢揭开盖在他面颊上那方雪白的布巾，久久凝视他清癯的面容，那狡黠而羞涩的双目安详地合拢，直率的而常常噘起的嘴唇安详地紧闭。仍然是偏分头，仍然是小口布鞋，小口布鞋伴随他走完短暂而充实的一生，他穿着小口布鞋，扬着他的偏分头，到另一个世界憩息安睡去了。

多年来，我经常打开工作手册，也就常常让目光停留在夹着志安绝笔的那张纸页上，不断思索那四个符号所能包含的深意。路遥弥留之际，得知有人为出他的文集已筹好经费，连连说：这一下出书有希望了，我感谢，我感谢。但没来得及看到那精美的五卷本。杜鹏程弥留之际还在夜以继日撰写他作品研讨会上的发言，但他没有等到研讨会的召开就撒手人寰。饰演《甲午风云》中李鸿章的王秋颖，弥留之际忽然喃喃呓语：“何人在二堂喧哗？”邓世昌的扮演者李默然分开医务人员扑到病床前单腿打千道：“标下邓世昌前来叩见中堂大人！”于是两位艺术家紧紧相拥，泗泪交流，王秋颖在李默然的怀中安然辞世……回想这些，我又一次打开工作手册，注目于志安画的符号，回想着京夫解答他的问题，回想着他最后安然长睡的神态，也就忽然回想起去年春天领取征文奖之际，他所写的题作《不悔》的获奖短文，那是他得知身患绝症之后发出的心音。我凝视他留下的纸页，看着看着，那一团符号，竟然成了四个特别清晰的大字——生命无悔！

原载《延河》月刊，《陕西日报》《中华文学选刊》《作家文摘》选载

最后的『圣旨』

在生命之灯即将熄灭的一刻，他又亮起最后一丝残焰，把公正的理性与悲悯的情怀凝聚成一份特殊的嘱托，捧起来沉甸甸的。突然忆及我们有关“圣旨”的玩笑，我却无法再笑起来……

翻检整理旧物，意外地翻出邹志安曾经写给我的两张便条，忽然想起他离开我们已经十年光阴，心里一时黯然起来。

志安和我年龄相差不算太远，同属一代人，先后进入作家协会，我进《延河》编刊物，他进创作组搞专业写作。我们都来自穷乡僻壤，真正的布衣之交。在一起的时候，很随情随性，只要对话，就一副流氓口吻，胡说浪谝，恣意放纵。他攻击《月亮的环形山》，调侃说，陕北的万货(陕西方言，音 wān huǒ，意为主意多或开玩笑骂人是什么玩意儿——编者注)还真不少！我则还击《睡着的南鱼儿》，严肃道，你就只知道个这！我引用的是小说主人公南鱼儿拒绝丈夫性要求的一句话，他无法招架，落荒而逃。

一天清早，我吃完早点上班，刚走到巷口，见他弯着大虾似的腰背一闪一闪地迎面而来，腋下夹个报纸包。我就喝问：这么明丽的清晨，这么轻柔的和风，朗朗乾坤，恢恢法网，你要去哪里搞破坏活动？他把小偏分一扬，噘起嘴故作惊异地问：你属于中情局，还是克格勃？怎么知道我要搞破坏？我说：你胳肢窝里夹的不是炸弹吗？他诡秘一笑，压低声音说：不是炸弹，是花带，看过了，赶紧给朋友还去，要是公安局知道抓住，最少判七年！那你不就撞上大运了？我揶揄他说：知道不，车尔尼雪夫斯基坐一年牢，写出一部《怎么办》；陀思妥耶夫斯基坐一年牢，写出一部《罪与罚》。你坐上七年，不就把婚姻爱情心理探索系列完成了？不不，他连连摇头，要真的进去，还得麻烦你到监狱去捞人哩。免了吧，给你另看一个玩意。说着就把报纸包着的东西递给我，迈着细长的双腿一闪一闪大虾似的走开了。我打开报纸翻看，是他一摞《访苏见闻录》散文稿，夹叙夹议，描景抒情，林林总总，共有十节，稿末附有一张给我的便条："闲来无事，写点散文骗点稿费。若以为可，请尊大笔再改。若不好，还我则可。祝你好运！"以下是署名与月日。他署着 11 月 6 日，没署年。现在回忆起来，那应该是他从苏联访问归来的 1990 年。

那时的志安，兴趣不在散文写作。他没日没夜地抱着金庸的武侠小说一部接一部地苦读。金庸热那时还没有兴起，他却很早就对金庸情有独钟。也许，金庸的书激活了他的想象力；也许，金庸的书引发了他的激情；也许，金庸那种从容娴雅一波三折的叙述才能濡染了他……总之，那个时候，他的生花之笔犹如扭开的小说龙头，源源不断地喷着短篇、中篇和长篇。《眼角眉梢都是恨》《心旌，为什么飘摇》《迷人的少妇》《女性的骚动》，一系列长篇小说相继问世，弄得人目不暇接。他的小说创作如日中天，已届全盛，人也刚入不惑之年，风华正茂。我至今记得他从苏联回来的模样。他平日着装很土，小口布鞋，对襟布衫，而此时，西装革履，油头粉面，加上他修长的身材，机敏的反应，不但变得洋气，简直就是潇洒倜傥，万种风情。此时他的小说如火如荼，确实无暇眷顾散文，但我们这一代人与苏联文学艺术的特殊联系，与苏联生活和变革道路的特殊联系，决定了一种浓浓的苏联情结。正是这种情结在访问中得到触发，使他不吐不快，乘兴写了所见所闻，时而煽情，时而谐趣，读来饶有兴味。但相对于他的小说，他大概不大看重这些作品，就戏言骗点稿费，这种自嘲自谑也流露着他率真幽默的秉性。

又一日，他在大院碰到我，询问稿子处理的意见。我说，就按你的手令办。他说，手令是林彪的用语，是政变的命令。我说，那就按你的手谕办。他说，手谕是蒋介石的用语，是暗杀的信号。我说，那就按你的圣旨办。圣旨？他噘起嘴笑了，圣旨是皇上的专有用词，我怎么可以僭越？我装作毕恭毕敬地诺诺连声，回答他说，对我来讲，你这大作家一指宽的便条就是圣旨，我只有照办的份儿，哪里敢有半点含糊？他一捋小偏分，故作庄严道，那就混两个糊口的铜板吧。与志安在一起，正经不起来，也就沉重不起来，他经常带给我的是快活。但他的另一张便条，却让以往的快活与轻松蒙上了阴影。

这是一封替别人说话的短笺：

听说解师要走，不知办公室是否有换刘师之意？若有此意，你保一下如何？现在找一个好的看门人不容易。刘师这人心细，收信、分报都挺认真，轻易不回礼泉去，倒是婆娘常来。他跟我算乡党，情况我了解。唯一的缺点是：话少，不会跟人吵架！将来专找一个厉害的跟人去吵架就行了。

这事拜托你了。其实刘师是成章介绍的，跟我没关系，我觉得替乡党说句话也是应该的。

握手。

这便条同样不具年，只写了 12 月 26 日。但就是这样的月日让我陷入沉思。他能给我写这样的条子，可能是因为我当上了作协秘书长，有责任管这样的事。我是 1992 年 10 月上任的，而他是 1993 年 1 月 16 日辞世的，那这个 12 月只能是 1992 年 12 月，而此时，离他告别这个世界只有二十天，那正是他濒临危亡的边沿。

他住在西安医科大学第一附属医院(今西安交大第一附属医院)，该用的治疗方案也都一一施用，西医、中药、注射、针灸、化疗，这些手段对他的病症已经不起什么大的作用，反而让他的肌体受到诸多损伤，完全失形，头发脱落，喉咙沙哑失声，好长时间已难以进食，人衰弱得不能走下病床了。但就在这样的时刻，却把一个临时工看门人的去留牵挂在心，居然用他已无力写小说散文的手，来郑重写一份嘱托。被托付的人又不是他的什么裙带，人家也没有求他这样做，他只是感觉这人心细，工作认真，所以就挽留他，这不存在任何私利，只是为了他的同事们受益，只是为了一个非亲非故的乡下人有一个饭碗。这一切的思考和行为都是发生在生命的弥留之际，就特别显示了可贵，从而沉重地撞击着现实生活中早已麻木了的一根感应神经，我怎么能不立刻变得肃然愀然？

志安在《访苏见闻录》中写道，他到了苏联就爱上苏联，但这不会让他不爱家乡。他说感情这东西消费不掉，只能增加，如果让他走遍全世界，他相信他的感情就会汪洋大海般汹涌起来。这话并非夸张。他就是在心里怀着黎民百姓的喜怒哀乐和祸福危难，怀着汪洋般的同情和大海般的公正，写下了数百万字的文学作品奉献给这个多灾多难的世界，这耗尽了他的思虑和心血。在生命之灯即将熄灭的一刻，他又亮起最后一丝残焰，把公正的理性与悲悯的情怀凝聚成一份特殊的嘱托，捧起来沉甸甸的。突然忆及我们有关“圣旨”的玩笑，我却无法再笑起来……

还有什么词儿能概括志安留下的这张便笺呢？圣旨！圣，并非圣上，而是神圣——文学的神圣。志安留下的就是文学神圣的意旨，就是圣旨！我从心灵深处发出一份认可。

原载《延河》月刊

蜡炬成灰泪始干

德芳的可贵之处在于他那被切掉了三分之二的胃囊，能容纳苦难，能反刍苦难，能消化和汲取苦难中的各种有益元素，从而使他显出了难得的超拔与旷达。

德芳要我为他的《心烛》作序，我不假思索地就一口答应，这倒不是我对这种文体有什么自信，而是面对一位有着特殊经历又矢志不渝的诗人，我原本就觉得心里不那么平静。接到书稿之后，仿佛就真地看到烛光一样，我的眼睛为之发亮，继而就认真地细读起来：

昨日一别
竟使你变得这般憔悴
叶片上几滴月光
可是你相思的泪
是怨我匆匆离去
是恨我迟迟未归
一缕芳魂袅袅

笼半畦苍翠

读着读着，我的心头就袭上阵阵怆然。我的目光长久地停留在诗页上，思索一首小诗的形成，所能经历的是怎样复杂而切肤的人生磨难，凝聚的又是怎样难以述说的心灵痛楚。而徘徊在我眼前的，总是那些挥之不去的令人唏嘘感喟的人生图画。

大约新时期开始不久，陕西的诗人作家在西安胜利饭店聚会，企图文艺振兴。会议中间，我忽然看见一个高个子陌生人，形容枯槁，暮气沉沉。那肤色，那神态，那形象，都使我觉得，他就是一根存放得很久因而变得灰黄的蜡烛。我暗自纳闷，这是什么人，一副饱经苦难的模样？当我得知他就是王德芳，好久都不敢相信。

20 世纪 60 年代初期，我正在书籍报刊中寻觅通往诗坛的路径，因而常常在铅字排成的小胡同里碰到这个名字，三个铅字的不断出现，标志着他的不断成功，于是我很羡慕。直观的感觉告诉我，这一定是个道德文章含芬吐芳的人，英气勃勃，潇洒飘逸……尽管事实上我的感觉并没有错。但时隔二十年之后我第一次见到他时，他却如此这般，犹如烤化了的蜡烛一般佝偻着腰，病恹恹的风能吹倒似的，却是我万万没想到的，但更令我震惊的是，第二天大会上他所讲述的他的不幸经历。

仅仅因为他对诗的痴迷，竟使他成了罪犯，他倾其全部热情对新生活唱出的颂歌，却变成对他进行攻击的所谓“罪证”。于是他就十恶不赦。他被隔离在一所小楼之内，受到无休止的批判和斗争。那时他年青的妻子刚生下他们的第二个孩子，而他竟不能去医院看望妻儿一面。后来，他得知她已经出院，可能从他的楼下经过，他就写下一张字条，扶着铁窗栏杆焦灼地期待她的出现。她果然来了，楼上楼下，四目相对，他望着她，她望着他，用眼睛诉说着一切。他趁四周没人注意，丢下那个纸团，而她小心地接在手中，飞快地带走，在一个没有人的地方悄悄地展开，纸上跳动的字一如他平日呵着热气对她的耳语："带好两个孩子，让他们长大……"她还没有反应过来这一个短句的分量，两个小时之后，他就被推在一个三万人参加的公捕公判大会上。他从不认为自己有罪，来会场之前专门穿了一件雪白的衬衫，把他的偏分头用五指梳理得一丝不乱，任凭会场上如雷的怒吼，他态度自若，昂首挺胸，那形象直如一根雪白的蜡烛，向人们昭示出万般的冰清玉洁。当一副冰冷的铁铐套上他的双腕带走他时，鸦雀无声的会场突然爆发出他妻子撕心裂胆的哭声："他不是反革命，不是反革命……"她抱着襁褓中的婴儿边跑边哭，边哭边喊，"我等你……"。

她等来的是他被判处十五年有期徒刑的消息，而他等来的是漫长且苦难的劳动改造。七年后，他平反出狱。等他再回到工厂，他发现，这场劫难使他失去的不仅仅是他的青春年华，他的健康体魄，他的三分之二的胃，还有他为之怀恋的永远维系着他的情感的那间 9 平方米的小屋，屋内 25 瓦灯泡照耀下的那张小桌，小桌上的书籍和诗稿，最终还有为他整理书籍和诗稿的他的那个可怜可爱的妻子……一切都如梦一样地消失了，消失得令人肝肠寸断……妻子饱经苦难之后不得已另嫁他人，而他不忍心又毁坏一个新家，总是避着她不见，白天去车间劳动，夜晚躲在招待所的小房里写诗。就像狱中养成的习惯那样，在保留的每一张羊群牌香烟包装纸上，在捡到的每一块废弃的小纸片上，他忘情地书写着对生活的热爱和对真理的向往，他没有失去的永远是对诗的那片痴情。他依然还是一根蜡烛，虽然再也不是那支挺直的洁白如玉的蜡烛，而是像被烟熏火燎后的那根流着蜡泪的灰黄的佝偻着腰肢的蜡烛……

我永远不能忘却的，就是王德芳的经历给我凝聚成的这种印象。我读他的诗时，总是把一束烛光与他这个人与他的那些诗不自觉地联系起来。就像丹柯举着心在荆棘林莽中前进一样，他捧着烛火在诗路上奋力前行。数年之后，我去他的工厂看他，他已在自己的新居之中另辟一间 9 平方米的小屋，摆着书籍和稿纸，接待诗友，抒写诗篇，恢复了他久逝的那种如痴如迷以诗为命的生活。他几乎禁绝了一切可能有的享受和娱乐，不顾生活的清贫，不顾亲友的误解，只把心扉向诗开着，用沸腾的白天和宁静的夜晚合成的模胎，用他所能蓄积的全部力量感受那些热化的沸点，工人加诗人双重的重负，在瘦削的肩膀上爆炸着诗的原子裂变……正因为如此，他的诗篇也如浇铸未来的洪流，不断喷涌，于是他有了第一本诗集《古原草》，有了第二本诗集《绿雨》，有了第三本诗集《心烛》……

我敬重德芳的，就是这种向着既定目标的坚韧不拔的意志和可以牺牲一切的殉道者的精神。他因诗而遭难，却绝不因遭难而背弃诗，正像他对亲人、对朋友的重然重诺一样，他对诗对美对真理的追求，至真至诚。他不是一味去舐自己伤口的顾影自怜的弱者，而是确立了目标就义无反顾的勇士。这自然就使他在生活中经常处于不能两全的难堪。大约正是因为这样，才使他变得格外多情：

误了的花朝
已将年华误成逝水
那个季节走远了
——再难追回

你也默默

我也默默

默默如今宵的

红烛一对

——只把心儿燃着

燃一半追悔，一半欣慰

缠绵悱恻，一唱三叹。他的千般感情——欣慰，歉疚，愧悔，依恋，执着——尽在其中。深沉而凝重，他是写给妻子的吗？是，又不全是。他从不想让他的诗拘囿于一片狭窄的感情天地。比之于他少不更事的讴歌，他的《心烛》依然具有他以前的大江东去的豪迈，但又平添了以后的晓风残月的婉约，既有钢铁机器的轰鸣，又有霁月光风的绮丽，如火的激情未减，新注了更多的深沉思索。他在一个县城的“官街”上感受到，那是“一节溃烂的盲肠”，在车站里感受到“种种欲望”，“都在这里拥挤”，“那已经上车的/有时比等车的/还要心急”。即使在天天经过的“你上来/我下去”的楼梯前，也禁不住感慨万千，不管楼梯是拐弯抹角式，还是螺旋上升式，“上去的终要下来/下来的还会上去”，“往上走有点吃力/转弯处常常最挤”。

我感到诗人触角的灵敏和视野的宽阔，同时感到诗人目光的犀利与透彻。他的那束烛火，能把世间事事物物映照得异常分明。他的诗已在不显山不露水中变得更耐人寻味和咀嚼了。形式更精简而意蕴更深沉，犹如流到中游的河水，虽少却了上游跳荡时那种热烈飞溅的浪花，但增多了潜藏的丰富与深刻的旋涡。由此，又使我深感苦难对人的意义。尤其对于诗人，苦难不啻是一种幸运。因为这会使你体验到常人在生活常态下难以体验到的东西，观察到常人在常态生活中难以观察到的众生之相，更会升华出常态生活中难以升华的种种情愫。当然，德芳的可贵之处在于他那被切掉了三分之二的胃囊，能容纳苦难，能反刍苦难，能消化和汲取苦难中的各种有益元素，从而使他显出了难得的超拔与旷达。他没有去计较个人恩怨，而是去寻求历史的启迪；他不是用诗谋求某种个人功利，而是服务于祖国与民族的日臻美好。他是屈原的“虽九死其犹未悔”，是杜甫的“葵藿倾太阳，物性固难夺”，他把使命感与人民性永远作为他的诗的信条，刻意追求的是那种最为珍贵的能永葆青春的永恒的爱情。读他的诗，我就不由得想起郭沫若的诗句：“我为我心爱的人儿，燃到了这般模样……”我不是说，德芳的诗已达到了古哲和前贤的艺术高度，我只是说，他的精神和古哲前贤一脉相通。他把自己比作萤火虫，比作一束小小的烛光，“燃也随你/飞也随你/即使不幸熄灭了/最后的一缕追求/也亮晶晶地溶进晨曦”。

春蚕到死丝方尽，蜡炬成灰泪始干。德芳既已把自己的整个生命变成了燃烧的蜡烛，那烛火总是会恒久地照耀下去的。他说这本诗集出版之后，他将倾其全力去写一部凝聚他的生死体验的长卷。那一定是用全部心血凝结的蜡烛，会发出更加熠熠的光芒的。

原载《企望》月刊，收入王德芳诗集《心烛》为序

风正一帆悬

他对有人不止一次暗讽他写诗写得很苦回应道："如果除去其中那种聪明的讥诮外，我以为也算'知我者言'！我固然笨拙，但对那种轻飘飘的所谓'才气'，却从未产生过半点恭维的勇气。"

1979 年隆冬，新时期开始后的第一次中国文联文代会、中国作协作代会在北京召开。清晨寒风凛冽，但六十多岁的香港代表何达，照例穿一条短裤、一件汗衫，在京西宾馆的大院里跑步，让人特别好奇。但这似乎是一个象征，寓示着会议虽在寒冷的季节举行，但万马齐喑的时代已经结束，文艺界一如经冬之后，进入破冰解冻的桃花汛期，正如诗人惬意自信的歌咏：面朝大海，春暖花开。文学界和艺术界多年销声匿迹的名流大家，几乎悉数回归，群星闪耀，盛况前所未有，整个大会充盈着温度与活力，生机勃勃，热气腾腾。

因两个会同时召开，有分有合，所以各地的代表团都很庞大。陕西代表团有四十多人，我最注意的是马林帆和王德芳。王德芳是陕西写工厂的诗人代表，马林帆是写农村的诗人代表。此前，我已是《延河》诗歌编辑，与他们多有交往，此会我作为陕西代表团秘书，因之与他们接触更多。

在陕西的诗人中，马林帆的诗歌较早摆脱了极左思潮的干扰，他从农村生活中汲取题材激发灵感，因而他的诗作充满生活气息，清新质朴，少有概念化的无病呻吟与庸俗的空喊口号，很为陕西作协和《延河》月刊社的同仁看重，曾邀请他来《延河》做了几年编辑。我对他早就有着敬意与欣赏，这次一个多月的朝夕相处，我们有了更多的了解。比之于王德芳的罗曼蒂克，马林帆更多的是严谨与内敛。他言不轻发，一旦开口，便见坦诚、纯朴与独立见解、他不虚与委蛇，不人云亦云。一身深灰色制服，一双黑皮鞋，衣裤总是干干净净，裤角总是平平展展，皮鞋总是明明亮亮，这一身衣着恰似他的内心，有条有理，有规有矩，但那一副近视镜后边，透出的则是犀利与思考的目光。

作代会结束，我们回到各自的位置。我做编辑，他们寄诗，因此时有书信往来，而随着往来频繁，与王德芳一样，马林帆其人也在我的心目中不断地深化与凸显。

这一时期《延河》连续编发了“陕西中青年作家介绍”，我们诗歌组经过多次力争，编发了“陕西中青年诗人介绍”专栏。马林帆曾寄来《绿叶》一诗，这诗如他一贯的清新，弥散着泥土气息，我们准备以此诗作为对他的推介。他闻知，随即来信表示原诗不用为好，信中写道：“在我来说，虽是小小的追求或突破，但以此介绍作者，窃以为尚难反映我的全貌。”

随后，他专门为这次诗人介绍写了组诗《霞落庄户人家》五首，表示如不满意，他再作修改补充。编辑部还没来得及表示意见，不久他就对原稿修改补充之后，重寄了组诗七首供编辑部筛选。新组诗刚刚寄来的第二天，他又寄来修改稿。他对诗歌的虔诚与敬畏，对诗歌创作的严肃与认真，仅此可见一斑。

诗人介绍还未出刊，他又专门来信，对头题设计、照片使用、作者小传及入选人员一一给予建议，意在使有限的版面意蕴更为丰富，使简短的介绍内容更耐人咀嚼回味。

然而，第一期专栏刊出后，却让他大失所望。

那时，《延河》重视小说，诗歌只是陪衬，刊物出来后出现的状况，连我这个诗歌组组长都觉不可思议。马林帆来信毫不客气地写道："一、诗作者介绍遗失小照尚属小事，然而跟小说作者介绍比起来已属大不公！严重的是连栏题也没有！这种莫名其妙的'介绍'，确属同类刊物所罕见。二、诗歌版面本来有限，但贵刊连这有限的版面也不全给'介绍'之用，这实在使人费解。按说，被介绍的作者大都属于本省的创作骨干，理应不惜代价给予支持才是，何况这种'介绍'对刊物来说也许并不是最后一次，但对作者来说，却只会是这么一次。三、作协机关及编辑部从事诗歌创作者为数不少，也应列入介绍之列。小说作者这么做了，诗歌何尝不可以这么做呢？四、作者小传太枯燥，像履历表，且作者个人诗作风格评定大都不中要害。能否将小传搞得精短而有味一些呢？因为这毕竟是文学作者的介绍啊！"

他洋洋洒洒写了四条，信虽是写给我的，但其实是针对刊物对待诗歌创作与诗人的整体态度的。以我个人的经历所见，业余作者大都对文学编辑部满怀敬畏，小心翼翼，谦让恭谨，哪里敢如此直言不讳！但马林帆就是马林帆，他的心目中只有对文学事业的虔敬、对诗歌女神的膜拜，伤害此者，他绝不沉默，他的耿介与犀利令我十分敬佩。

《延河》拟编北方抒情诗专号，他闻之，即多次陈述己见。一次说："我以为无论如何得突出本省，那种自轻自贱的思想，崇外迷'名'的思想，无异于自我虐杀！”

为了这次专号，他要写一首关于关中的长诗，我曾去信嘱咐他长诗一定要捕捉好诗的神魂。他即表示一定努力，抒写他对一片热土及其主人的深情。他说：“这类题材，便决定了我在走一条艰难的路。聪明的人也许不愿为此付出精力。我很笨，但既然选定了，便只有硬着头皮走下去！也许你们会嫌稍长些，但我却是用血，而不是用汗写的！”

从2月到4月，他为这首长两百行的抒情诗花费了两个月，天天都在改削，其苦可知。我读过初稿去信给他，要他对诗再做一些修改，他修改后又附信给我，信中表示，诗，总算磨出来了，如有需要再改进的，他将再改。他说：“连您也知道的，我是吃得苦的，且会甘之如饴！”他信中告诉我，为此诗他去王德芳处专门做了一次讨论，然后对结构做了调整。他对有人不止一次暗讽他写诗写得很苦回应道：“如果除去其中那种聪明的讥诮外，我以为也算‘知我者言’！我固然笨拙，但对那种轻飘飘的所谓‘才气’，却从未产生过半点恭维的勇气。”

这首《啊！我的关中》是他一次新的突破，标志着他的诗又上了一个新的台阶，此诗后来被省上评为新时期开拓类作品，获得过不少的赞誉。但他却异常低调，一次来信对我说：“《关中》虽然下了一些功夫，在您并诗友们的帮助下得以完成，且较之我的过去有了一些小的进展，但比起我省众多的佳作来，仍属平平。兄之溢美让我汗颜！”“老实说，从这首诗的酝酿与诞生，您并德芳等诗友，自始至终都给予了关注与支持。诗的字里行间，都涌流着你们的血汗。这才叫诗友啊，那种靠血肉联系在一起的诗的友情！”他要求在他的小传中一定要加上这样的一句话：“我省一位资历颇老的编辑给他以切实的指教和激励。”他说，若没有我们的鼓励和支持，他也许最终不会跟诗结缘。我们的指教，也许会影响他的终生。林帆总把成绩归功于别人，其谦逊虚心的姿态让人感慨，而他对诗友们的牵肠挂肚更是让人难忘。

1985年岁末，编辑部拟组织一次诗歌朗诵会。他接到通知后，激动地给我来信，这封信写得不短。他写道："接读大函，高兴而又惶恐！由您出面组织这次朗诵会，这着实是令人鼓舞的！我想诗友们一定会热烈响应并踊跃参加的，如德芳、如永泉、如谷溪、如渭水、如子秦……1985年的《延河》，陕西诗人的声音几近消失，此时此刻，由您来主持这次会议，使诗友得以重聚，个中意味，当是甜蜜又苦涩的。"接下来，他对诗友们一一点赞，语虽俏皮，却充满爱意："程海处想已通知了，这小子，正走小说的鸿运，但就我所知，他于诗，仍然是含情脉脉！还有那个刚烈而机敏的曹谷溪，我真想他！不用说，德芳会来的，他心中窝着的气，当会借此一吐为快！永泉也会来的，这个天真而又才华横溢的老弟手头一定有不少好诗，而且，我听过他的朗诵，那真够得上声情并茂！"

其实在他写信的一年前，我的岗位已有变动，不再分管诗歌工作，通知与主持之类都为误解。但是，透过文字，能看到马林帆几乎对其他所有的诗友都在时时关注，不但知道他们正在做什么，还知道他们正在想什么。他为他们的成绩欢欣叫好，也对他们的郁闷倍加关切，更将轻慢了诗的诗友及时敲打，率尔提醒。特别激烈的是，他对伤害诗歌创作、伤害文学创作的现象，对文坛的丑陋行径时时愤怒斥之，毫不留情。他说："可以容忍使人困扰的昔日，但绝不能继续接受使人困扰的未来。不能太忠厚了，那是无用的别名啊！"

他还指出一些作家"一副飘飘欲仙的神气简直使人敬畏"！他说："作

品，从来是作家人格的写照。如有人将自己多年与情妇鬼混的经历和盘托出，进而著书出版，并以此而得意，而忘形，而啸傲文坛，这样的作家，这样的人格，老实说，即使钢刀架项，想要我说半句崇高，我也不会的！”

而在同一封信里，他却对同样勤奋的诗人王德芳不吝溢美之词。他说：“他活得如我一般清苦，却称得上崇高。他毕竟仍然称得上可与之论事，有肝胆的人物！”在另一封来信中，他写道：“近时文坛忽地热闹起来，中国人继炒房地产、股票、邮票之后，又在炒作家、炒作品，而作家本人也在炒自己，且大都感觉良好。是喜？是忧？实在令人感慨万端。文学，是寂寞的事业，这古训大约得由此改写了吧！”

社会上这种精神生态的变化，并没有改变他的初衷，也无法改变他的方向。他在信中宣言式地表示：“我生在关中，长在关中，是这块绿色的小平原，给了我诗的营养和乳汁，并时时呼唤我的诗情。过去，现在，未来，关中都将是我永远不能舍弃的基地之一。而在目前，它更是我吸取诗情的唯一基地。因此，反映我所熟悉的这片小平原的生活，表达祖辈劳作在这里的人民的喜怒哀乐，不仅是我责无旁贷的义务，而且，我将以此引为骄傲和光荣……我深知，我的诗笔常常显得笨拙并缺乏光彩，但我并不因此而自惭形秽……除了默默不懈地劳作，我将别无他求。”

“我的眼里为什么常含泪水？因为我对这土地爱得深沉。”林帆用自己的劳作，对艾青的名句做出最好的阐释。

我离开了诗歌组后，调任散文组当差，因此，也就常常收到马林帆写关中的散文。一如他的诗歌作品，他的散文或抒情，或叙事，或写人，都同样真诚而真切，既不无病呻吟，也不故作高深，娓娓道来，见情见性。

没过多久，他送我一本装帧精美的新著，题为《大西北——村堡的魅力》，这部长篇纪实文学，是他与两位年轻作者张慧、罗健的合作成果。

那个时期，随着社会生活的急骤变革，作家或为新的生活感到激动，情不自禁地发出浩歌；或为商潮的冲击困扰，不得不去为企业家或大款们制作宣传品，换几个酬金再维持自己钟爱的纯文学事业。在这种情况下，报告文学和广告文学蜂拥而至，连篇累牍，汗牛充栋，当然也就鱼龙混杂，质量参差不一。要挤出许多时间去读许多纪实作品，十分困难。但是，当我拿到《村堡》，翻了几页之后，就被它的魅力所吸引，一口气读完，读后又陷入思考，情绪久久萦绕在书中所描绘的故事和人物之中。

这是一本并不多见的长篇报告文学作品。全书以陕西兴平县一个叫油郭的村堡于新中国成立至今，特别是改革开放大潮中的巨大变迁为线索，塑造了几代中国农民及其带头人的形象，老一辈的许敬章、张明亮，中年一辈的白增亮、郭抗战，年轻一代的郭涛、郭耘……这一系列人物，不管其本身受何样的历史局限，但为改变农民的命运，他们全都进行了艰苦卓绝的拼搏与奋争，胸怀宽广、克己奉公、吃苦耐劳、坚韧不拔，这些传统的美德之光闪耀在他们前进的每一个脚步之中，照耀着他们可歌可叹的生命之旅。此书既展示了他们走过的艰苦历程，又描绘了他们奋斗的壮阔画面。我读着读着，常常觉得是在回顾我的同辈或父辈们几十年来所经历的点点滴滴，从合作化，到公社化，到大贫穷，到大变革。我为中国农民那种创造的热情和能力所感动，也为他们走过的崎岖坎坷和步入的误区而感慨，当然，我更为改革给广大农村所带来的巨大生机与变化而欢欣鼓舞。我想，不管我们的农民父兄曾经多么不幸，也不管现在的生活中还有多少消极面和不尽如人意之处，但水流千回百转终归大海，改革所带给中国人的实惠，尤其是带给中国农村天翻地覆的变化，都如高山的巍峨与大地的坚实一样，不容置疑。我们曾经走过合作化的金光大道，也度过人民公社的金桥，但我们终于发现，改革开放，才真正展示给我们中国农民一条奔向繁荣富裕的康庄大道，它无可辩驳地改变了中国农民的苦难命运，也改变了中国农民的苦难形象。这本书以史家笔法对一个村堡进行了忠实记录，堪称是中国农村半个世纪的变迁史，在带给我们联想和感叹的同时，又给予我们激励和鼓舞，这就是本书的根本魅力所在。

此前，林帆已出版过《坎坷的河》《绿蒙蒙的雨丝》两本诗集，全面展示了他的诗才。此后他兼而为文，在经历深重家庭灾难的同时，顽强地笔耕不辍，不断以他独特的风采和个性向我们奉献散文、小说和报告文学。他的散文作品在突出他诗中一贯重于内涵长于思考的同时，又擅长于描绘生活画面、叙述故事和雕镂人物。于今，他把为诗为文长期练成的硬功夫，熔铸于这部纪实作品之中，使全景式的俯瞰与凸现式的特写相结合，使热切缠绵的诗情与冷峻深邃的哲理相结合，使立体事件的描绘与历史掌故、风土民俗的渗透相结合，将一个村堡的魅力淋漓尽致地展现在我们面前，既深沉凝重，又流动飘逸。读时，也就沉浸在一种艺术品味之中了。

与马林帆合作的张慧和罗健，是两位新秀，他们尽责于本职的同时，又矢志于文学的执着追求，多有所成。这本书发挥三人的各自特长，而又凝为一体，算是一次成功的合作尝试。

这部报告文学获得陕西省作家协会“双五”文学奖，之后，他的诗集《坎坷的河》又获得陕西省作家协会十年(1989—1999)优秀诗集奖，他在文学上的艰苦努力不断得到回报。

然而，正如他题作《坎坷的河》的诗作一样，他的生活经历十分坎坷。大儿子不幸得了难治的病，他与妻子一起在西安看护住院的儿子，妻子又累倒住院，他一人照顾两个病人，因此常常感叹："我几乎没有一丝余力可以分出来看书写字，而创作仿佛已成为另一个世界的事物了。"更为难耐的是，"经过四个月的住院治疗，病由轻被治重，由希望成失望；也许，不要很长时间，又得考虑二次手术了。唉，这个使人欲哭无泪的病，以及那个得罪不起的医院啊！"

在他心情最黯然的日子，我曾写了两幅字送他，写的都是《离骚》中的句子。一幅为："驾八龙之婉婉兮，载云旗之委蛇。抑志而弭节兮，神高驰之邈邈。"一幅为："吾令凤鸟飞腾兮，继之以日夜。纷总总其离合兮，斑陆离其上下。"他收到后大喜，回信说："在我心灵覆满阴霾久久挥之难去的时候，你的八龙凤鸟高翔而来，将一片灿烂展现在我的眼前，给我以希望和力的昭示。"他还对我的字做了一番细究："如果我没猜错的话，你写两个条幅，当是凤鸟在前，八龙在后，因为比较起来，八龙更见完全投入的神韵，更浑然天成。"又说："收到厚赠，理应回报，但我不擅书，有的，只是一颗同步感应的心了。"其实，我知道，他不但一直涌动着诗与文的灵感，也早已有着对书法的痴迷。在一次采风中，我与同行的两位作家应约给主人写字，他旁观时来了冲动，归程后，便投入精力于书法，不但临池实践，更进行深入研究，对书法历史、名作名家追寻剖析，不断写出文章，在全国各地的书法报刊连连发表，以至于后来寄给我一本皇皇大著《涉墨随笔》，让我十分震惊。这部书法论集熔铸学术性、知识性、思想性、文学性于一炉，既是论文，又是美文。读之，既是精神享受，又是知识积累，更有思想启迪。

"潮平两岸阔，风正一帆悬"，唐代诗人王湾的这两句诗，描述的是帆船航行在宽阔平静的河面，顺风顺水，惬意无比。马林帆的船却是在坎坷的河面行驶的，但他不惧骤风恶浪，总在奋力向前。

2009 年 1 月 27 日是农历大年初二，诗人王德芳停止了他的歌唱。正月初四，我与马林帆同去送别这位清苦诗人，我挽王德芳的两句话挂在灵堂："诗歌称王，德行流芳。"林帆认为这是盖棺论定，我们在那条送别的路上徘徊良久，诉说良久，依依惜别。

阳春三月，我写一篇文章需要重读林帆的《涉墨随笔》，但这本书却找不见了，去信向林帆重新索书。书很快寄来，附有两句话："补呈一册，千万别再弄丢了！所收'自序'一定要看！"遵嘱阅读后，我才知道，他的这篇文章细叙了他与书法结缘的由来，就是因为那次笔会，受了我与同行两位作家写字的蛊惑，惹书魔缠身，"几年下来……手下所留废纸少说也有千张以上了……距离真正的书法还有多远，不敢妄说，但却逼着自己读了一些书法史、书法理论批评、书法美学等方面的书籍文章……一读之下，竟还不时有着一些心得感想涌上心头……便有了这本随笔集问世。"编者对这本书介绍时说："作者发隐钩沉，对在中国书法高地上曾经有过卓著建树的部分古今书法名家或尚未为人所知，或尚未引起广泛注意的碑版，做出了首次精当的介绍与评述。"

不幸的是，2016 年 12 月 17 日，隆冬季节，冰封雪冻，飓风吹折了桅杆，让马林帆的船停在了行进的路上。但我还是要借用王湾那两句诗，重新道出我心里的真实感受。马林帆的帆还在扬起，那桅杆是笔直的，船帆是洁白的，一如心灵的旗帜，永久在风中飘动着，亮着他纯净的颜色。

原载《文谈》系列丛书《春秋笔录》(下)，收入《远去的帆影》纪念文集

《当代》杂志主编何启智、资深编辑刘茵，与陕西作家合影。前排左起：刘茵、王愚、路遥、李小巴、陈忠实、何启智、李天芳；后排左起：晓雷、白描、轶名、京夫、邹志安、杨维佳

传外录·路遥手迹

这样看来，我们太舒服了，取不得成绩，主要还是吃苦不够，这个印象是我来北京得到的最大收获。我们原来以为我们都很是苦，比起人家来，咱们都是些“二流子”。

给晓雷等的信

释 文

晓雷、闻频、天芳、小巴：

你们好。我到北京后，立即就投入紧张的改稿中去了，因此没顾上给你们写信，请原谅。我到的第二天，秦兆阳同志给出版社打了两次电话找我，但我出去玩去了，未能见上。第三天，责任编辑带我去他家。这是一个很质朴的人，敏锐，又随便，和我谈了几个钟点，他把我的稿子看的(得)极细，连标点和错字都给我改过来了。从我的稿子写成到现在，我觉得他是唯一透彻了解这篇作品意图的人。作了充分的肯定后，提出了一些不难改的细部让我再琢磨一下；我自己提出要加两章，结果我们连同责任编辑讨论了半天，认为有一章必须加，另一章不能加。稿件谈完后，他还给了我另外一些鼓励。我在谈话中提到过小巴也在写一个中篇。他知道小巴，因写过关于他的文章。紧接着便开始改稿子，晚上改，白天睡觉，工作环境不太好。今天大部分主要的东西已改完，准备交上去让他们再看，如需要改，再改。六月初发稿，催得很紧，还要插图。原来5(五)万3(三)千字，现是6(六)万2(二)千字，加了约一万字。

我到北京最大的感受是我们的创作速度、数量、创作精神都是非常落后的，和我一块改稿的许多人，大部分四十来岁，都写过几部长篇、中篇，动不动就几十万字。不管能不能发，创作量都是十分惊人的，大部分人都是白天晚上都在拼命，他们说他们平时的创作也是这个样子。这样看来，我们太舒服了，取不得成绩，主要还是吃苦不够，这个印象是我来北京得到的最大收获。我们原来以为我们都很是苦，比起人家来，咱们都是些“二流子”。

我因改稿，闭门不出，熟人也没顾上看，其他情况更不知道，先写这些，等这几天我插空出去玩玩，有什么情况再告诉你们。估计丕祥(王丕祥，时任《延河》主编——编者注)已回去，情况他大概都了解。

我的信，请晓雷寄北京西城中毛家湾47号陶飞转我。

另外，我一时还决定不了什么时候返回，如稿子堆的(得)太多，请天芳和兆清帮助给看一下。

有什么事要办，请来信。

祝好！

路遥 11/5

原文

人民文学出版社

北京朝内大街166号　　电报挂号2192

晓雷、闻频、天芳、小巴：

　　你们好。我到北京后，立即就投入紧张的改稿中去了，因此没顾上给你们写信，请原谅。我到的第二天，秦兆阳同志给出版社打了两次电话找我，但我出去玩去了，未能见上。第三天，责任编辑带我去了他家。这是一个很质朴的人，敏锐，又随便，和我谈了几个钟头，他把我的稿子看得极细，连标点和错别字都给我改过来了。从我的稿子写成到现在，我觉得他是唯一透彻了解这篇作品意图的人。作了充分的肯定后，提出了一些不难改的细部让我再琢磨一下；我自己提出要加两章，结果我们连同责任编辑讨论了半天，认为有一章必须加，另一章不能加。稿件谈完后，他还给了我另外一些鼓励。我在谈话中提到过小巴也在写一个中篇，他知道小巴，因写过关于他的文字。我按[illegible]改稿子，晚上改，白天睡觉，工作环境不太好。今天大部分主要的章节已改完，准备交上去让他们再看，如需要改，再改。六月初发稿，[illegible]，还要插图。原来5万3千字，现是6万2千字，加了将近一万字。

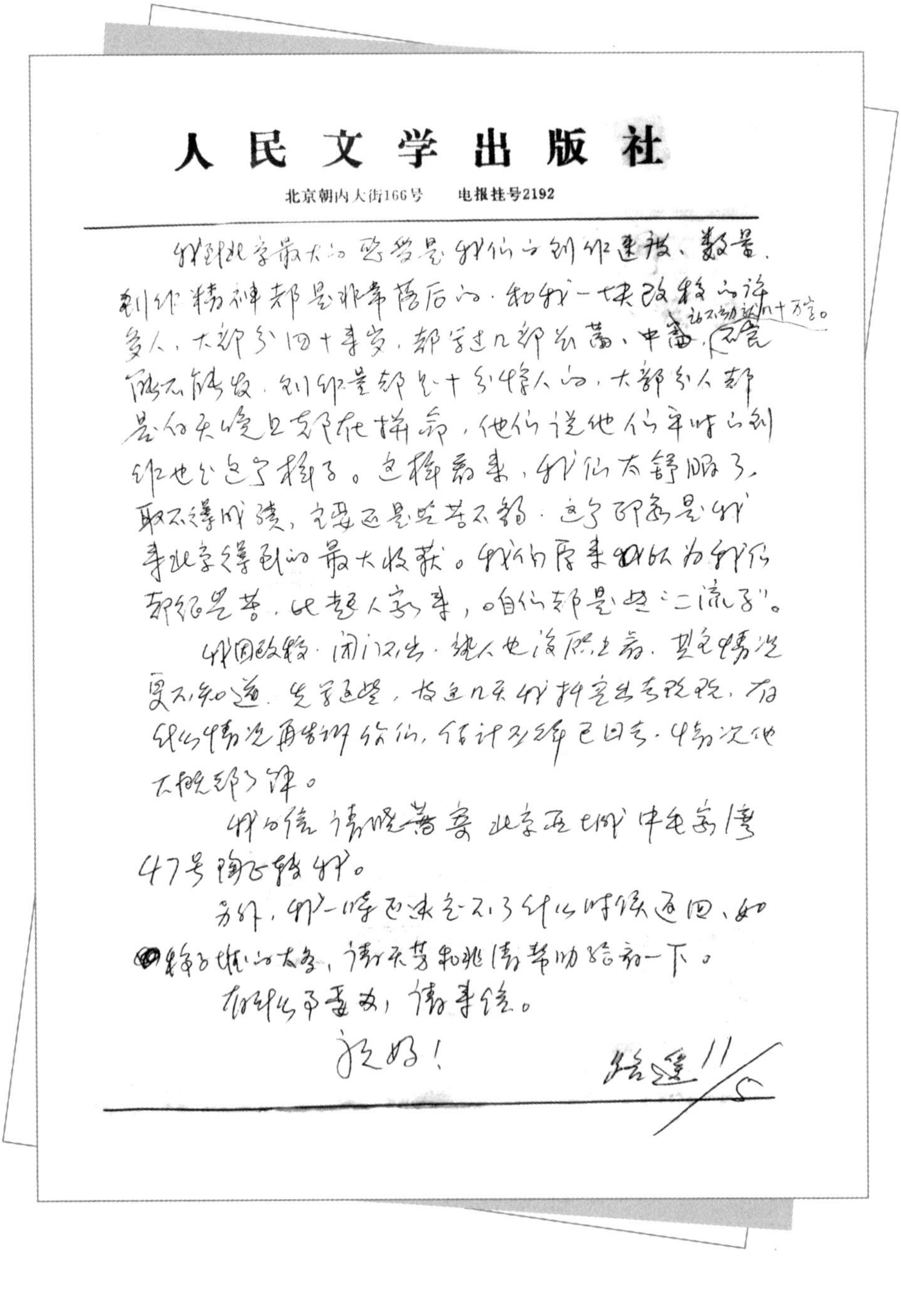

人民文学出版社

北京朝内大街166号　电报挂号2192

我到北京最大的感觉是我们的创作速度、数量、创作精神都是非常落后的。和我一块改稿的许多人，大部分四十来岁，都写过几部长篇，动不动就几十万字。中篇、短篇简直难以计数。创作量都是十分惊人的，大部分人都是白天晚上都在拼命，他们说他们平时的创作也是这个样子。这样看来，我们太舒服了，取不得成绩，主要还是吃苦不够。这个印象是我来北京得到的最大收获。我们原来认为我们都很吃苦，比起人家来，咱们都是些"二流子"。

我因改稿，闭门不出，熟人也没照上面，其它情况更不知道。先写这些，过几天我抽空出去跑跑，有什么情况再告诉你们，估计到月底回去。情况他大概知道了。

我的信请寄北京西城中毛家湾47号陶正转我。

另外，我一时还决定不了什么时候返回，如稿子催的太多，请天芳和兆清帮助给弄一下。

有什么事要办，请来信。

你好！

路遥 11/5

只要腿还能迈动，就继续迈动；即使倒下来，也应该往前爬；即使爬不动了，失败了，意识和灵魂也应该继续攀登——这是为了下一次攀登而应保持的一种精神状态。要知道，一次壮丽的失败就可能产生一次辉煌的胜利。

答《延河》编辑部问

释文

问：你在自己的作品中创造过很多艺术形象，你能向读者真实地描述一下你自己吗？

答：自己很难描述自己。其实，我在我的作品中已经自觉和不自觉地坦露过自己。从一切方面说，我是一个极其普通的人。和大多数人一样对生活抱有最实际的想法，并且根据自己的条件发挥自己的长处，争取获得某种成功——对我来说，这往往得通过一连串的失败才能达到。从来都轻视机遇，而把一切希望建立在自己切实的努力之上。只有诚实地劳动，才可能收获，这是我的生活信条。当然在生活历程中，也还像常人一样犯各种错误。

我的最大爱好是一个人苦思冥想。思考的问题和事物广泛而芜杂。当然不全都是文学问题。内心越是活跃和激烈，外表却越是平板和庸(慵)

懒。相反，外表活跃的时候，内心却正处于一种相对松弛的状态，思考激烈的时候，路遇熟人，往往忘了礼貌性地打一声招呼。为此总是给别人得出骄傲的印象。加之眼睛近视，平时又不爱戴(眼)镜子，经常遭朋友们抱怨，说在街上和他们擦身而过竟然视而不见。有时候，为避免失礼，行进中如觉有人迎面走来，不管是否熟人，脸上慌忙先做出笑容可掬状。喜欢生活和艺术中一切宏大的东西，如史诗性著作，交响乐，主题深邃的油画，大型雕塑；粗犷的大自然景象，未加修葺的古代建筑和观看场面狂热的足球比赛等。生活习惯随便，几乎到了一种散漫的程度；吸烟无节制，已经到了一种不可收拾的地步。晚上读书常引起失眠症，但治疗失眠症还靠读书，一直读到书从手中自动失落为止。

还是开头那句话，自己很难描述自己。正如摄影师在给别人照像(相)时，很少顾及自己的形象。自己的形象最好由别人来描画。

问：你是怎样走上文学创作道路的？在此之前，你都做了哪些准备工作？

答：我一九六六年初中毕业，正赶上“文化大革命”，丧失了继续学习的机会。以后的岁月是在动乱之中度过的。在这些年月里，学习理工科是没有条件的。但文学书籍还总能找到一些，于是捉住就读。这样便产生了爱好。要在一种事业中取得某些进展，首先得爱好这种事业，这可能是一个起码的要求。但这还不够。要搞出点名堂，需要扎扎实实的(地)去努力。首先应该明了，在自己所从事的这一项事业中，前人已经达到了怎样的高度。这就要求大量地阅读古今中外的文学著作和其它(他)方面的典籍。在我看来，读文学作品，在文学史的指导下阅读是一个好的方法。因为你不可能把前人所写的书都读完，实际上也没有必要。根据文学史所提供的线索，你就会读到中外历代一些最著名的经典著作。这些著作的总和代表了整个人类历史文化的质量和水平。有了这个了解，你就再不会犯狂妄的毛病。对于初学写作的人来说，最容易犯这个病，而这个病往往会断送你在文学事业上的前程。当然，读这些经典著作，不仅仅是治狂妄病，最主要的是它给我们带来无穷无尽的营养。任何时代有成就的作家都得首先吸取前人的乳汁，才能使自己成熟，并把自己乳汁再留给后人。另外，应积极地投身于火热的社会生活中去，寻找困难，主动体验生活中一切酸甜苦辣的感情。丰富的生活经历和阅历，丰富的生活体验和感情体验，这是搞创作的基本财富积累。没有这个积累是绝对不行的。不要让生活来找你，而自己应该投身于生活，并主动去寻找那些丰富的、严峻的、能给人以磨炼的生活去实践、去体验。当然，心理状态应该是这种生活自然的一个成员，而不是仅仅抱着写作的目的才去生活的。有些青年人常常抱怨自己没有所谓“曲折的”生活经历。实际是生活要靠自己去寻找、去创造。

读书、生活，对于要从事文学事业的人来说，这是两种最基本的准备。这就是我对以上这个问题的回答。

问：当你发表第一篇作品，或创作取得初步成功之后，想得最多的是什么？

答：想得最多的是，最困难的工作将在下面。

问：你在创作上遇到没遇到困难或挫折？遇到困难或挫折时，你是怎样坚持下去，并终于取得了突破的？

答：困难或挫折是经常性的。这种困难在很大程度上是自己为自己专意设置的。追求的目标越高，困难和挫折的系数就会越大。但是没有追求，就不可能产生像样的作品。为了顺利而回避困难，实际上等于自己欺骗自己。文学本身就是一种困难的事业。一切都是在不断克服各种各样的困难和挫折中进行的。因此，具备顽强的毅力对作家来说是一个先决条件。有时候，一个作品到了关键的时候，需要更大的力量才能搞好，而这时候往往是作者最感吃力的时候。这是一个严峻的考验，好比登山到了最后几十米，每一步付出的代价比当初不知要大多少倍。没有比这更惊心动魄的了。这时候一般的坚强还不够，需要一种特殊的坚强，那就是，只要腿还能迈动，就继续迈动；即使倒下来，也应该往前爬；即使爬不动了，失败了，意识和灵魂也应该继续攀登——这是为了下一次攀登而应保持的一种精神状态。要知道，一次壮丽的失败就可能产生一次辉煌的胜利。最为悲哀的是永远倒在一个失败的终点上——要认识到，这决(绝)不是终点，完全可能是通向目标的一个连接点。要在困难和挫折中突破，首先要战胜自己。

问：你是一位有追求的作家，请谈谈在这个问题上的理性思考。

答：所有的作家都在追求。所谓追求，就是不满足自己已有的东西，力图在生活和艺术中有新的发现。但关键的问题是追求什么。关于这一点，不同的作家有不同的理解。我不喜欢利用生活中的一些偶然的事件而制造故作惊人的作品；我喜欢在人们的日常生活中发现实际上是真正惊人的东西。有些巨大的东西往往在日常细碎之中。河流越是宽阔，表面上越是看不见波浪。你在生活中发现的新现象、新因素、新品质，这是生活本身的发展和创造所带来的，并不是你自己制造的。因而这种新的发现才能够引起最广大读者的共鸣。你在艺术上的新发现和新创造也正是这种生活的一种自然的要求，而不是一种主观主义的别出心裁。相反，刻意去追求一种时髦的、商业性的、刺激性的，甚至举办一个生活的怪胎展览会，而标榜自己有新追求，历史将证明这种“前进”充其量不过是脸朝前而两条腿实际上倒退着走罢了。

问：请以你的作品为例，谈谈你是怎样从生活中获取题材的？

答：我曾经一再说过，我最为重视自己在生活中的体验，而不重视那些道听途说的生活故事。自己对所表现的生活缺乏一种深切的体验，故事再生动，也不可能写生动。文学作品光靠曲折甚至离奇的故事，可能有某种吸引力，但很难打动人心。真正的艺术作品的魅力，正在于作家用生活的真情实感去打动读者的心。因此，生活首先要打动作家的心，作家才有可能用自己所描写的生活去打动读者的心。我常常选择我自己体验最深的生活题材来表现。比如《在困难的日子里》《人生》等作品。如果我没有困难时期在学校的那段生活体验，我就不可能进行《在困难的日子里》的创作。如果我没有从农村到城市这样的生活经历和这个经历过程中的各种体验，我也就不可能写出《人生》。实际上，作为故事来说，我听过无数比这两个作品更为有趣的故事，但这些故事中的生活我没有深切的体验，因此这些故事再绝妙我也不可能写好。当然，不是自己所有的生活体验都可以作为写作题材的。应该把自己的生活体验，放在时代的、社会的大背景和大环境中加以思考和检验，看其是否具有时代意义和社会意义。不能将自己的思想情绪误认为时代的思想情绪；一定要从自己的生活体验中寻找到广阔而深刻的社会生活的内涵。总之，还是那句老话：写自己熟悉的生活。但仅此还不够，应该把自己熟悉的生活上升到时代和社会的高度去认识。

问：能否向读者介绍一下你的创作习惯？

答：每一篇作品的产生都极其艰难。在很多情况下作品不是靠才能而是靠苦熬来完成。在动笔之前是漫长的构思过程。在这一过程中，有意放纵思绪，使其达到姿(恣)意泛滥的程度。不急忙形成一种写作的格局。即是(使)形成了一种较为完整的格局，也很快又被打烂，试图寻找更好的选择。经过许多次的反复，知道自己在这一题材领域中再没潜力可挖的时候，才开始动笔。极重视动笔前的准备。但不拟定详细的提纲，只记下一个大的情节发展脉络和要点。我的体验是，作品中最重要的东西首先要变成自己血肉般的一部分。头脑是记不住的，即是(使)记在纸上也不起作用。

写作时喜欢一鼓作气，从始至终保持同样的激情。最怕写作过程中情绪被意外的干扰打断。什么地方被打断了，什么地方就常常留下一块疤痕，即使后来经心修补，也很难再是本来的面目。为了保持生活的逼真感，常选择和作品很相似的环境中写作，这样可以随时将作品的细节带到环境中去印证，需要的时候可以立即到生活中去补充。比如写《人生》时，我住在陕北一个小县城的招待所，出城就是农村。有一晚上写得(德)顺爷带着加林和巧珍去县城拉粪。为了逼真地表现这个情节，我立刻当晚一个人来到城郊的公路上走了很长时间，完了回到桌面上，很快把刚才的印象溶(融)到了作品之中，这比想象得来的印象更新鲜，当然也更可靠。

工作时间一般在中午到零(凌)晨两点为最佳。上午睡觉。没有午休习惯，吃完午饭后用一个小时看报纸。写作时不愿读书，但每天必须详细读过《人民日报》《光明日报》《陕西日报》和《参考消息》四种报纸。读报是一种长期的习惯。有时所处地方偏避(僻)，读不到报纸，但必须想办法读到。自我感觉读报是一种最好的休息和调节。因为整天在虚构的世界里，极想看看当天的真实的世界里发生了些什么事。奇妙的是，这种时候，读报往往给当天的写作带来许多新的启发，并且对作品构思的某些方面给予框(匡)正。

工作环境和桌面在外人看来是零乱的，但对我来说却是“整齐”的。因为一切从自己工作方便出发，使得一坐下来就能立刻进行工作。

要求自己写作时的心理状态，就像教徒去朝拜宗教圣地一样，为了虔诚的信仰而刻意受苦受罪。工作中由于艰难而难以忍受之时，闭目遥想那些衣衫褛烂、蓬头垢面而艰辛地跋涉在朝圣旅途上的宗教徒，便获得了一种力量。但我是一个绝对的无神论者。我只是说，为了达到目标这样一个信念，就得有一种与此相符的工作精神。也有垮下来的时候，这会造成一种长时间的痛悔而使自己追念莫及。

问：对批评家的意见重视或感兴趣吗？受过些什么启发和影响？

答：很重视。深刻的批评家和文艺理论家常常使作家看到自己的长处和短处。有些批评家的文章看了会使人立刻产生一种创作的欲望。对国内文学批评的现状来说，使人感到不满足的是，有些批评的立足点较低，并且视野也嫌狭窄。

问：请谈谈你的阅读范围。

答：范围比较广泛。除过文学以外，各种门类的书都读一些。对俄罗斯古典作品和苏联文学有一种特殊的爱好。杂志中除过文学作品外，喜欢读《世界知识》《环球》《世界博览》《飞碟探索》《新华文摘》《读者文摘》和《青年文摘》等。

问：在中国或世界著名作家中，你最喜欢谁的作品？

答：喜欢中国的《红楼梦》、鲁迅的全部著作和柳青的《创业史》。国外比较喜欢列夫·托尔斯泰、巴尔扎克、肖洛霍夫、司汤达、莎士比亚、恰科夫斯基和艾特玛托夫的全部作品；夏绿蒂的《简·爱》、马尔克斯的《百年孤独》等。这些人大都是生活的百科全书式的作家。他们每一个人就是一个巨大的海洋。

问：你当前最关心的、思考得最多的是什么？

答：自己的工作如何和我们伟大的社会改革相适应。在短短的几年里，我们的国家发生了巨大的变化。这个变化是广阔的、深刻的、迅猛的，使人大有目不暇接之感。生活提出了许多新的课题，需要作家来研究。文学如何反映这个大改革。已经迫切地需要作家们做出回答。有些目光敏锐的作家已经写出了反映这方面生活的作品。有的作家正在对生活深入研究，艰苦地做着一些准备工作。我时时感到自己追不上生活的发展。当然，我也尽力使自己加快步伐，以使自己的劳动和我们伟大的时代相适应。

问：社会上有人传说你要写《人生》的续集，你是否有这个打算？

答：我没有这个打算，《人生》小说发表后，许多读者就写信建议我写续集；有的人并且自己写了寄给我看。《人生》电影公映后，更多的人向我提出了这种要求，而且许多人正在自己写续集。我也看到了报纸上报道"万元户要续写《人生》"的报道。对我来说，《人生》现在就是完整的。另外，有的人竟然在报上写文章说我要写续集，这完全是写文章的人的一种误会。我并没有说过我要续写这个作品。

对于《人生》这部作品，我欢迎批评界和读者、观众继续争论。但我希望争论以外的其它(他)宣传能够消失。这种宣传已经使我苦不堪言。我希望自己能平静地工作。

问：你对办好《延河》有什么意见、建议和要求？

答：《延河》曾经是一家在全国很有影响的刊物，发表过许多优秀作家的优秀作品，它还扶植和培养了许多作家。我自己就是通过这个刊物走上文学之路的，因此我对这个杂志充满了尊敬的感情。

近几年来，文学杂志如林，《延河》仍然做了大量有创见的工作，成绩很大。当然，也还存在一些不足。我觉得主要是版面反映的题材比较窄，影响了读者面。另外，对于本省创作力量的发掘，以及发挥自己的长处和特点不够。在全国各行各业都在进行改革的大好形势下，《延河》本身应该适应这个形势，在工作方法和版面内容上有个大的改进。

原 文

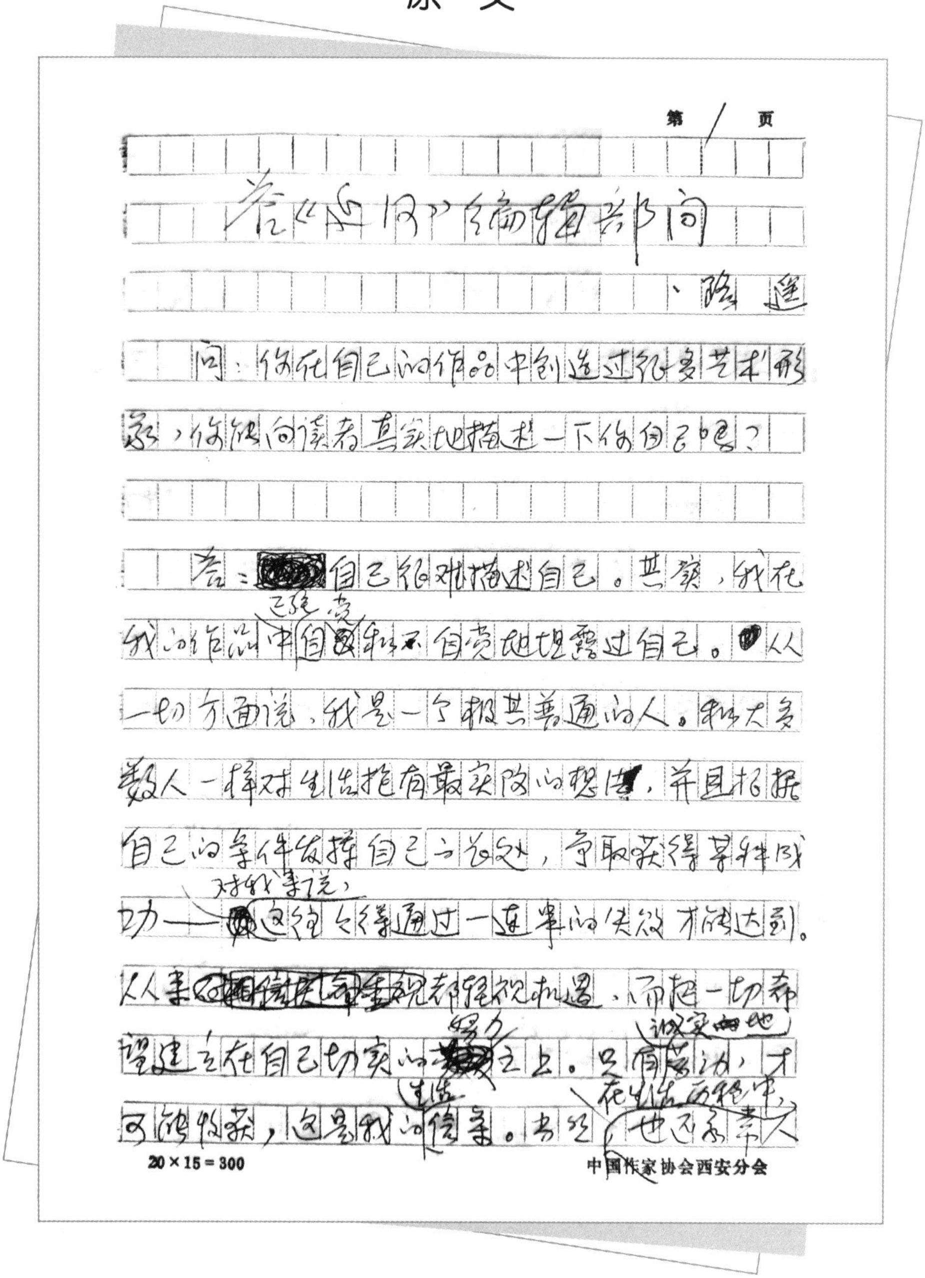

答《女友》编辑部问

路遥

问：你在自己的作品中创造过很多艺术形象，你能向读者真实地描述一下你自己吗？

答：自己很难描述自己。其实，我在我的作品中已经自觉或不自觉地袒露过自己。从一切方面说，我是一个极其普通的人。和大多数人一样对生活抱有最实际的想法，并且根据自己的条件选择自己的出路，争取获得某种成功——对我来说，这往往得通过一连串的失败才能达到。人人都渴望机遇，而把一切希望建立在自己切实的努力之上。只有诚实地劳动，才可能收获，这是我的生活信条。当然，在生活历程中，也同常人

20×15=300　　中国作家协会西安分会

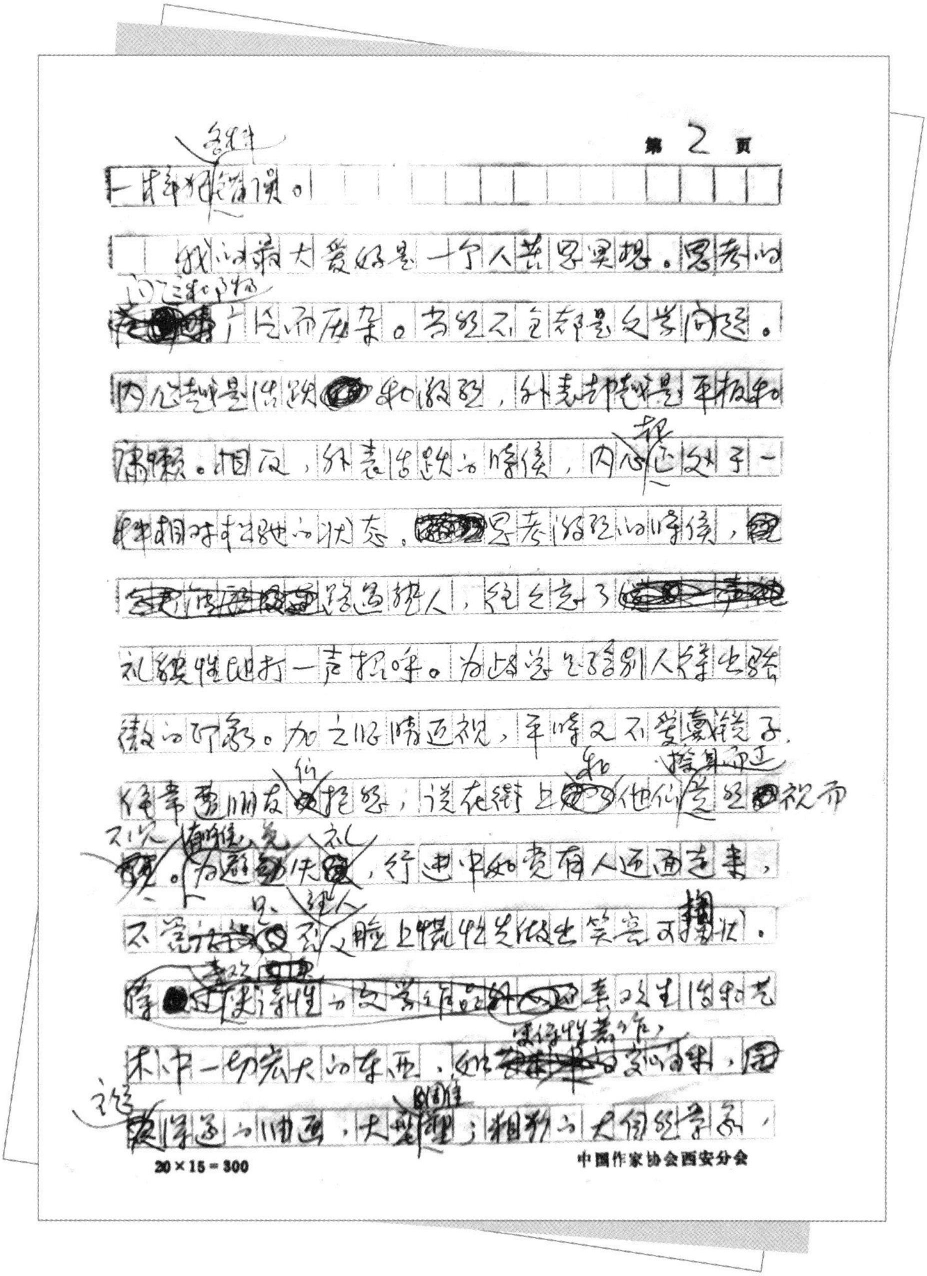
第 2 页
一些朋友的误解。
我的最大爱好是一个人苦思冥想。思考的
问题广泛而庞杂。当然不全都是文学问题。
内心常常是活跃的和激烈的，外表却总是平板和
迟钝。相反，外表活跃的时候，内心却处于一
种相对松弛的状态。思考激烈的时候，
路遇熟人，往往忘了
礼貌性地打一声招呼。为此常给别人造成骄
傲的印象。加之眼睛近视，平时又不爱戴镜子，
经常把朋友认错，说在街上和他们见过而视而
不见。为避免失礼，行进中如发现有人迎面走来，
不管认识不认识，脸上总先做出笑容或招呼状。
除了……文学作品……喜欢生活和艺
术中一切宏大的东西，如……交响乐，
辽阔的大地，大雕塑；粗犷的大自然……
20×15＝300
中国作家协会西安分会

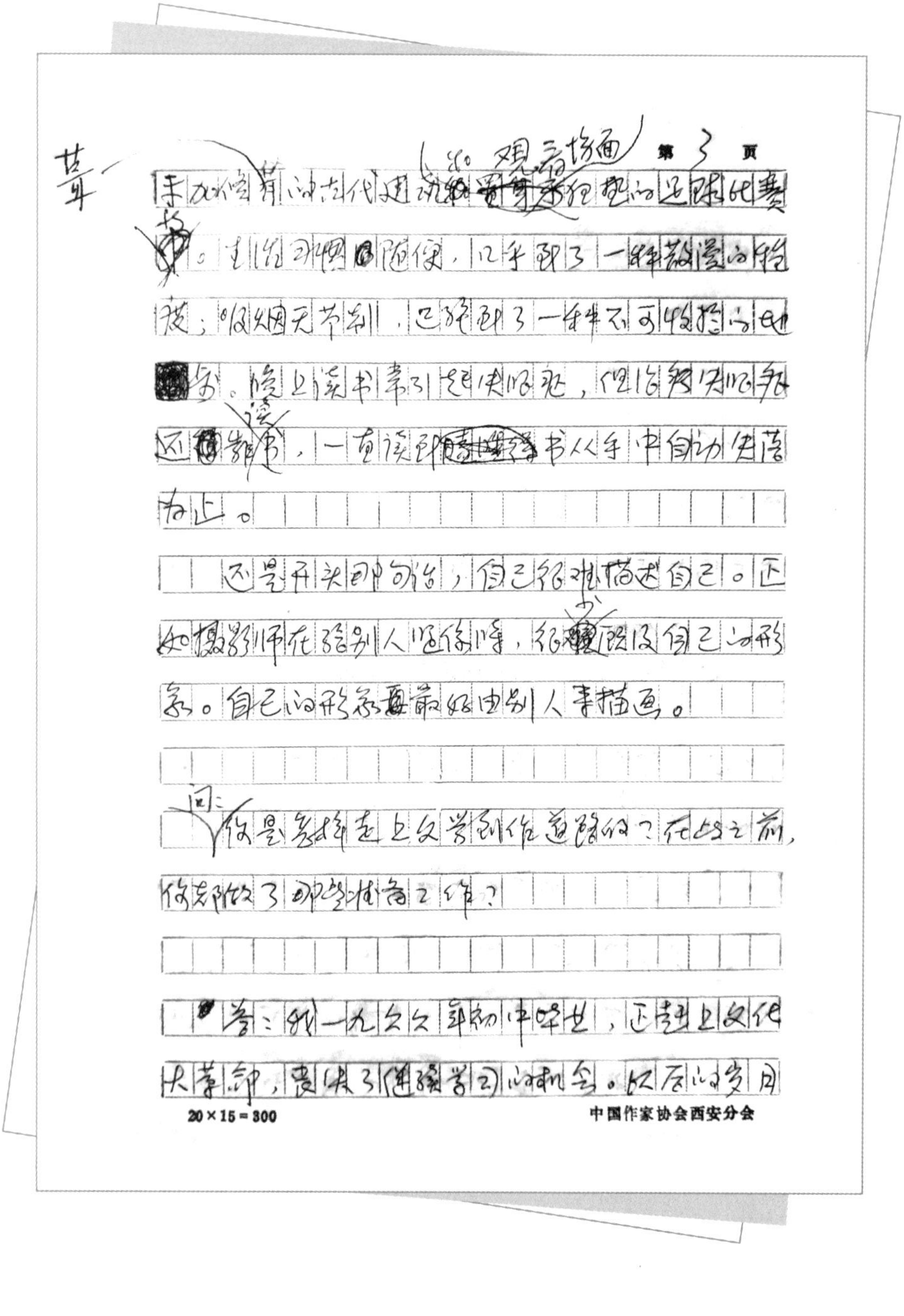

第 3 页

手加快的节奏的时代进程的观看场面和热烈的足球比赛。生活习惯很随便，几乎到了一种散漫的程度；吸烟无节制，已经到了一种不可收拾的地步。晚上读书常引起失眠症，但治失眠的办法还是读书，一直读到书从手中自动失落为止。

还是开头那句话，自己很难描述自己。正如摄影师在给别人照像时，很少照及自己的形象。自己的形象最好由别人来描画。

问：你是怎样走上文学创作道路的？在此之前，你都做了哪些准备工作？

答：我一九六六年初中毕业，正赶上文化大革命，失去了继续学习的机会。从后的岁月

20×15=300　　中国作家协会西安分会

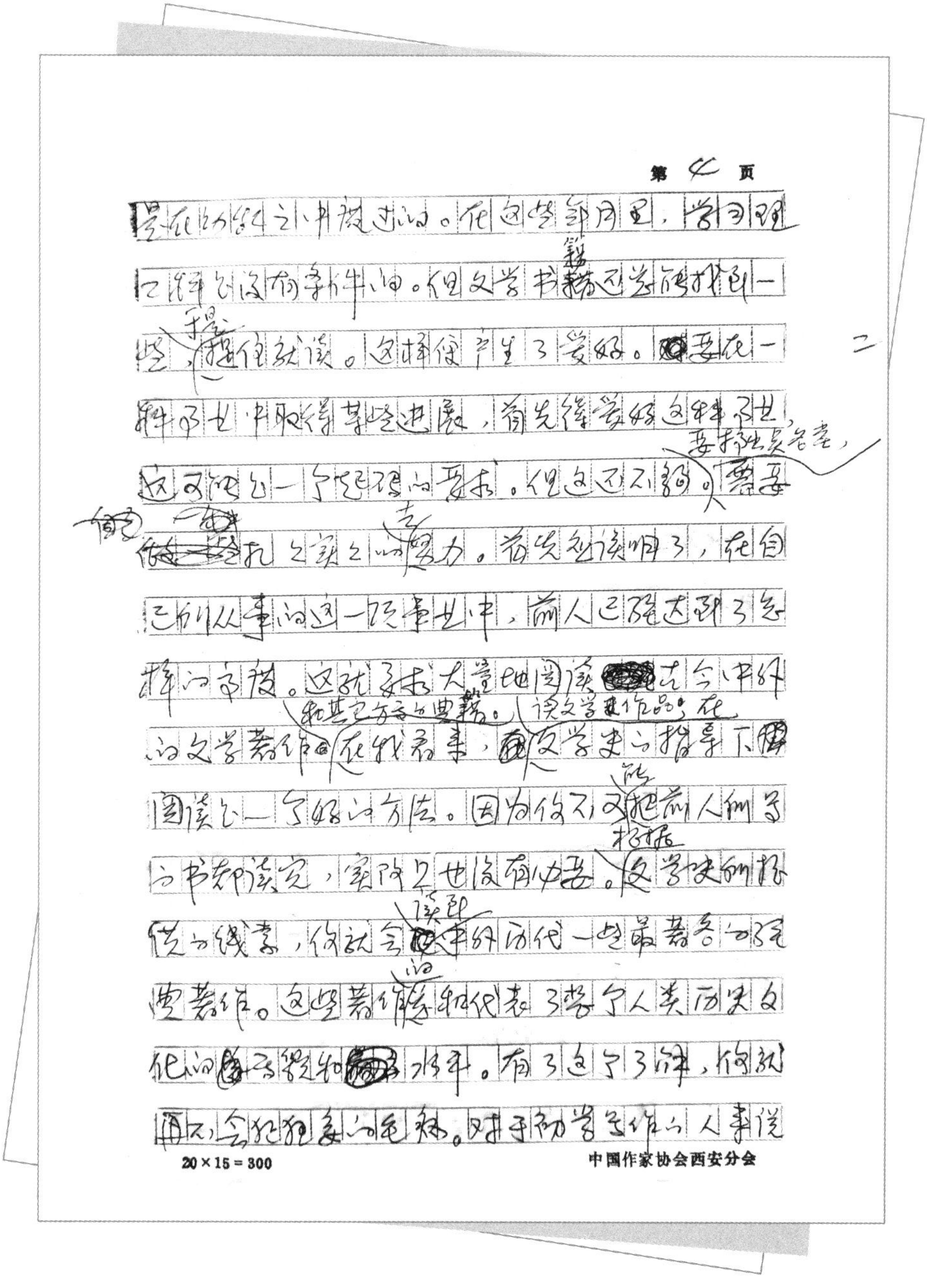

第 4 页

是在以后的创作之中掌握的。在这些年月里，学习理论样式没有多少作用。但文学书籍还是能帮助一些，提供线索。这样便产生了爱好。要在一种学业中取得某些进展，首先得爱好这种学业，这只是一个起码的要求。但这还不够，要持续良好，需要付出扎扎实实的努力。首先要读懂了，在自己所从事的这一项事业中，前人已经达到了怎样的高度。这就要求大量地阅读古今中外的文学著作和其它各方面的书籍。读文学作品，在我看来，在文学史的指导下阅读是一个好的方法。因为你不可能把前人所写的书都读完，实际上也没有必要。根据文学史所提供的线索，你就会读到中外历代一些最著名的经典著作。这些著作代表了整个人类历史文化的最高智慧和水平。有了这个了解，你就能大体知道自己的位置。对于初学写作的人来说

20×15=300　　中国作家协会西安分会

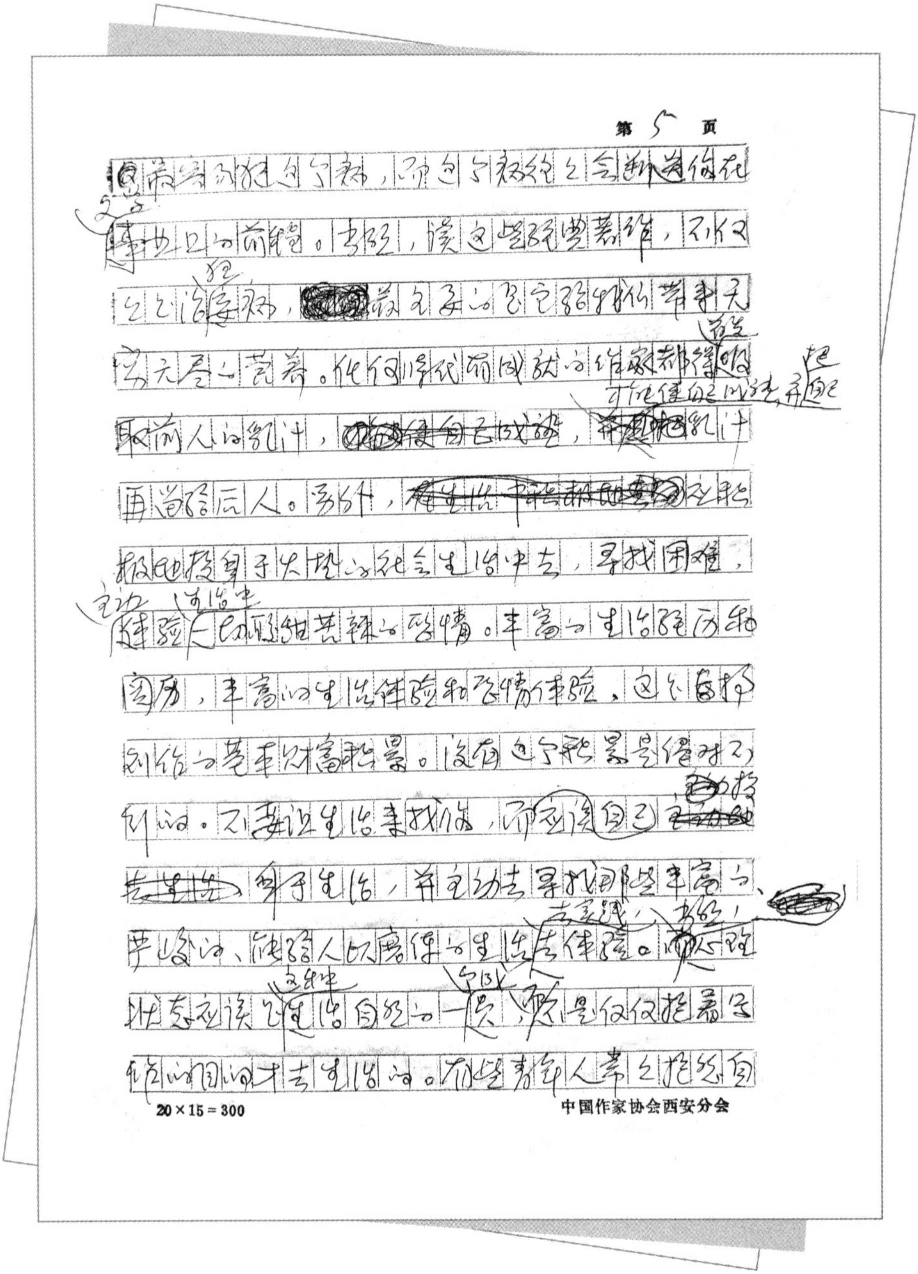
第 5 页

20×15＝300　　中国作家协会西安分会

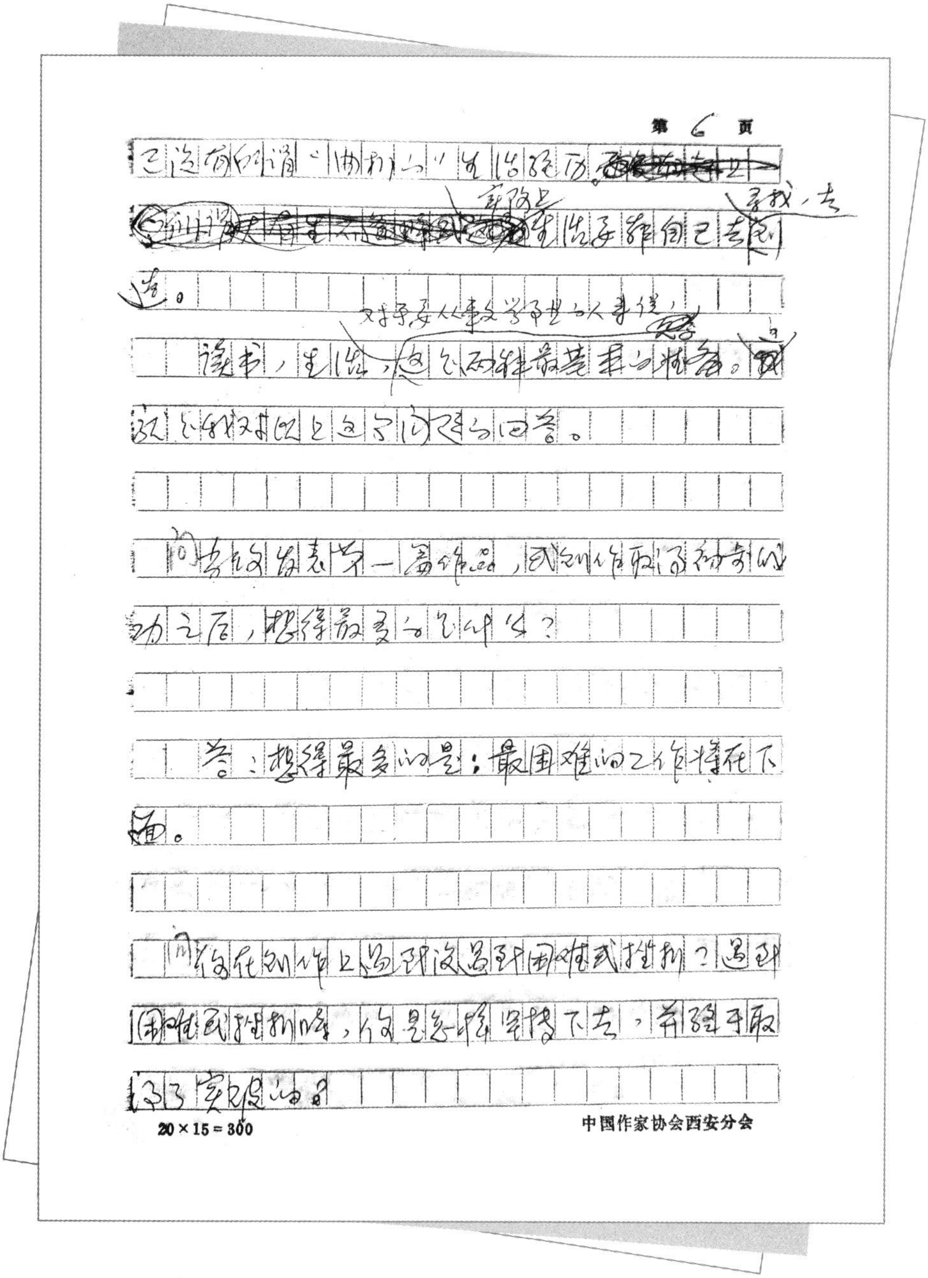
第 6 页
已经有的所谓"微妙的"生活经历。实际上生活要靠自己去寻找、去创造。
读书，生活，对于要从事文学事业的人来说，这是两种最基本的准备。
就这样权且作为这个问题的回答。
问：当您发表第一篇作品，或创作取得初步成功之后，想得最多的是什么？
答：想得最多的是：最困难的工作将在下面。
问：您在创作上遇到没遇到困难或挫折？遇到困难或挫折时，你是怎样坚持下去，并终于取得了突破的？
20×15=300
中国作家协会西安分会

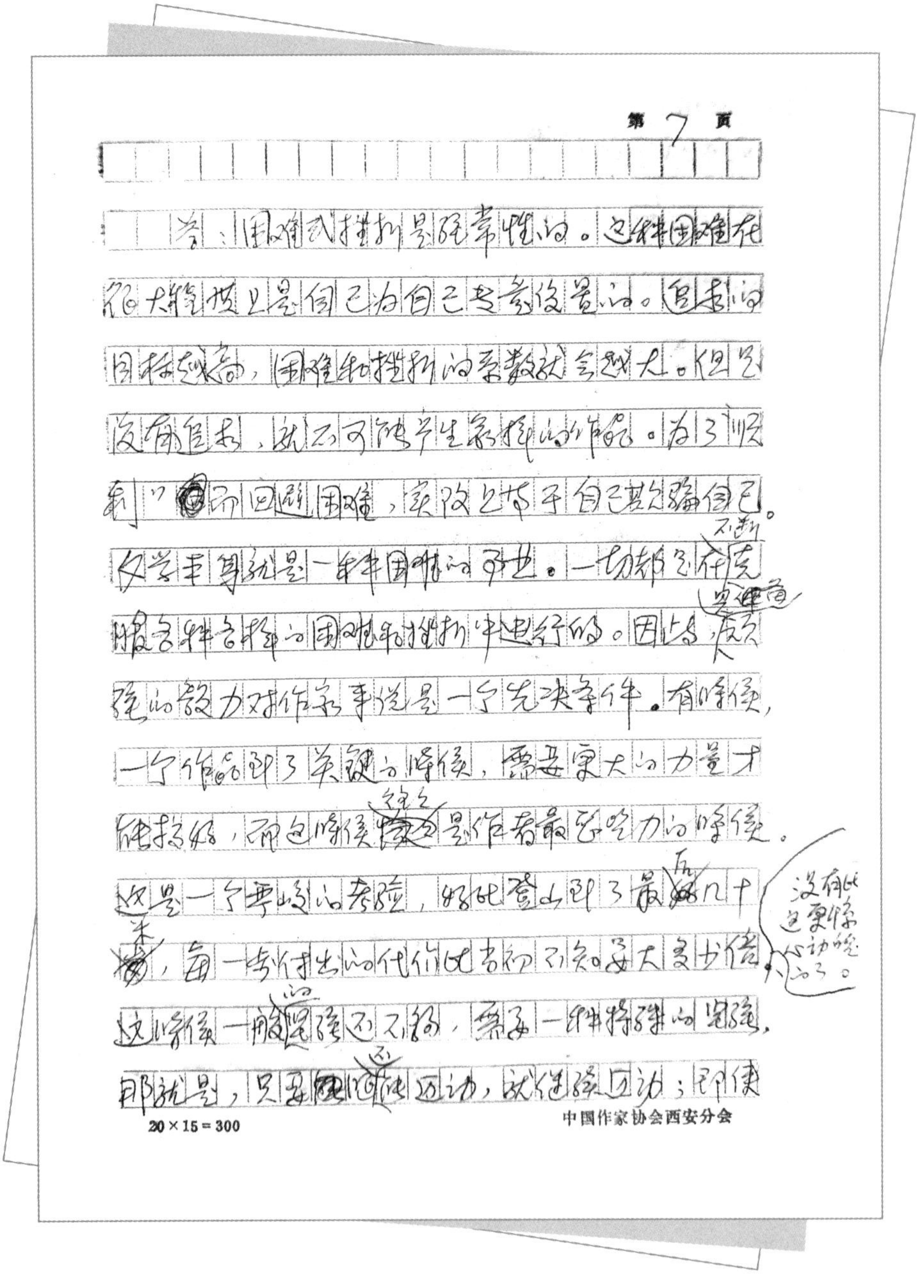

第 7 页

答：困难或挫折是经常性的。这种困难在很大程度上是自己为自己设置的。目标越高，困难和挫折的系数就会越大。但是没有目标，就不可能产生杰出的作品。为了顺利而回避困难，实际上等于自己欺骗自己。文学事业就是一种困难的事业。一切都是在不断克服各种各样的困难和挫折中进行的。因此，顽强的毅力对作家来说是一个先决条件。有时候，一个作品到了关键的时候，需要更大的力量才能拯救，而这时候往往是作者最无力的时候。这是一个要命的考验，好比登山到了最后几十米，每一步付出的代价比当初不知要大多少倍。这时候一般的毅力还不够，需要一种特殊的坚强，那就是，只要还能运动，就继续运动；即使

没有比这更深的体验了。

20×15＝300　中国作家协会西安分会

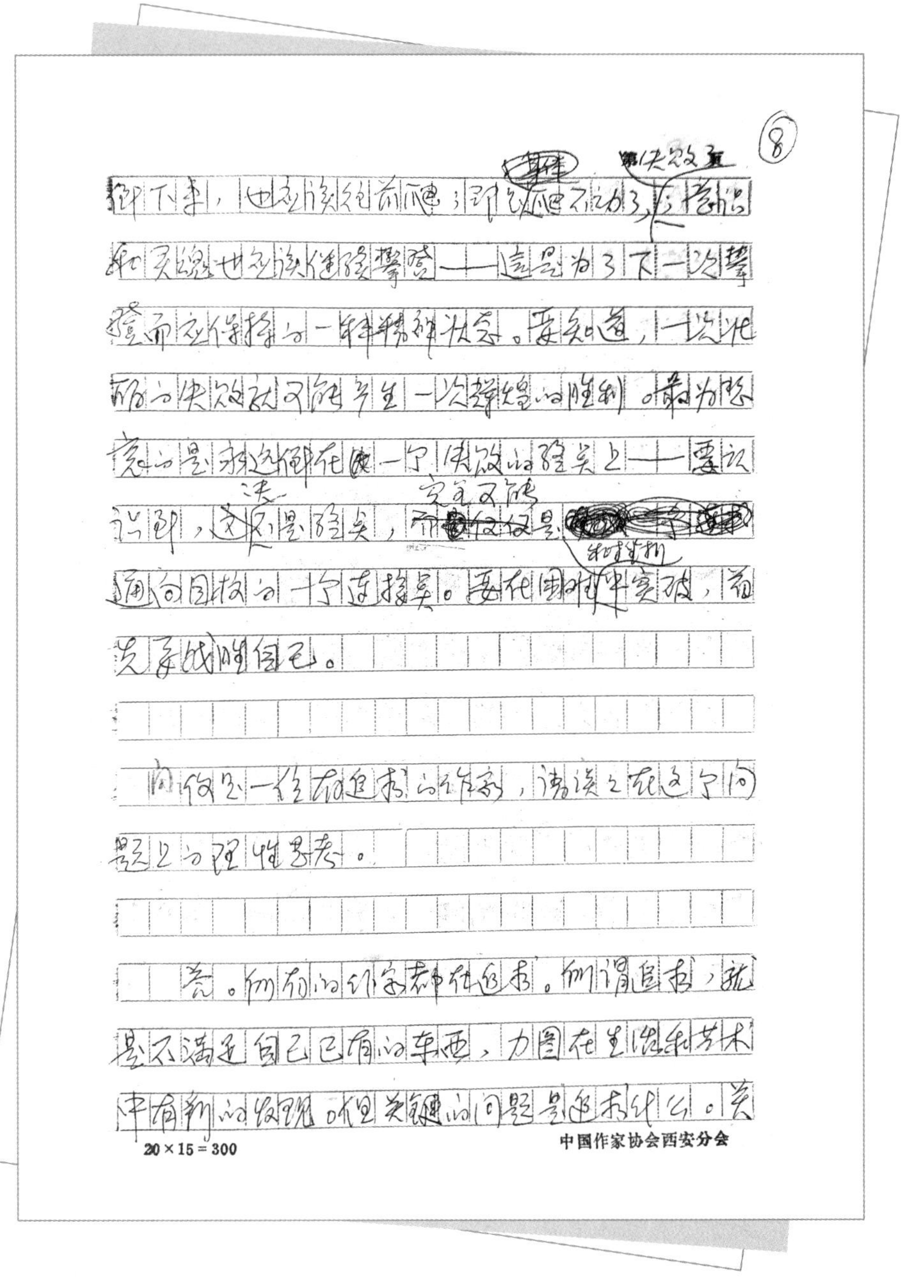
⑧
倒下来，也应该继续前进；即使失败了，这挫折和失败也应该继续攀登——这是为了下一次攀登而应保持的一种精神状态。要知道，一次光荣的失败就可能产生一次辉煌的胜利。而最为悲哀的是永远倒在这一个失败的终点上——要认识到，失败不是终点，完全可能仅仅是通向目标的一个连接点。要在困难中突破，首先要战胜自己。
问：作为一位在追求的作家，请谈谈在这个问题上的理性思考。
答：所有的作家都在追求。所谓追求，就是不满足自己已有的东西，力图在生活和艺术中有新的发现。但关键的问题是追求什么。并
20×15=300
中国作家协会西安分会

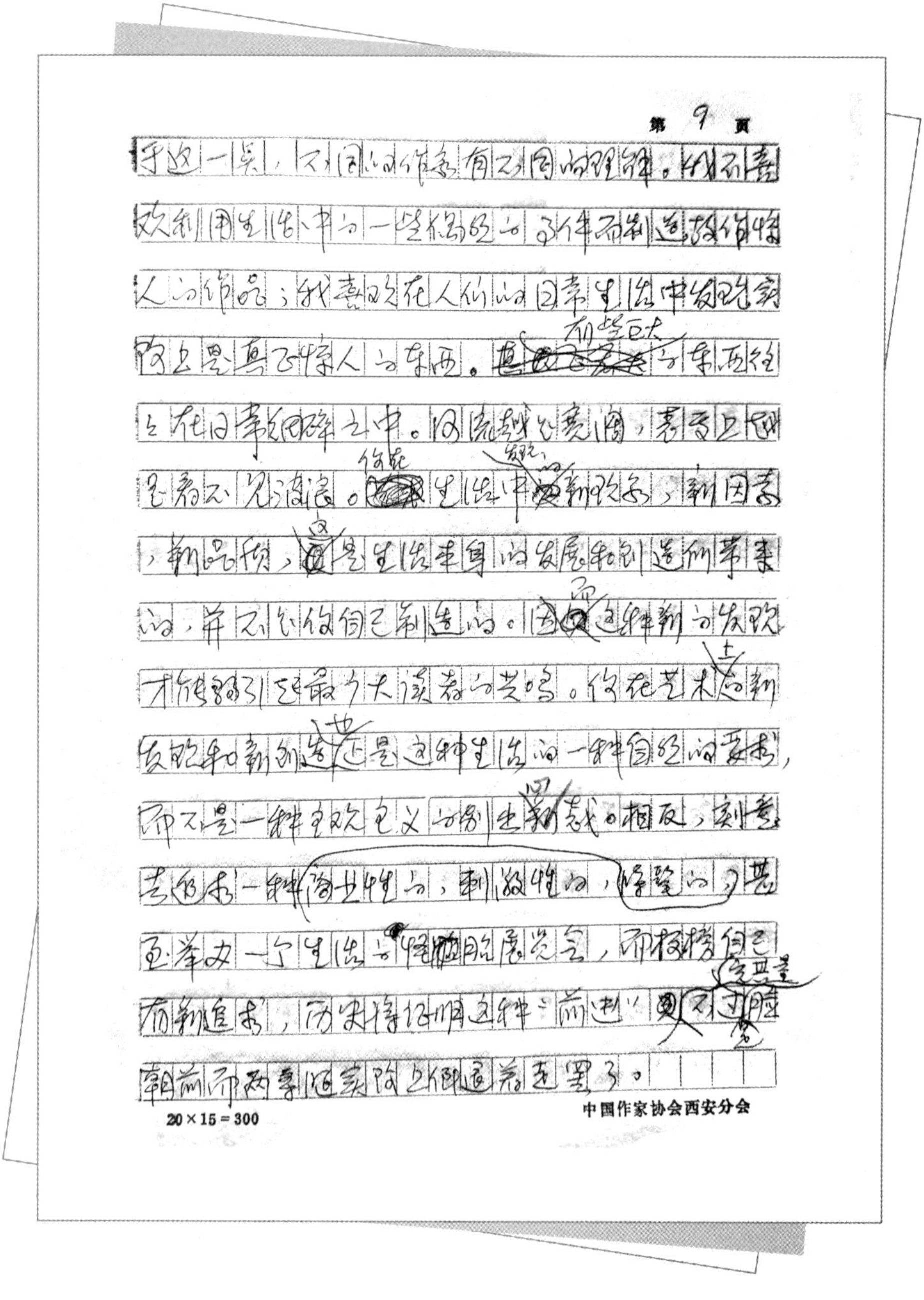

第 9 页

于这一点，不同的作家有不同的理解。我不喜欢利用生活中的一些偶然的事件而制造故作惊人的作品；我喜欢在人们的日常生活中发现美的或是真正惊人的东西。那些巨大的东西往往在日常细碎之中。因为越是普通的，甚至可能是看不见波澜。作家在生活中发现新的东西，新的因素，新的品质，这是生活本身的发展和创造所带来的，并不是作者自己制造的。而这种新的发现才能够引起最广大读者的共鸣。作家在艺术上的新发现和新创造也是这种生活的一种自然的要求，而不是一种主观意义上的别出心裁。相反，刻意去追求一种离奇性的，刺激性的，惊险的，甚至举出一个生活中惊险的场面，而按照自己的新追求，而实际上这种"前进"实质是不过脸朝前而两条腿实际上倒退着走罢了。

20×15=300　　中国作家协会西安分会

第10页

问：请以您的作品为例，谈谈您怎样从生活中获取题材的？

答：我曾经一再说过，我最为重视自己在生活中的体验，而不是重视那些道听途说的生活故事。自己对所表现的生活缺乏一种深切的体验，故事再生动，也不可能写生动。文学作品光靠曲折离奇的故事，可能有某种吸引力，但很难打动人心。艺术作品的魅力，正在于作家用生活的真情实感去打动读者的心。因此，生活首先要打动作家的心，作家才有可能用自己所感受的生活去打动读者的心。我常常选择我自己体验最深的生活做题材来表现。比如《在困难的日子里》、《人生》等作品。如果我没有困难时期在学校的那段

20×15=300　　中国作家协会西安分会

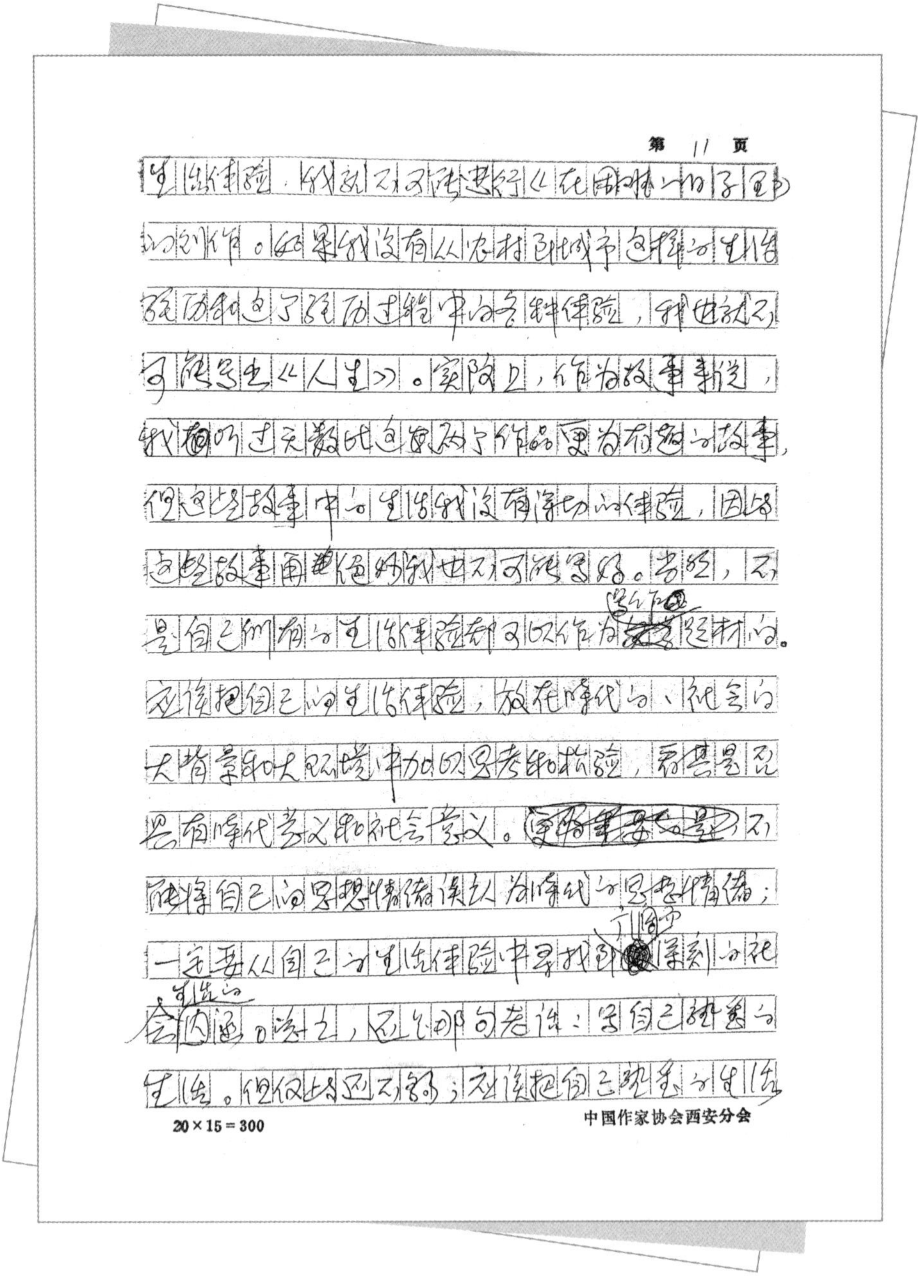
第 11 页

生活体验，我就不可能进行《在困难的日子里》的创作。如果我没有从农村到城市这样的生活经历和这个经历过程中的各种体验，我也就不可能写出《人生》。实际上，作为故事来说，我听过无数比这两个作品更为有趣的故事，但这些故事中的生活我没有深切的体验，因为这些故事再好我也不可能写好。当然，不是自己所有的生活体验都可以作为写作题材的。应该把自己的生活体验，放在时代的、社会的大背景和大环境中加以思考和检验，看其是否具有时代意义和社会意义。不能将自己的思想情绪误认为时代的思想情绪；一定要从自己的生活体验中寻找到具有深刻的社会生活的内涵的东西，还是那句老话：写自己熟悉的生活。但仅此还不够；应该把自己熟悉的生活

20×15＝300　　中国作家协会西安分会

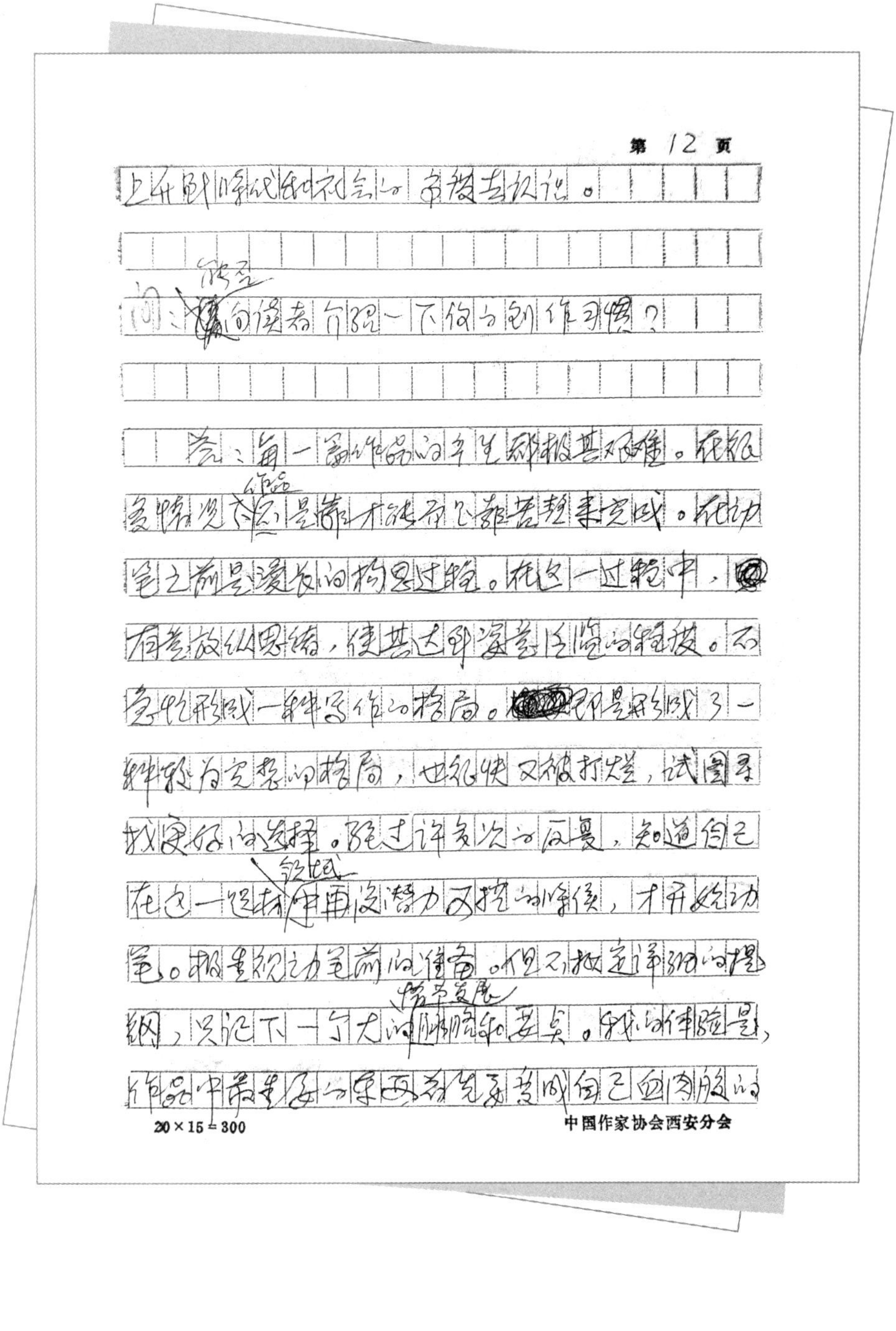
第12页

上升时期时代和社会的本质去认识。

问：能否向读者介绍一下你的创作习惯？

答：每一篇作品的产生都极其艰难。在很多情况下，作品是靠才能和毅力苦熬出来完成。在动笔之前是漫长的构思过程。在这一过程中，有意放纵思绪，使其达到浮想联翩的程度。不急于形成一种写作的格局。即是形成了一种较为完整的格局，也很快又被打烂，试图寻找更好的选择。经过许多次的反复，知道自己在这一领域中再没潜力可挖的时候，才开始动笔。我重视动笔前的准备，但不做过详细的提纲，只记下一个大的情节发展脉络和要点。我的体验是，作品中最重要的东西都是变成自己血肉般的

20×15=300　　中国作家协会西安分会

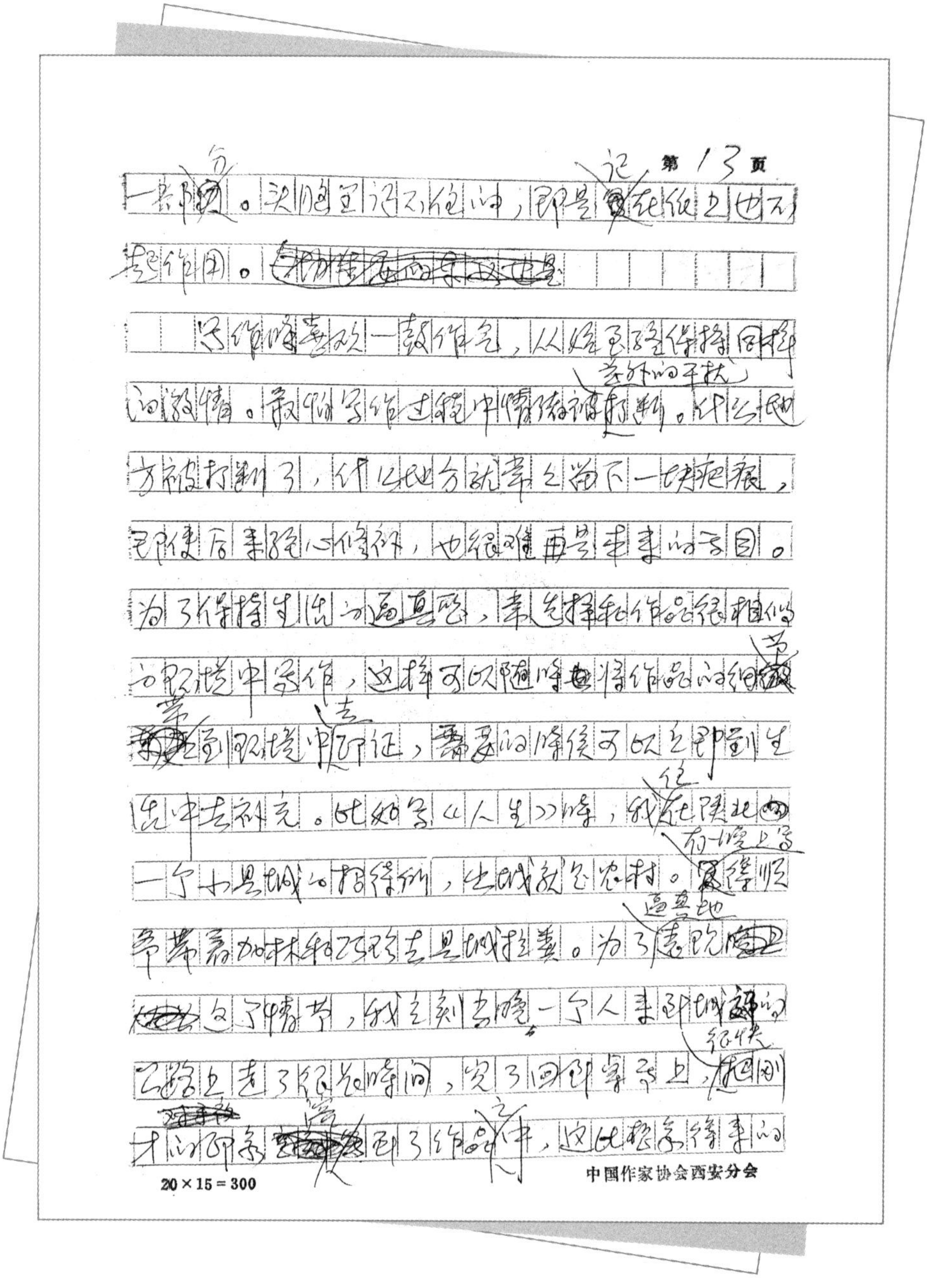
第13页

一部分。只随意记不住的，即是记在纸上也不起作用。

写作时喜欢一鼓作气，从始至终保持同样的激情。最怕写作过程中情绪被意外的干扰打断。什么地方被打断了，什么地方就常常留下一块疤痕，即使后来费尽心修补，也很难再是本来的面目。为了保持生活的真实感，本人选择和作品很相似的环境中写作，这样可以随时将作品的细节到环境中印证，需要的时候可以立即到生活中去补充。比如写《人生》时，我住在陕北一个小县城的招待所，生活就在农村。觉得顺带着加料到了县城街道。为了表现这些地方的情节，我立刻去跑一个人走到城郊的公路上走了很长时间，完了回到桌子上，把刚才的印象整理到了作品中，这比想象得来的

20×15=300　　中国作家协会西安分会

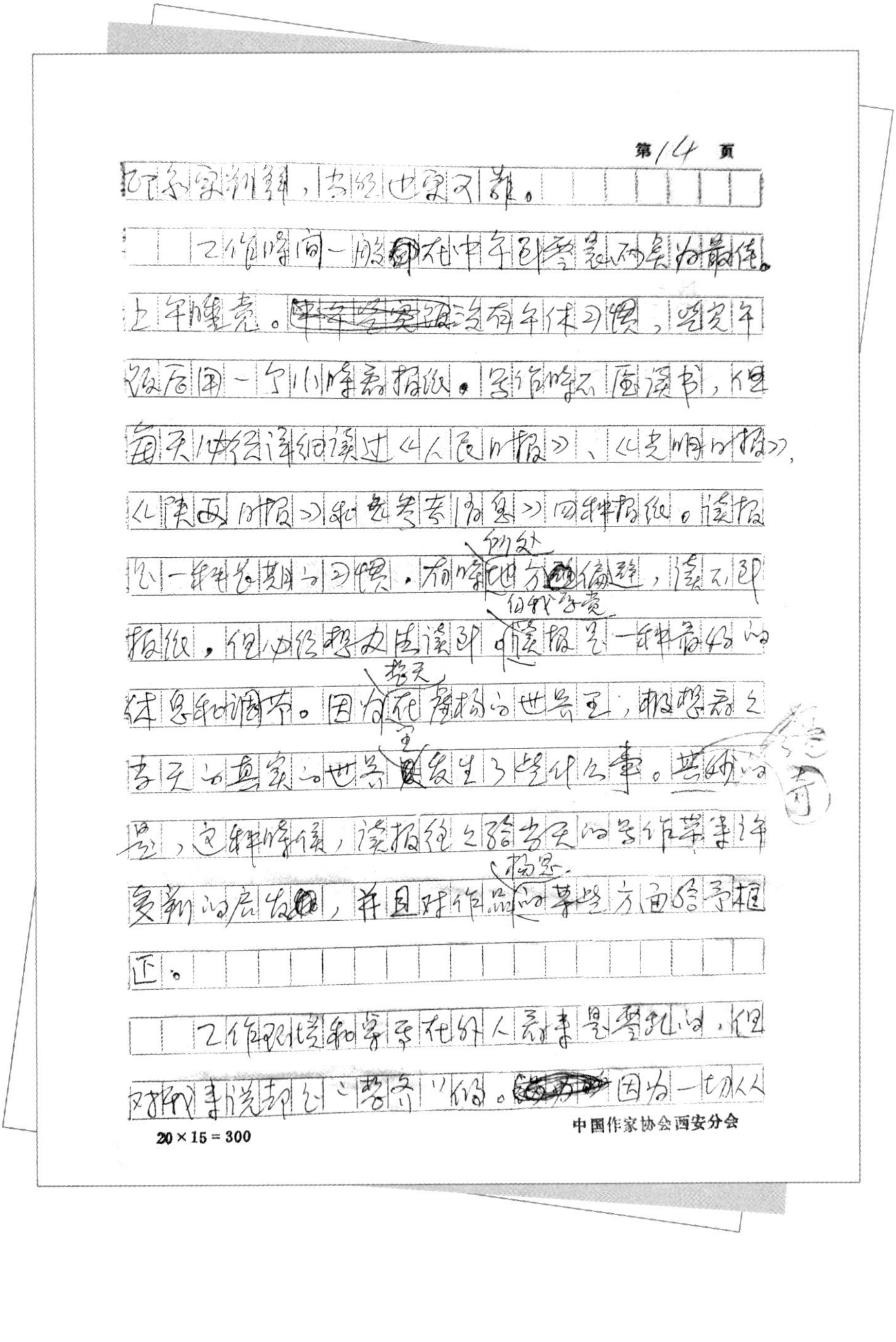
第14页
[illegible]了家学训练，为的也是文章。
工作时间一般都在中午到凌晨两点为最佳。上午睡觉。没有午休习惯，晚饭后用一个小时读报纸。写作时不读书，但每天必须详细读过《人民日报》、《光明日报》、《陕西日报》和《参考消息》四种报纸。读报是一种长期的习惯，有时候出门在外或地处偏僻，读不到报纸，但我自我感觉读报是一种最好的休息和调节。因为整天在虚构的世界里，很想知道每天的真实的世界里发生了些什么事。奇妙的是，这种情况，读报能给当天的写作带来许多新的启发，并且对作品的某些方面给予矫正。
工作间隙和学习在外人看来是悠闲的，但对我来说却总是紧张的。因为一切人
20×15=300
中国作家协会西安分会

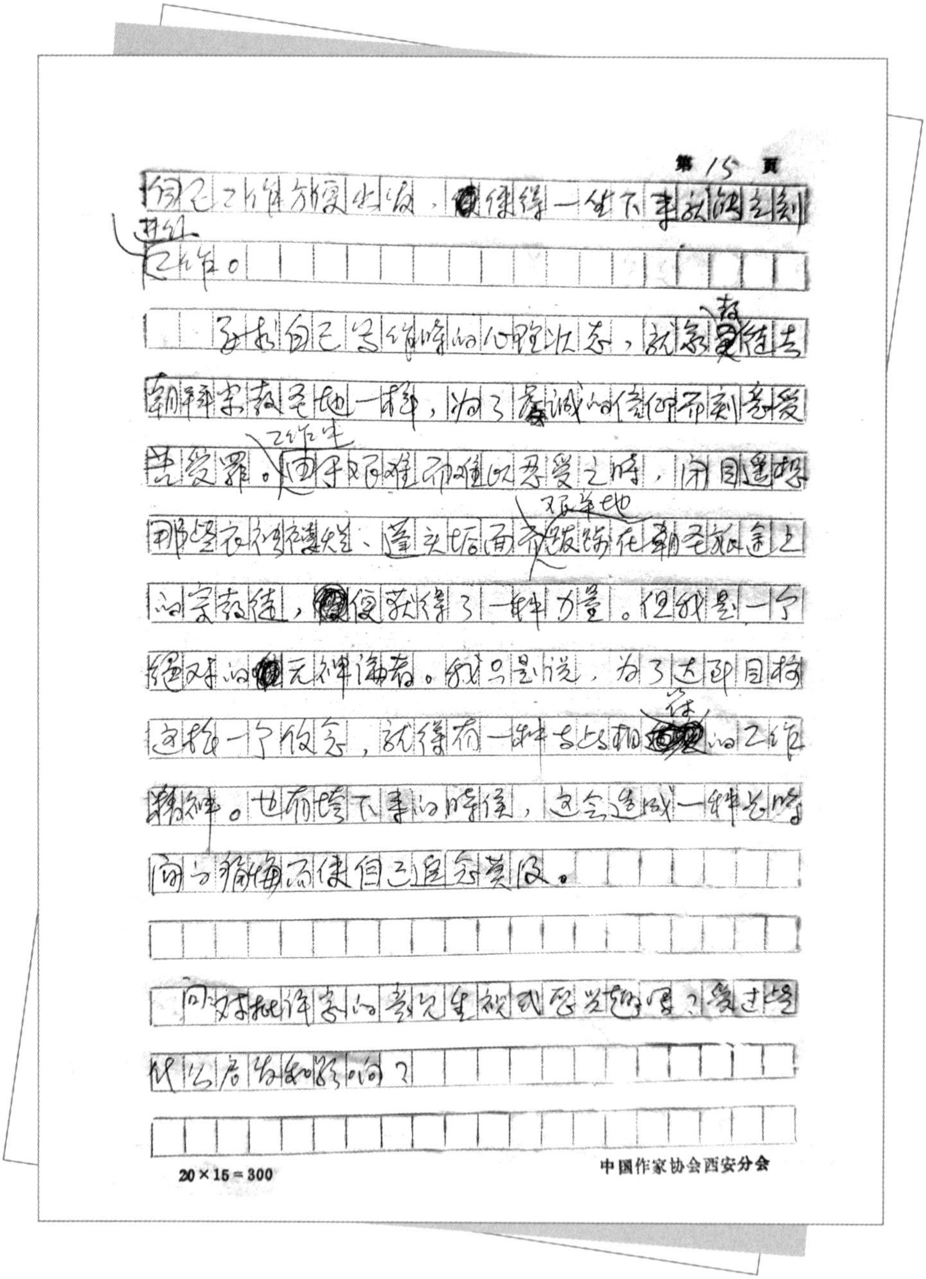

第15页

对自己工作方法也没法，使得一些下手就能去刻划的精细工作。

至于我自己写作时的心理状态，就象教徒去朝拜宗教圣地一样，为了虔诚的信仰而刻苦受苦受罪。工作中遇到困难而难以忍受之时，闭目遐想那些衣衫褴褛、蓬头垢面而艰难地跋涉在朝圣旅途上的宗教徒，便获得了一种力量。但我是一个绝对的无神论者。我只是说，为了达到目标这样一个信念，就得有一种苦行僧的工作精神。也有放下手的时候，这会造成一种长时间的痛悔而使自己追悔莫及。

问：对批评家的意见是采取什么态度呢？受过些什么启发和影响？

20×15=300　　中国作家协会西安分会

第 16 页

答：很难说。深刻的批评家和文艺理论家常常使作家看到自己的危处和劣处。有些批评家的文章看了会使人立刻产生一种创作的欲望。对国内文学批评的现状来说，使人感到不满足的是，有些批评的主观色彩较浓，并且视野也狭窄。

问：请谈谈你的阅读范围。

答：范围比较广泛。除过文学以外，各种门类的书都读一些。对我们的古典作品和苏联文学有一种特殊的爱好。杂志中除过文学作品外，喜欢读《世界知识》、《红旗》、《世界博览》、《飞碟探索》、《新华文摘》、《读者文摘》和《青年文摘》等。

20×15=300　　中国作家协会西安分会

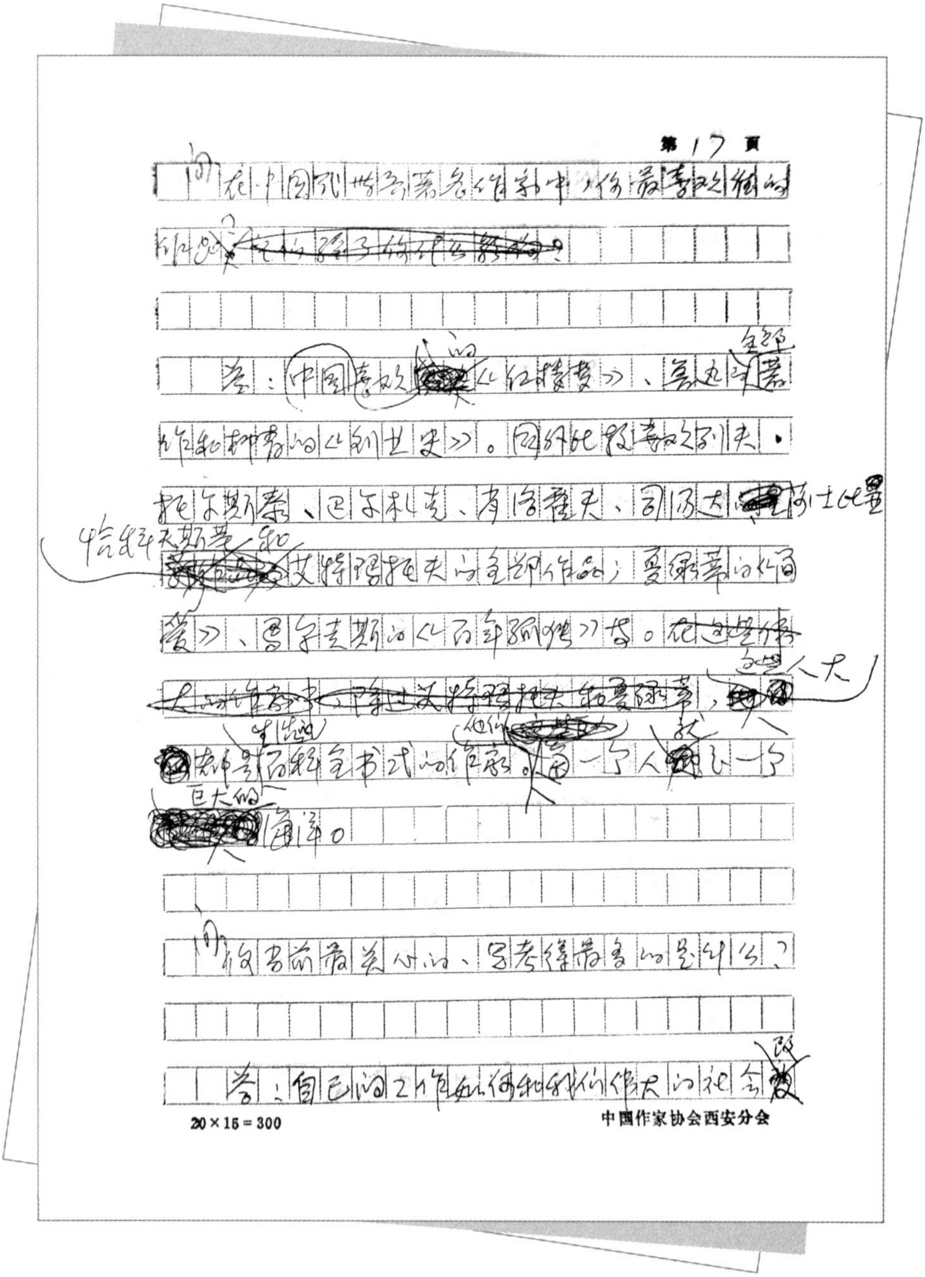
第17页
问：在中国和世界著名作家中，你最喜欢的作家和作品？
答：中国喜欢《红楼梦》、鲁迅全部著作和柳青的《创业史》。国外比较喜欢列夫·托尔斯泰、巴尔扎克、肖洛霍夫、司汤达、莎士比亚、陀思妥耶夫斯基和艾特玛托夫的全部作品；夏绿蒂的《简·爱》、马尔克斯的《百年孤独》等。
他们都是百科全书式的作家。每一个人就是一个巨大的海洋。
问：读书前后关心的、写来得最多的是什么？
答：自己的工作和我们伟大的社会
20×15=300
中国作家协会西安分会

第18页

革相适应。才短短几年里，我们的国家发生了巨大的变化。这个变化是广阔的，深刻的，迅猛的，使人大有目不暇接之感。生活提出了许多新的课题，需要作家来研究。文学如何反映这个大改革，已经迫切地需要作家们做出回答。有些目光敏锐的作家已经写出了反映这方面生活的作品。有的作家正在对生活深入研究，艰苦地做着一些准备工作。我时时感到自己追不上生活的发展。我们努力使自己加快步伐，以使自己的劳动和伟大的时代相适应。

问：社会上有人传说你要写《人生》的续集，你是否有这个打算？

答：我没有这个打算。《人生》小说发表

20×15=300　　中国作家协会西安分会

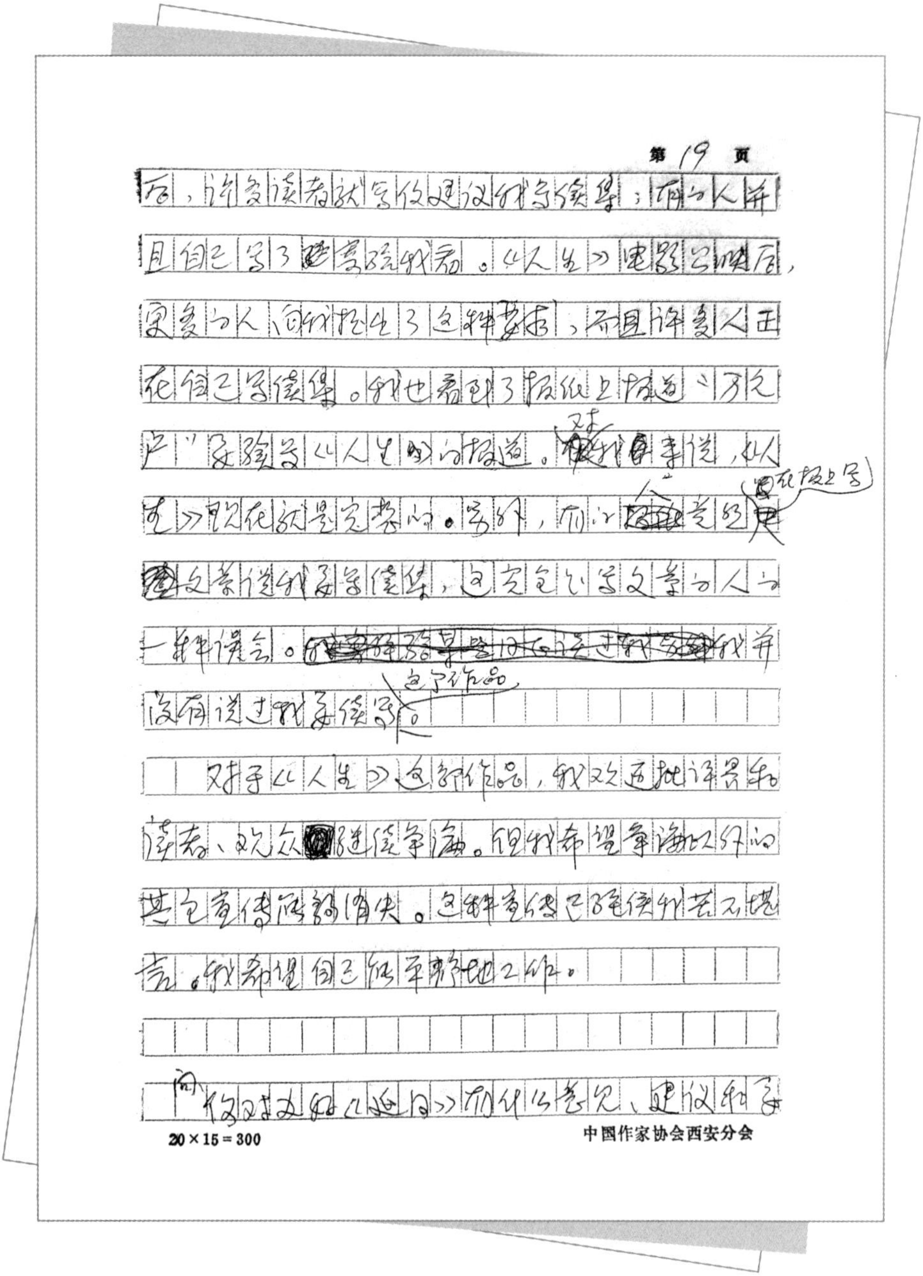
第 19 页
后，许多读者就写信建议我写续集；有的人并
且自己写了续集寄给我看。《人生》电影公映后，
更多的人向我提出了这种要求，而且许多人正
在自己写续集。我也看到了报纸上报道"万元
户"要给高加林续《人生》的报道。对我来说，《人
生》现在就是完整的。另外，有的评论家在报上写
文章说我要写续集，这完全是一些文学的人的
一种误会。我并
没有说过我要续写这个作品。
对于《人生》这部作品，我欢迎批评家和
读者、观众进行争论。但我希望争论以外的
其它宣传应该消失。这种宣传已经使我苦不堪
言。我希望自己能平静地工作。
问：你对文学期刊《延河》有什么意见、建议和要
20×15＝300
中国作家协会西安分会

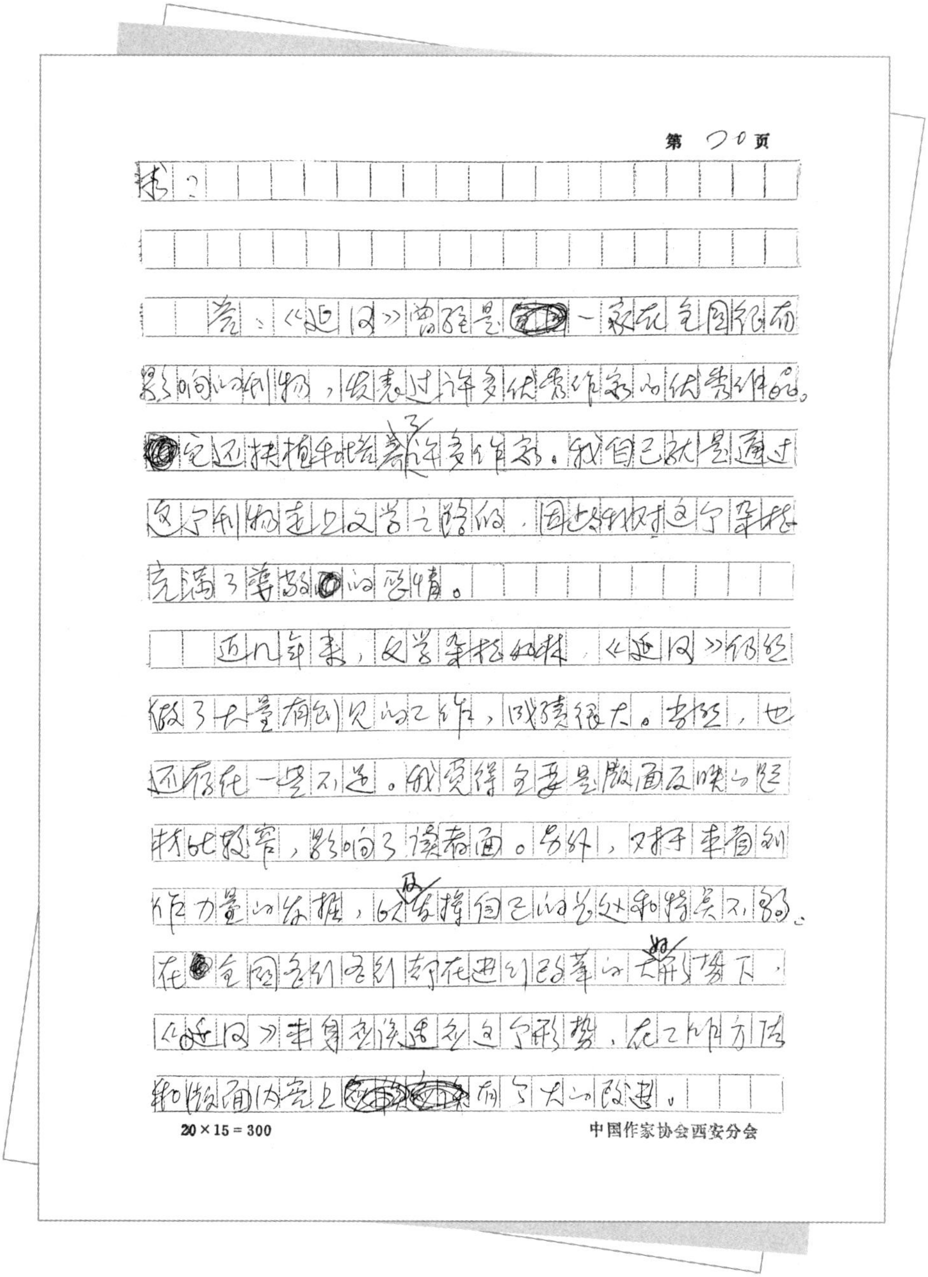

第 70 页

扬？

答：《延河》曾经是一家在全国很有影响的刊物，发表过许多优秀作家的优秀作品。它还扶植和培养了许多作家。我们自己就是通过这个刊物走上文学之路的，因此我对这个杂志充满了尊敬的感情。

近几年来，文学杂志如林，《延河》仍然做了大量有创见的工作，成绩很大。当然，也还存在一些不足。我觉得主要是版面反映的题材比较窄，影响了读者面。另外，对于本省创作力量的依据，以及发挥自己的长处和特点不够。在全国各刊各类都在进行改革的形势下，《延河》本身应该适应这个形势，在工作方法和版面内容上有个大的改进。

20×15=300　　中国作家协会西安分会

我认为小说就应该这样，既要淋漓尽致，又要有所节制。不到火候，令人遗憾；火候太过，同样令人遗憾。艺术就是和谐，而恰如其分就是和谐。不到和多余，都破坏和谐。

读李天芳、晓雷著《月亮的环形山》

释　文

《月亮的环形山》我是在四天之内读完的，我感到作者通过这部小说，把握住了小说的个中三昧，甚至把握到了一种较为纯青的程度。

要具体地谈这部作品，几乎无从谈起，但你处处感到了一种无声的汹涌。这就是本事。羚羊挂角，无迹可求，是否就属这种境界？作者表达的是对生活的整体体验，而不是讲故事。处处都是思想的火花和情绪的激流，因此处处引起你的触动。一般的读者要读故事，读曲折离奇的故事，而高层次的读者决不满足于听故事，而要求读生活。故事完整而一切方面都乏味的小说，人读过就忘。要看故事，可以跳着看，翻几页就完了。但凭我的经验，层次高的读者，读《月亮的环形山》这样的小说，就愿意一直读下去。读这种小说，很难跳过去，只能字字句句地读，这是因为作品处处都渗透着作者独特而真实的感受，对读者有一种不可抗拒的牵引。

有的小说，看似故事性很吸引人，但随时都让人疑窦突生：生活是这样吗？这可能吗？作者只有设身处地，让人信服，才谈得上让人接受，让人感动。好的长篇小说，看似“无事”，实际上处处闪烁着对生活的真知灼见。每一段的每一句话都要写得好，不仅仅是写得正确，前后左右抽扯照应住就够了，而应该在每一个段落里甚至在几个短句中都有让人眼睛一亮的东西。在一个小小的语言的漩(旋)涡里，段落的港湾里，都要有丰富的层次，丰富的景致。只要每一段都写好，比刻意去追求一个完整的故事更有魅力。天芳的散文的语言和晓雷(的)诗的语言，这一次完全蜕变为真正意义上的小说的语言。应该有散文、有诗，但在小说中，散文和诗都应该成为小说中的散文和诗，成为真正的小说语言。也正因为这样，这部小说也才区别其它(他)的小说。有的小说追求新闻报导(道)式的爆炸效果，而这是一个追求艺术效果的作品；小说不能靠事件去冲击，这个小说显然企图用艺术来征服读者。这部书我读起来特别有兴趣。真是无从谈起，但写成了三十万字。要达到这一点，可不容易。一切都是自然的。只有巨大而充满匠心的劳动才可能造成不露加工痕迹的作品。这部作品我没读的时候，就在想象，等到把后边的读完后，就发现和我的想象是吻合的。

有的人可能把这种小说仅仅看作是语言讲究，这种认识是浅薄的。最主要是一种深切的体验和感受。这部书使我感受到了内容上的一种真诚性，这种真诚又得到了一种强有力的表述。有的小说缺乏生活的真诚感，只是为写而写；有的虽然具备真诚，却不能通过艺术特别是语言的品味达到。而这部作品尽可能把两者结合在一起。最主要的是对生活深切的感受和理解，然后才是语言的表述，这两种的结合，才能造成真正意义上的小说。这部小说的真正价值就在于此。尽管描写是平静的，但内心充满了暴风骤雨。把读者引进心灵深处，这才是一个真正博大的世界。人的精神世界是一座无边的宫殿。作家的体验是任何人不能代替的，读者是跟着作家提供的体验去思索的。因此，这部小说在外部的结构上似乎特别平淡，但具有真正内在的张力。

这部小说的一个显著的特点就是对人的心灵世界的开掘，它追求另一种格局的广大。《九三年》和《简·爱》不同，一个着重于社会史的描绘，一个着重于心灵史的开掘，但不能说哪一个比哪一个更大更重要。实际上心灵的世界最大。罗切斯特和简·爱的心灵通向全世界。《简·爱》我读过不少遍，这种小说很有魅力。浅薄的书评家往往注意外在的东西和形式上的各种小花招。不要为了扩大容量，硬把不相干的东西拉进来。《月亮的环形山》不是这样，没有从情感岔出去的描写。

我从写小说的角度，边读边分析这部小说的章节和段落，最后认为，只能是现在这样写，很少是多余的，也很少有不到的。只能是这个样子。我认为小说就应该这样，既要淋漓尽致，又要有所节制。不到火候，令人遗憾；火候太过，同样令人遗憾。艺术就是和谐，而恰如其分就是和谐。不到和多余，都破坏和谐。

小说的博大，是作家对生活的视角要开放，仅仅把故事扯得天南海北，未见得开放。而这部小说在思维方式和揭示人物心理方面，都是开放的。作者过去的散文小说或诗歌作品，都有拘谨感，这一次能够放得开，而且越到后来越放得开。重要的是，对那个时代的生活、思想、思维方式、情感表达方式、生活形态，等等的把握，都是准确的。这些写准了，读小说就使人进入甚至沉浸于那个时代，使我们产生这样一种思绪：尽管我们曾经是多么幼稚，但那个时代依然是美妙的、令人神往的。

是的，用艺术去篡改生活、篡改历史，那才是一种真正的幼稚和浅薄。这部小说对当时各种人物的描写，尤其是对那些在今天看来是僵化的或者不好的人物的描写，都是有节制的。作者是从社会的角度来评判、来检讨的，没有从个人的好恶出发去臧否人物，这是一种历史的俯瞰。所描写的那一群人给人留下特别清晰的印象。这是很不容易的。“莫斯科在你的笔下清晰可见”，这是对作品的最高褒奖。一部作品所描写的人物和环境给人留下特别清晰的印象，这是起码的，也是最不容易的。

小说的结尾也好，最后那一段特别好。这种结尾只有在那种时代，带有一种深远的诗意，给人一种特别温馨的感动。但我感到，小说结尾时对几个人物命运的照应，周蔚然和韦林贤的笔墨稍微轻了点。我认为，在快要结尾的某个时候，对所描写的人和生活有一点历史的或哲学的概括，对《月亮的环形山》有一点点题的笔墨，会要好。比如说在婚礼的描写上，可以讲到：来了的，没来的，活着的，死了的，这些人的生活在后人看来是简单的、平常的，甚至是平庸的，但在这样一种社会背景，他们各自进行了不懈的努力和崇高的追求。这样的总结，也许会给人更多的启发。应有一个小段落和一个小细节，点一下。现在虽然有，但不够。吕哲之死与窑洞婚礼的衔接，应该更具匠心。要有一个重笔，无论思想上或内容上都需要一个重笔，让奔腾汹涌的东西有个归宿。当然需要全书的一贯风格。另外，中秋节，主人公与老同学的会面，有一点生硬。这虽是小疵，但一部交响乐出现几个不和谐的音节就会毁掉整部交响曲，不可不注意。

总体上讲，这部小说没有一处是松懈的或勉强的，到处都显示出一种游刃有余，这显然是几十年艺术积累的功底的体现，把几十年的积累用于一种合适的大舞台舒展地展现了出来。可以看出，作者把原来的散文和诗的功夫全用进去了，但又远远地区别于以往的散文诗歌作品。真正从艺术的角度出发，就应该客观的公正的看待这一部作品，这无疑是陕西长篇小说创作的重大收获，是一部高品味(位)的长篇小说。

通过这部小说，作者应该乘胜追击。艺术应该实事求是地区别有价值的和没有价值的东西，这部书完全是有价值的东西。作者姑且把以前作品都看作这部书的准备，什么也不要想，一定要把下边的东西完成。我的经验就是，什么也不要想，把要写的东西写下去。我相信，作者一定能写好。

原文

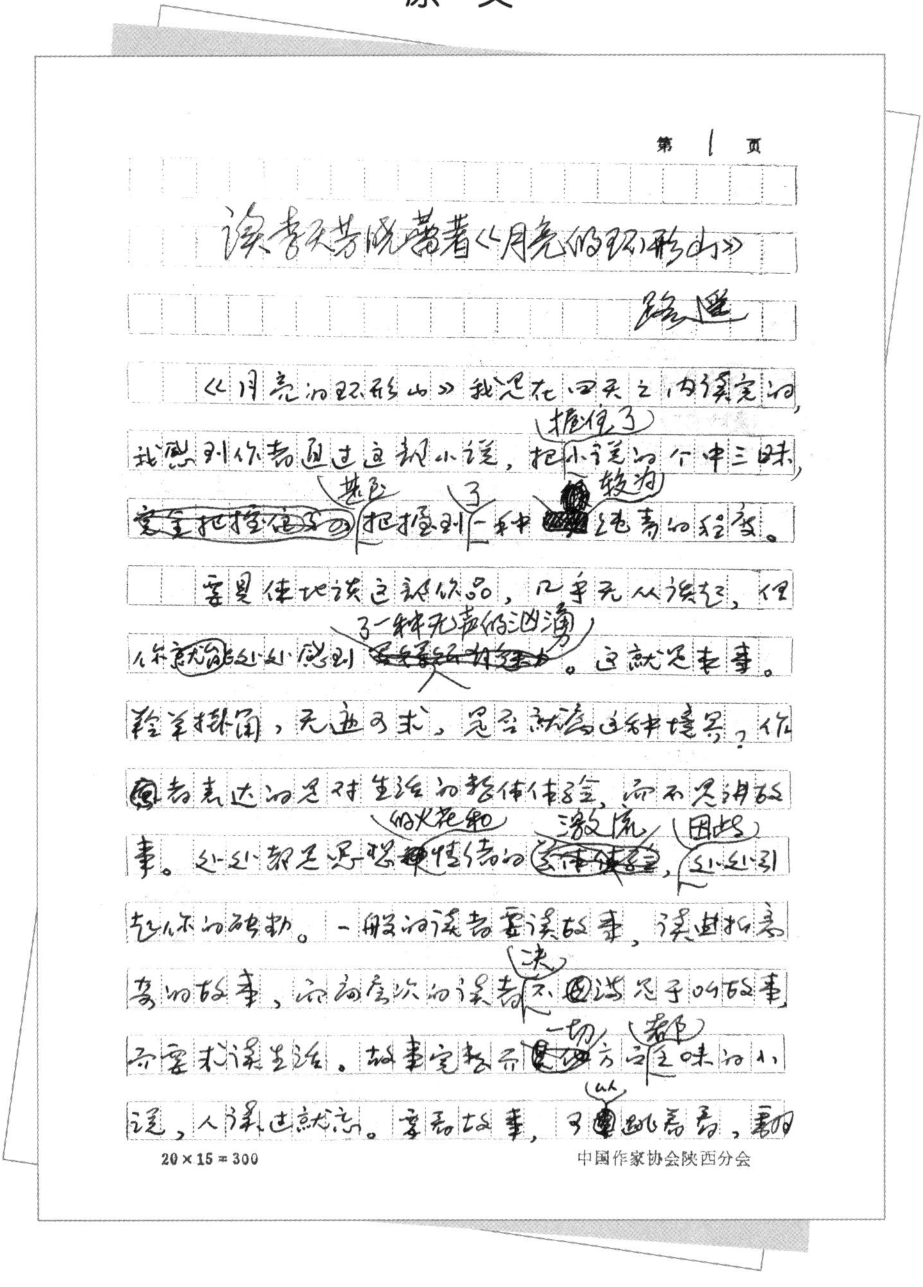
第 1 页

谈李天芳晓蕾著《月亮的环形山》

路遥

《月亮的环形山》我是在四天之内读完的，我感到作者通过这部小说，把握住了小说的个中三昧，基本把握到了一种较为纯青的程度。

要具体地谈这部作品，几乎无从谈起，但你就能处处感到了一种无声的汹涌。这就是本事。轻笔挥洒，无迹可求，是否就指这种境界？作者表达的是对生活的整体体验，而不是讲故事。处处都是思想的火花和情绪的激流，因此处处引起你的波动。一般的读者要读故事，读曲折离奇的故事，而高层次的读者决不满足孩子的故事，而要求读生活。故事完整而一切方面都乏味的小说，人读过就忘。要看故事，可以跳着看，翻

20×15=300　　中国作家协会陕西分会

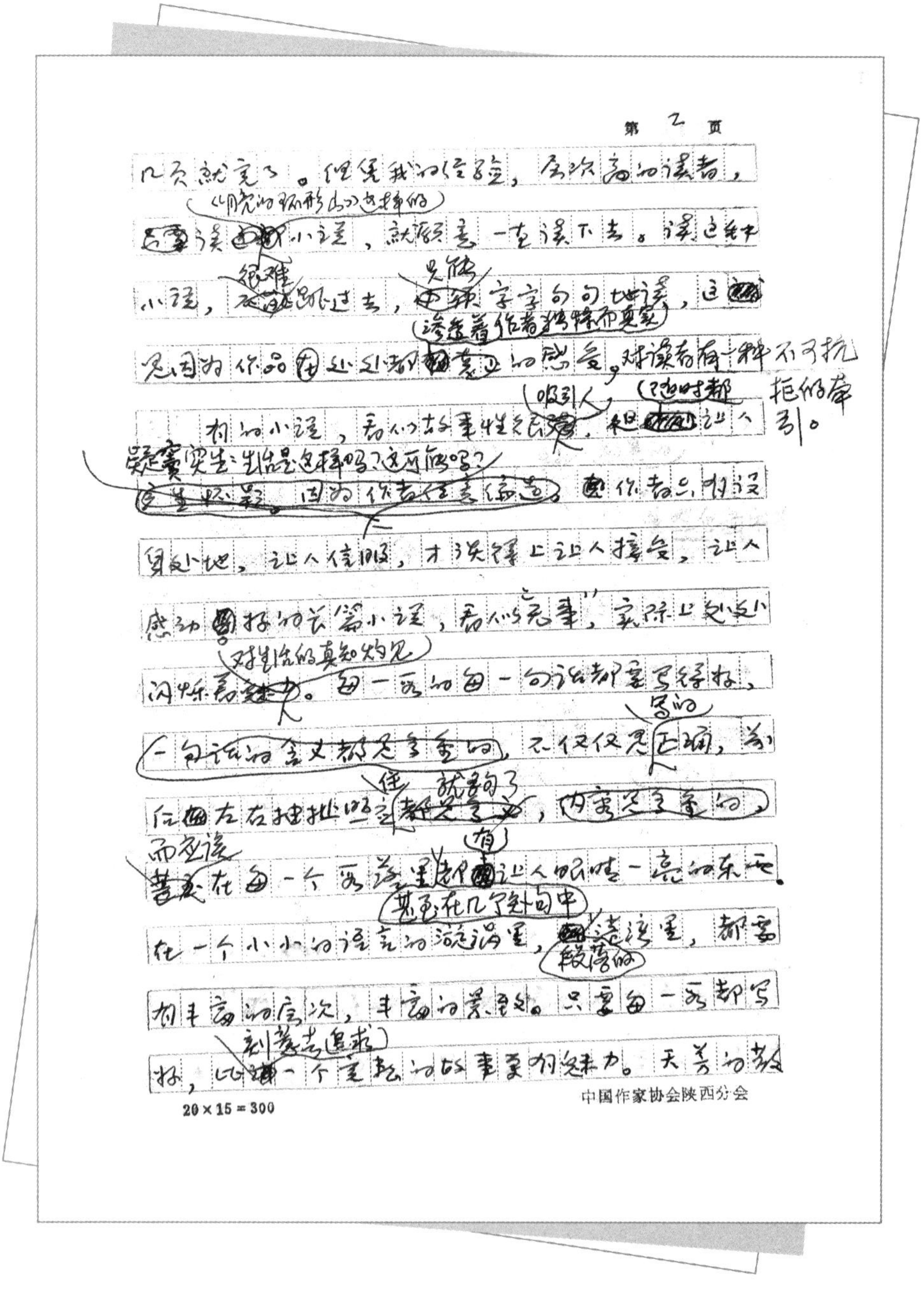
第 2 页

几页就完了。但凭我的经验，会读书的读者，读《明亮的孤形山》这样的小说，就会一直读下去。读这种小说，很难跳过去，只能字字句句地读，这是因为作品在追逐着作者独特而真实的感受，对读者有一种不可抗拒的牵引。

有的小说，看似故事性强，吸引人，但随时都让人疑窦突生：生活是这样吗？这可能吗？作者没有身临其境，让人信服，才谈得上让人接受，让人感动。好的长篇小说，看似无事，实际上处处闪烁着对生活的真知灼见。每一页的每一句话都要写得好，不仅仅是写的正确，前后左右拉扯起来就够了，内容是多重的，而且在每一个页码里都有让人眼睛一亮的东西。在一个小小的语言的漩涡里，段落里，都要有丰富的层次，丰富的景致。只要每一页都写好，刻意去追求一个完整的故事真的魅力。天才的叙

20×15＝300　　中国作家协会陕西分会

文的语言和性喜诗的语言，这一次完全蜕变为真正意义上的小说的语言。它保持了散文、诗意，但在小说中，散文和诗都已经成为小说中的散文和诗，成为真正的小说语言。也正因为这样，这部小说也才区别于其它的小说。有的小说追求新闻报导式的爆炸效果，而这是一个追求艺术效果的作品；有的小说靠不能事件去冲击，而这个小说虽然企图用艺术来征服读者。这部书我读起来特别舒畅。真是无从谈起，但作者写成了三十万字。一般人要达到这一点，又不容易。一切都是自然的，这部作品在进入我的阅读的时候，就在想象；当我把它读完后，我发现和我的想象是吻合的。又有巨大而充满匠心的劳动才能造成不露加工痕迹的作品。

有的可能人把这种小说仅仅看作是语言讲究，这种认识是肤浅的。最主要是一种深切的体验

20×15=300　　中国作家协会陕西分会

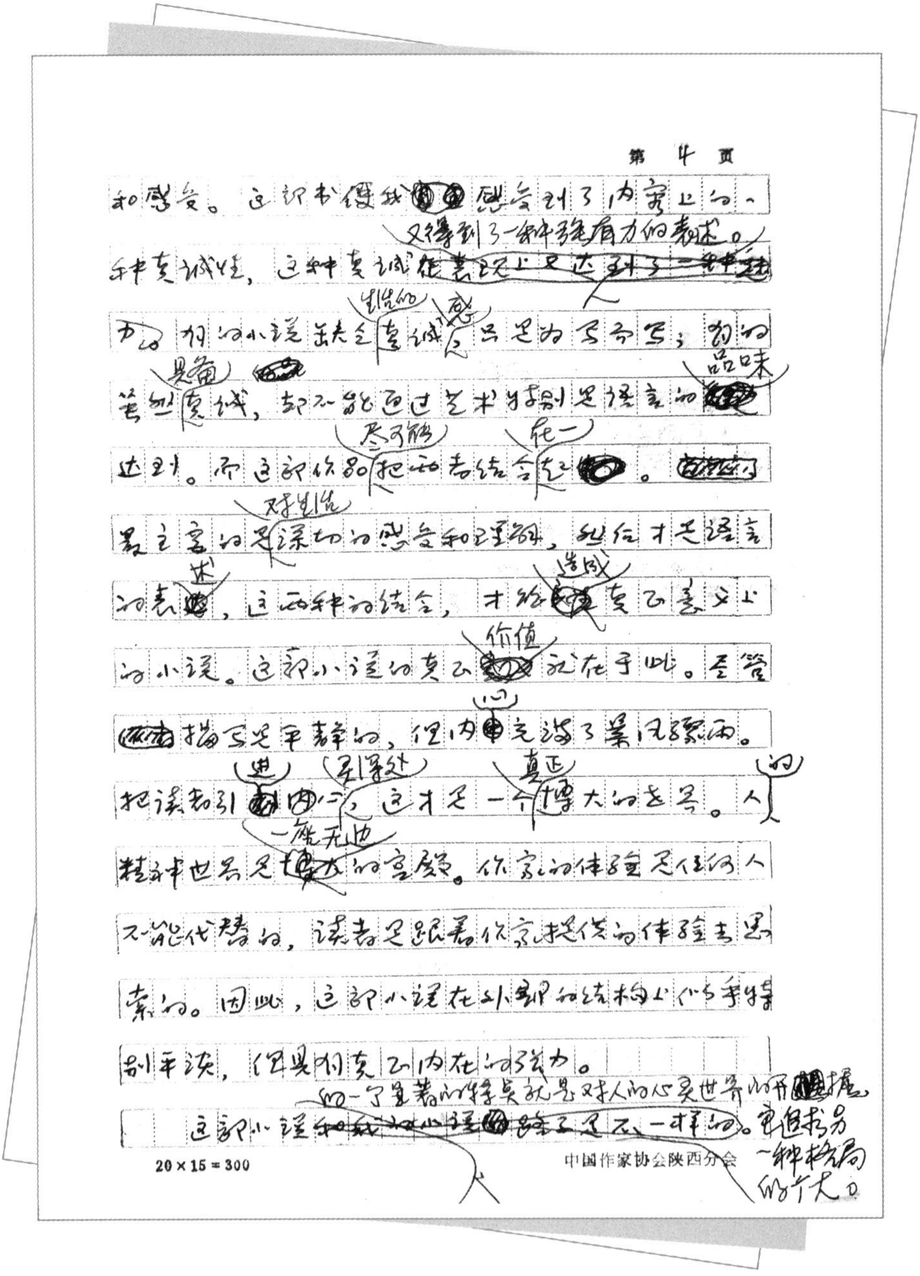

第 4 页

和感受。这部书使我们体会到了内容上的一种真诚性，这种真诚又得到了一种强有力的表述。人们对小说缺乏真诚的态度是不满意的；但仅仅是真诚，却不能通过艺术特别是语言的品味达到。而这部作品尽可能把两者结合在一起。最主要的是对生活深切的感受和理解，然后才是语言的表述，这两种的结合，才能造成真正意义上的小说。这部小说的真正价值就在于此。尽管[illegible]描写是平静的，但内心充满了暴风骤雨。把读者引进内心深处，这才是一个真正博大的作品。人的精神世界是一望无边的宇宙。作家的体验是任何人不能代替的，读者是跟着作家提供的体验去思索的。因此，这部小说在外部的结构上似乎特别平淡，但是有真正内在的张力。

这部小说的一个显著的特点就是对人的心灵世界的把握，重组出另一种格局的小说。

20×15＝300　　中国作家协会陕西分会

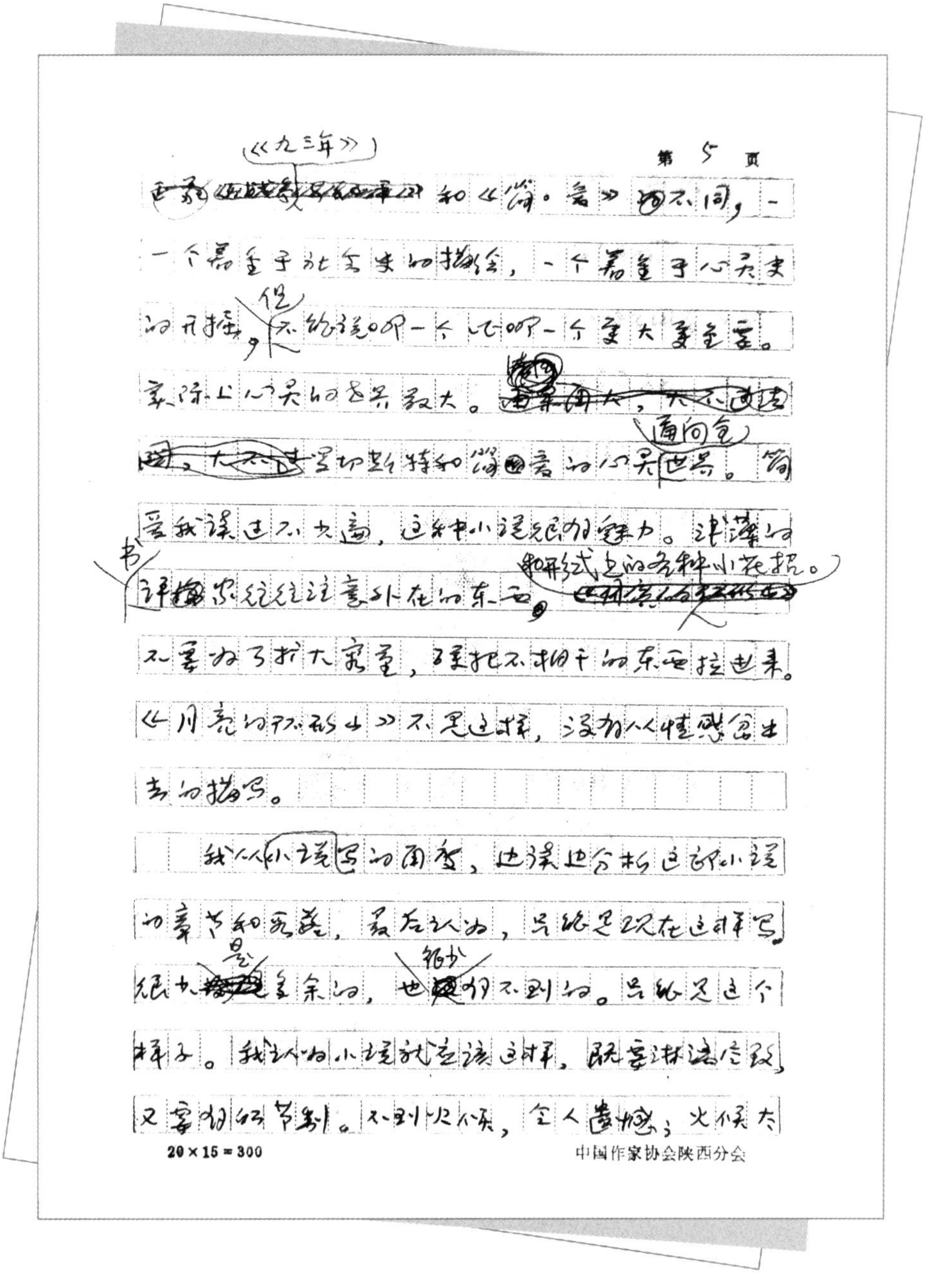

第 5 页

正象《九三年》和《简·爱》不同，一个着重于社会生活的描绘，一个着重于心灵世界的开掘，但不能说哪一个小哪一个更大更全面。实际上心灵的容量最大。[illegible]写罗切斯特和简·爱的心灵世界。简·爱我读过不少遍，这种小说很有魅力。许多的书评家往往注意外在的东西，和形式上的各种小花招。不要为了扩大容量，硬把不相干的东西拉进来。《月亮和六便士》不是这样，没有个人情感溢出去的描写。

我从小说写的角度，边读边分析这部小说的章节和意义，我当时认为，只能是现在这样写。很大是多余的，也很少做不到的。只能是这个样子。我认为小说就应该这样，既要讲究语言叙述，又要做细节刻划。不到火候，令人遗憾；火候太

20×15=300　　中国作家协会陕西分会

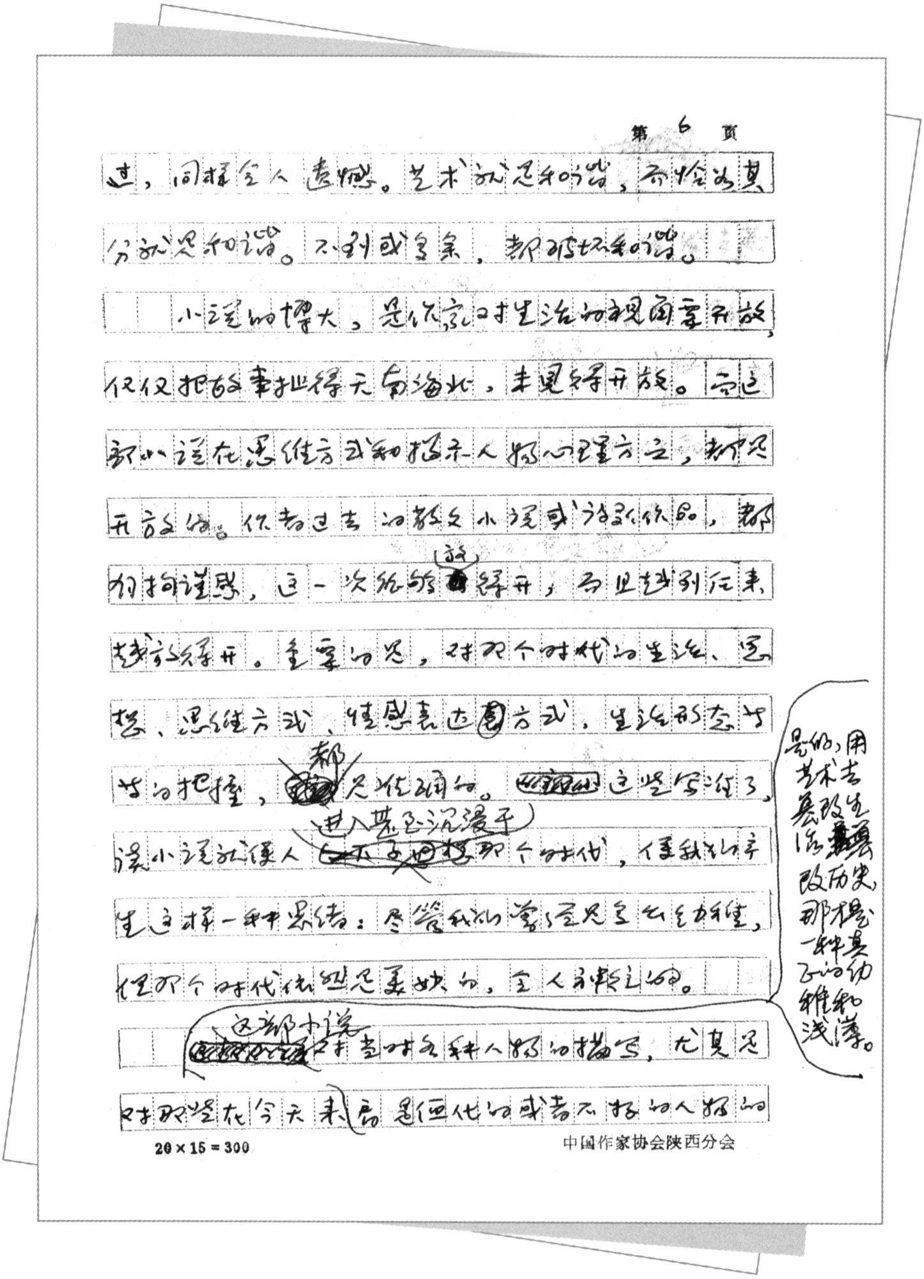

第 6 页

过，同样令人遗憾。艺术就是和谐，而恰如其分就是和谐。不到或过头，都破坏和谐。

小说的博大，是作家对生活的视角完全开放，仅仅把故事扯得天南海北，未见得开放。而这部小说在思维方式和揭示人物心理方面，都是开放的。作者过去的散文小说或诗歌作品，都有拘谨感，这一次彻底放开，而且也引人来越放越开。重要的是，对那个时代的生活、习性、思维方式、情感表达方式，生活的各个方面的把握，都是准确的。这些写活了，读小说就使人进入某种沉浸于那个时代，使我们产生这样一种思绪：尽管我们常说它是怎么怎么样，但那个时代依然是美好的，令人留恋的。

这部小说对各种人物的描写，尤其是对那些在今天来看是值的或者不好的人物的

是的，用艺术去表现生活表现历史，那是一种真正的幼稚和浅薄。

20×15＝300　　中国作家协会陕西分会

7 页

描写，《月亮的环形山》都是细节制胜的。作者是从社会的角度来评判、来检讨的。没有从个人的好恶出发去裁判人物，这是一种历史的眼光。所描写的那一群人给人留下特别清晰的印象。这是很不容易的。"以莫泊桑为首的作家群在你的笔下清晰可见"，这是对作品的最高褒奖。一部作品所描写的人物和环境给人留下特别清晰的印象，这是起码的，也是最不容易的。

小说的结尾也好，尤其那一笔特别好。这种结尾只有在那种时代，才有一种深远的寓意，给人一种特别温馨的感动。但我感到，小说结尾时对几个人物命运的交代，周密细致和事情发展的笔墨稍微轻了点。我认为，在快要结尾的某个时候，对所描写的人和生活作一些历史的或哲学的概括，对《月亮的环形山》作一些必要的笔墨，会更好。比如说在婚礼的描写上，可以讲到：

20×15＝300　　中国作家协会陕西分会

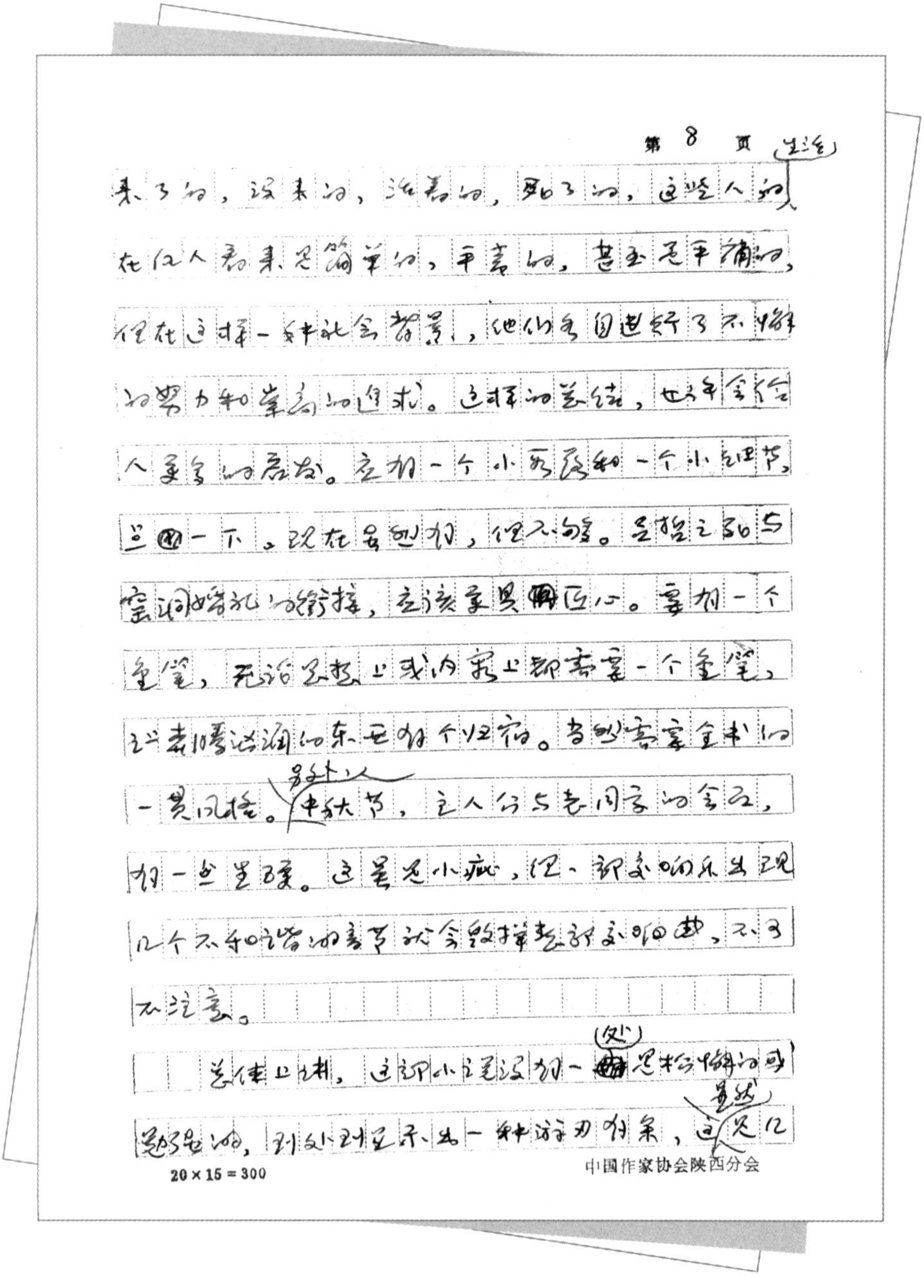

第 8 页

来了的，该来的，没来的，死了的，这些人的在作人看来是简单的，平凡的，甚至是平庸的，但在这样一种社会背景，他们各自进行了不懈的努力和崇高的追求。这样的总结，也许会给人更多的启发。应加一个小家庭和一个小细节，点缀一下，现在只能想，但不够。是指主题与空洞婚礼的结构，应该更具匠心。要加一个金童，无论是地上或内容上都需要一个金童，让素材这里的东西有个归宿。当然要掌握全书的一贯风格。中秋节，主人公与老同学的会面，加一些笔墨。这虽是小疵，但一部分作品出现几个不和谐的音节就会影响整部作品的旋律，不可不注意。

总体上讲，这部小说没有一处是松懈的或勉强生硬的，到处都显示出一种活力和朝气，这是几

20×15=300　　中国作家协会陕西分会

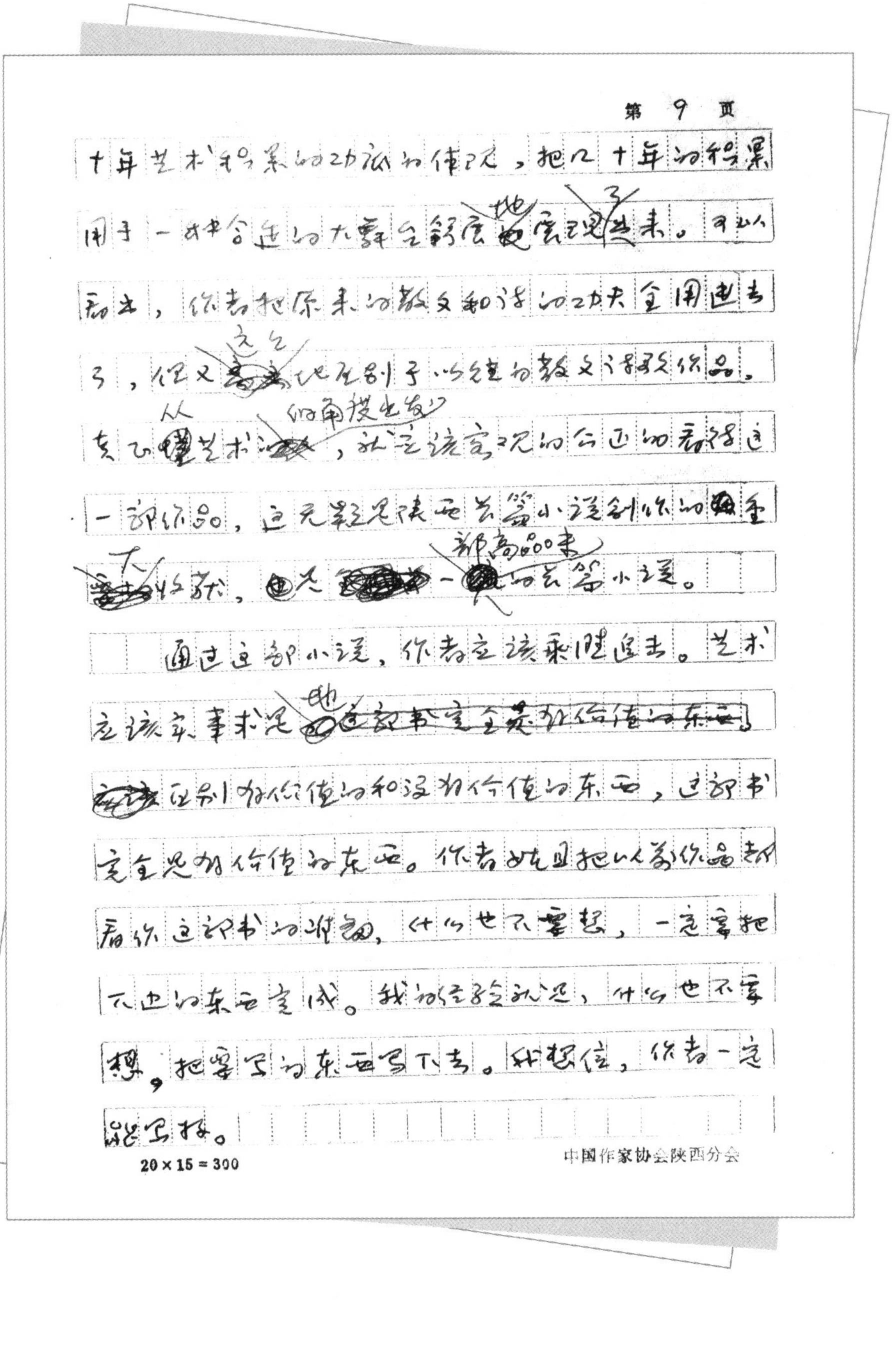
第 9 页

十年艺术积累的功底的体现，把几十年的积累用于一部合适的大题材全部地表现了出来。可以说，作者把原来的散文和诗的功夫全用进去了，但又远远地区别于以往的散文诗歌作品。真正从艺术的角度出发，就应该实事求是地公正地看待这一部作品，这无疑是陕西长篇小说创作的重大收获，也是一部高品味的长篇小说。

通过这部小说，作者应该乘胜追击。艺术应该实事求是地区别有价值的和没有价值的东西，这部书完全是有价值的东西。作者如果把以前作品都看作这部书的准备，什么也不要想，一定要把以后的东西完成。我的经验就是，什么也不要想，把要写的东西写下去。我相信，作者一定能写好。

20×15=300　　中国作家协会陕西分会

追悼杜鹏程

二十多年相处的日子里，他的人民性，他的自我折磨式的伟大劳动精神，都曾强烈地影响了我。我曾默默地思考过他，默默地学习过他。现在，我也默默地感谢他。

释 文

在人类所有的不幸中，最不忍目睹的就是死亡引起的悲痛，尤其是对一个你所熟识而敬重的人。

我不愿目睹没有气息的杜鹏程。我愿意他在我的记忆中永远是一团燃烧的烈火，一个用严峻的神色审视这个世界的哲学家，一个气势磅礴的叙事诗人。

老杜！你的价值不可能在某种仪式上体现。你在半个世纪中构成的巨大内容需要一代人乃至未来的历史给予详尽诠释。

在和他同时代的作家中，杜鹏程是少数属于敢踏入“无人区”的勇士，并敢在文学的荒原上树立自己标识的人物。他是我们行业的斯巴达克思。这一切首先体现在他的史诗《保卫延安》之中。这部书使他声名远播，也给他带来过无穷的灾难。而属于巨人的灾难不也是别一种勋章吗？

杜鹏程出身于一个贫苦的农民家庭。他几乎是赤手空拳走进生活和战争的暴风雨。不久，他就拥有枪和笔两种武器。其中的枪和敌对的势力作战，而笔主要和自己作战。对他来说，后一种作战更为艰难。从《保卫延安》的创作过程，我们就可以看出他和自己作(做)过多么无情的斗争。以后，这部书先使他荣耀接着便让他忍气吞声地生活。从未来得及完成的大书《太平年月》的题旨就完全使我们意识到，作家已经进入了思想和艺术的大境界。可是，没等这座宏大的工程峻(竣)工，他就逝世了。正如他最后所言，这是一个“悲剧”。

二十多年相处的日子里，他的人民性，他的自我折磨式的伟大劳动精神，都曾强烈地影响了我。我曾默默地思考过他，默默地学习过他。现在，我也默默地感谢他。在创作气质和劳动态度方面，我和他有许多相似之处。当他晚年重病缠身的时候，我每次看见他，就不由想到了自己的未来。我感到，他现在的状况也就是我未来的写照。这是青壮年时拼命工作所导致的自然结果。但是，对某一种人来说，他一旦献身于某种事业，就不会顾及自己所要付出的代价。这是永远无悔的牺牲。

杜鹏程远离我们而去，但他劳动者繁忙的身影却永远会出现在我们眼前。对于这样一个毕生出尽了力气的人，我们现在真正出于内心的真诚对他说一声：安息吧！

原 文

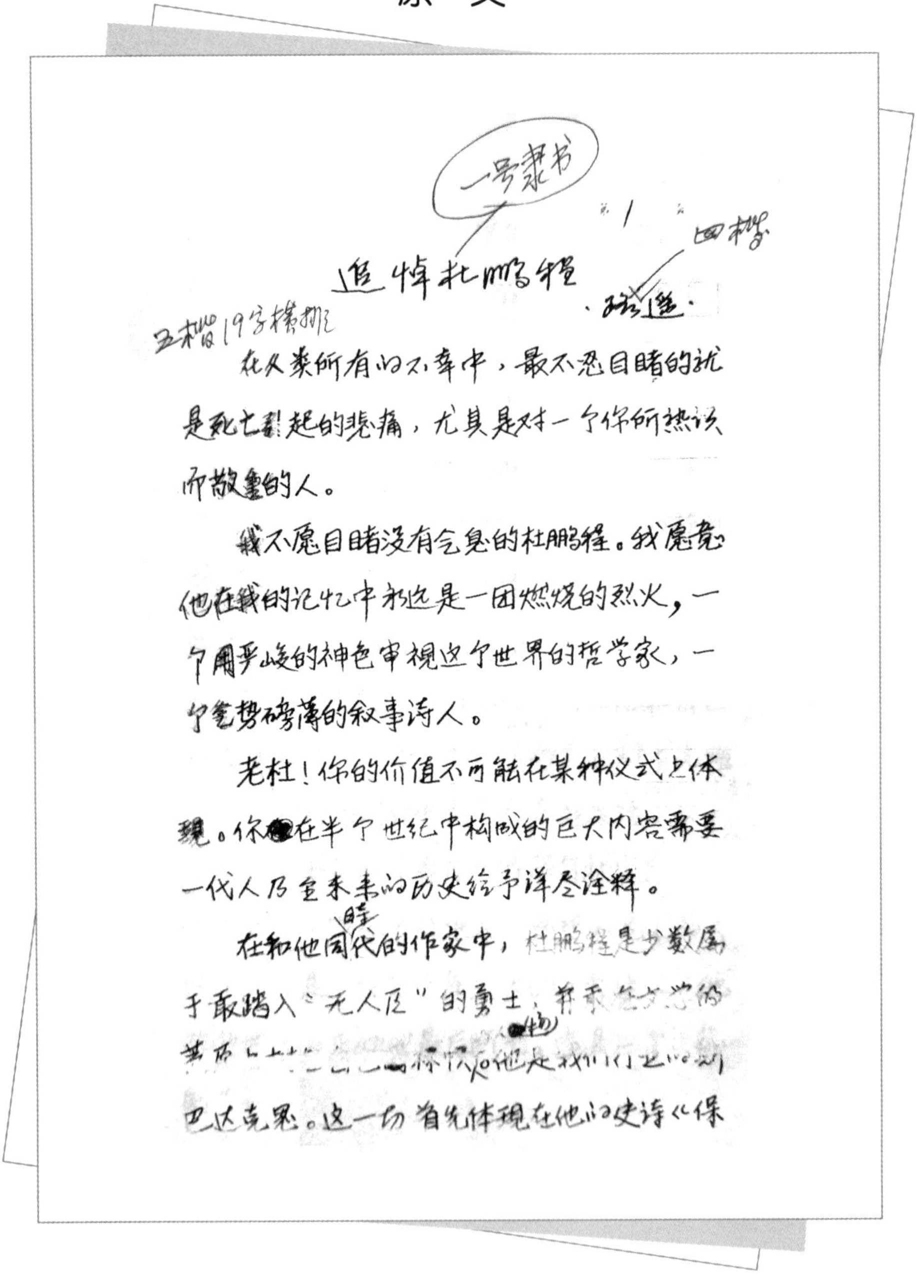
一号隶书
1
四楷
追悼杜鹏程
路遥
五楷19字横排
在人类所有的不幸中，最不忍目睹的就是死亡引起的悲痛，尤其是对一个你所热爱而敬重的人。
我不愿目睹没有气息的杜鹏程。我愿意他在我的记忆中永远是一团燃烧的烈火，一个用严峻的神色审视这个世界的哲学家，一个气势磅礴的叙事诗人。
老杜！你的价值不可能在某种仪式上体现。你在半个世纪中构成的巨大内容需要一代人乃至未来的历史给予详尽诠释。
在和他同时代的作家中，杜鹏程是少数属于敢踏入"无人区"的勇士，[illegible]人物，他是我们中间的斯巴达克思。这一切首先体现在他的史诗《保卫延安》之中。这部书使他声名远播，也给他带来过无穷的灾难。而属于巨人的灾难不也是另一种勋章吗？

杜鹏程出身于一个贫苦的农民家庭。他几乎是赤手空拳走进生活和战争的暴风雨中。不久，他就拥有枪和笔两种武器。其中的枪和敌对的势力作战，而笔主要和自己作战。对他来说，后一种作战更为艰难。从《保卫延安》的创作过程，我们就可以看出他和自己作过多么无情的斗争。以后，这部书先使他荣耀，接着便让他忍气吞声地生活。从未来得及完成的大书《太平年月》的题旨就完全使我们意识到，作家已经进入了思想和艺术的大境界。可是，没有这座宏大的工程竣工，他就去世了。正如他最后所言，这是一个"悲剧"。

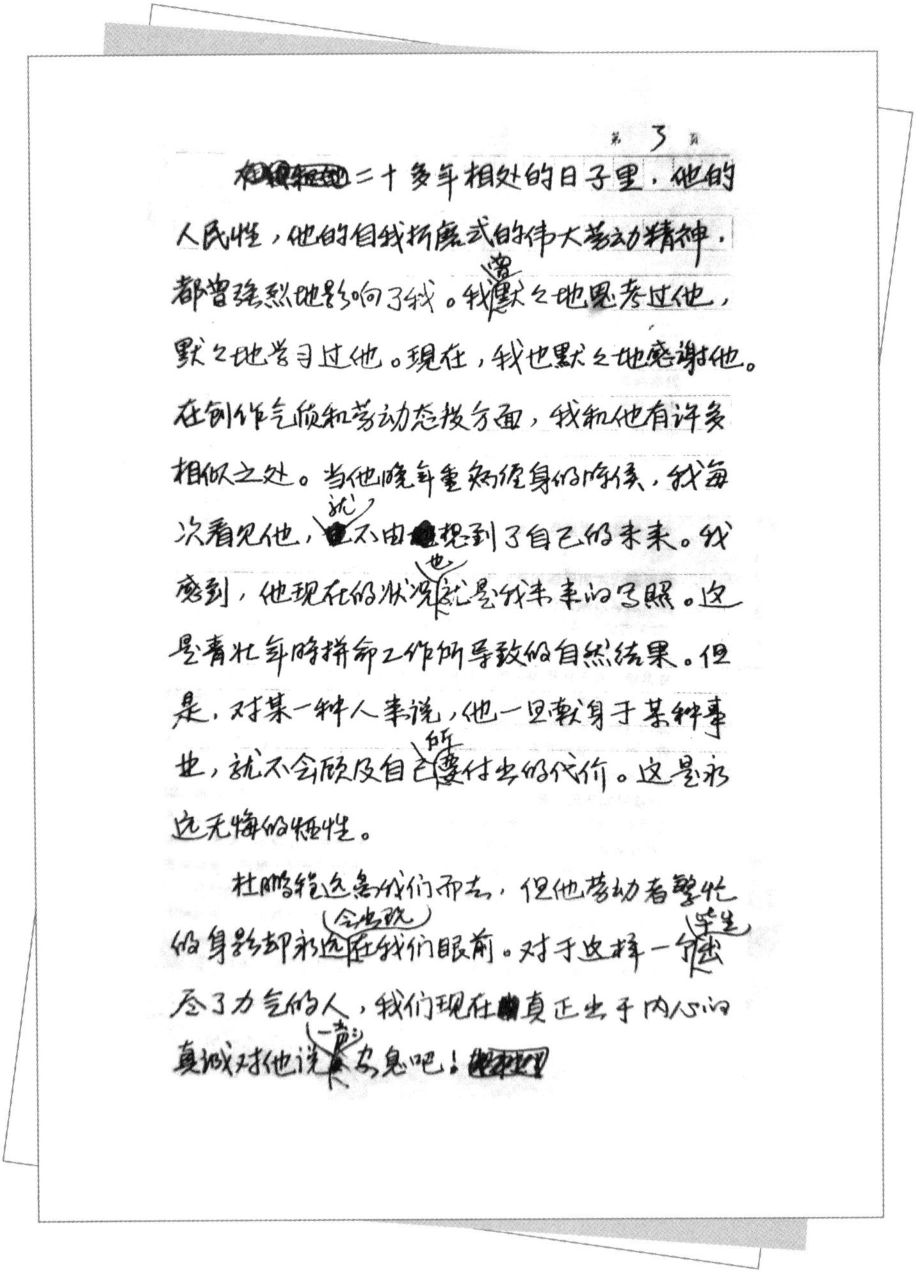

第 3 页
二十多年相处的日子里，他的人民性，他的自我折磨式的伟大劳动精神，都曾强烈地影响了我。我曾默默地思考过他，默默地学习过他。现在，我也默默地感谢他。在创作气质和劳动态度方面，我和他有许多相似之处。当他晚年重病缠身的时候，我每次看见他，就不由想到了自己的未来。我感到，他现在的状况也就是我未来的写照。这是青壮年时拼命工作所导致的自然结果。但是，对某一种人来说，他一旦献身于某种事业，就不会顾及自己所要付出的代价。这是永远无悔的牺牲。
杜鹏程远离我们而去，但他劳动着繁忙的身影却永远会出现在我们眼前。对于这样一个毕生尽了力气的人，我们现在真正出于内心的真诚对他说一声：安息吧！

一张借条

释　文

今借到创作之家壹仟元整。

路遥

一九九二年十月一日

原文

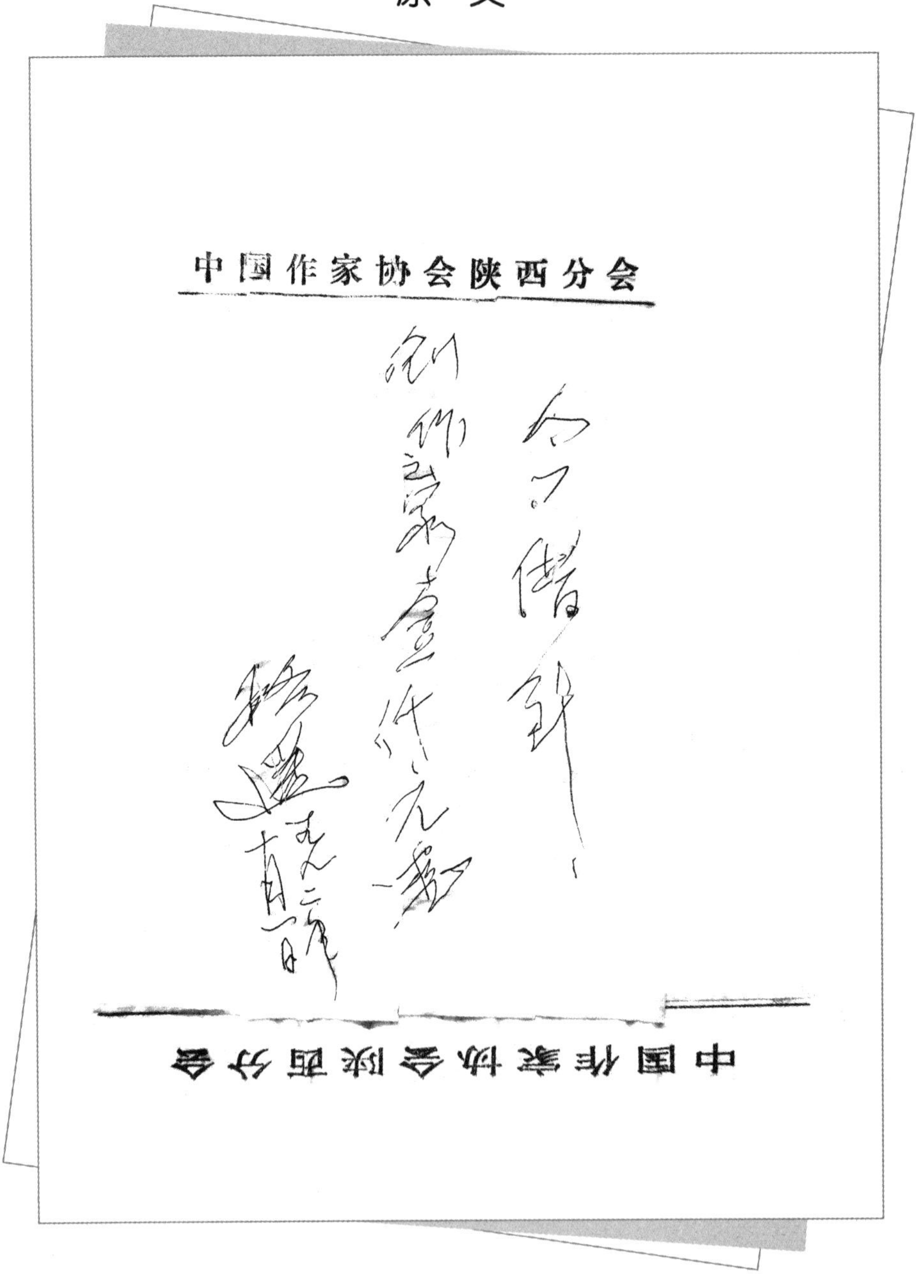

中国作家协会陕西分会

今借到创作之家壹件大衣。

路遥
八二年十月一日

中国作家协会陕西分会

阅读延伸

路遥在延安“梧桐园”留下的最后一张照片

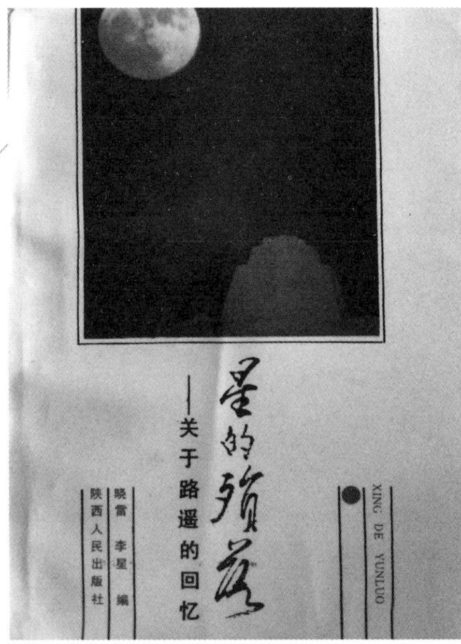

第一本纪念路遥的文集《星的殒落——关于路遥的回忆》

财富

李天芳

没有人会相信作家缺钱，更没有人会相信路遥这样的明星级作家缺钱，他的猝然病逝沉重地打击了读者、朋友和同辈人，阴霾久久地笼罩着人们的心，哀伤和惋惜之情以不同的方式从不同人的身上流泻出来。一位很久未见的青年朋友登门拜访，感叹唏嘘地对我说："作家太可怜了，辛辛苦苦地写呀写，一辈子手里能有几个钱？像路遥这样的也不过二三十万吧？"

二三十万？我愣愣地望他一眼，沉沉地摇着头。这个数字对死者来说，恐怕是个天文数。

他吃惊地频频追问："没有？怎么会没有？他一本本出书，一次次获奖，还没有这点钱？眼下好赖跑点买卖，谁手里没有几十万？更别说那些走红的歌星、影星！"

我无以作答，更加沉沉地摆摆头，一凭他满脸的困惑质疑，却倏然地想起平日路遥有几次跟我有关钱的谈话。

大约是春节期间吧，他来我家闲聊，路遥一向是谈话高手。他视野宽阔，兴趣广泛，思维十分活跃。特别在他投入时，时时会有精彩的议论和智慧的火花迸发出来，从来不会让你感到乏味。这一点无论过去我们同在延安生活，还是后来一起在作协大院朝夕相处，都给我留下深刻的印象。他的谈话往往大至国际风云的变幻，小到田间地头的趣闻，至于飞碟的神秘出现，外星人的似有若无，更是他津津乐道的话题。但是那一天我们的谈话却怎么也摆脱不掉金钱这个俗物。

不管作家们如何钟情于改革，如何欢呼它、颂扬它，但当它的脚步日渐逼近真正到来之际，灵魂工程师们首先感到的还是它对自己的挑战。报纸上见天见日披露的住房改革、教育改革、公费医疗制度改革、退休养老金改革，等等，一桩桩一件件都在说明社会主义大锅饭是吃不成的，要你自己掏腰包。而这一切对所有人则一律平等，它不因为你是作家，你曾为它讲过一大箩筐的好话，你就可以少给一个铜板。作为刚刚步入中年的路遥，上有高堂健在，下有未成年的女儿，他可能比谁都更加敏锐地意识到生存的挑战和未来的负担。那天他带着明显的焦虑又不失他惯常的幽默对我说："把他的，咱们从小就知道喊依靠组织依靠党，组织好像灵醒了，眼看着有的事依靠不成哩！"

我笑道："这么沉重的包袱谁能继续背下去？再背下去更不得了！"

不知是因为我的附和，还是他思路的跳跃，他一下从沙发上坐起，不安地说："不行，咱们得赚点钱，要不，哪一天就像独联体那些文化人一样，全都成了最穷的人！"

"你怎么谈虎色变？还不至于一下没饭吃。不管怎么变化，你总可以拿出积蓄先抵挡一阵子吧？”我说。

“积蓄？哪来的积蓄？就那么几个稿费早都花光了……”

我当时的惊讶和疑惑绝不亚于前边提到的那位青年。谁都知道他刚刚出版了洋洋百万字的长篇小说《平凡的世界》，即便稿酬再低，怎么就花得一个不剩？

他唯恐我不信他的话，掰起指头一一算给我听，哪笔钱添置了什么东西，哪笔钱寄给了乡下，哪笔钱又还了朋友的债……不等他数落完，我已了然于心，不是他有意装穷，有意隐瞒经济情报，实在是收入有限，支出无穷。钱需要一把把地花，文章却得一个个字地写。他仿佛有一个永远填不满的坑，远在陕北山村的两个家，四个生身父母和养父母，还有众多的兄弟姊妹，都需要他一一帮扶和赡养。何况故乡那个平凡世界里的农民们，早就像神话一样谣传他，一笔稿费就买了一辆高级小轿车，每日里屁股后边冒烟地出入大宾馆。既然如此，远亲近邻、七姑八舅，哪个乡下人遇到难处，能不向他伸手？在城里他还有他的小家，他又极不擅精打细算、计划经济。每每心血来潮，跑到服装市场，买一件假冒名牌的牛仔服，花掉一百多，一条普通的水洗布袄，被人索去七八十。他让我看他的新衣服，怎么样？贵不贵？我常常半开玩笑半认真地说，应该砍价一半。他总恨恨道：“他妈的，又上了一回当！”

一日他从街上回来，背了一背包食品饮料之类，迈着扑扑沓沓的脚步，一路走到编辑部晓雷的办公室，说他的女儿远远要去春游，他刚才给孩子买吃的东西，什么都好买，只有她要的三明治买不到，跑了好些路，总算回来时在我们附近的凯悦阿房宫宾馆找到了。他边说边从背包里拿出那块三明治，指着那精致的塑料盒问我们：“猜猜，这两块三明治花了我多少钱？六十块！”

我怎么也不相信我的耳朵，大宾馆的东西即便再贵，两块肥皂大小，夹着几片黄瓜、西红柿和薄薄的一层肉片的三明治，就值那么多？它该不是金子做的吧？

“我也不信我的耳朵，”路遥解释说，“可我问了服务员两遍，没错，一块三十元，两块六十元。我愣住了，可是面对那么漂亮的服务员小姐，既已叫人家拿出来了，怎么好意思转身逃走，硬着头皮也得买下，妈的，算咱们倒霉！”

听他对自己心态和窘状真实毕露的叙说，我和晓雷再也忍不住地失声大笑起来。他急忙朝我摆摆手：“不敢笑，千万别叫老刘听见了……”

老刘是编辑部的老编辑，就坐在一墙之隔的办公室。他一生克勤克俭，兢兢业业，用年轻人的话说，满脸的“旧社会”，一身的“苦大仇深”。路遥的意思是要让老刘得知他花六十元给孩子买三明治，一定气得不堪忍受，不批他个忘本才怪呢。

“金钱不是万能的，没有钱是万万不能的。”他不止一次调侃着这句流行语。关于如何赚钱以适应社会的变化，他肚子里的设想像小说构思一样，一串一串的。时而是开家大餐馆，时而是搞个运输队，时而又想在黄土高原办个牧场……务虚少说也务了两三年，但无论他还是我，还是我们大院的其他人，总不见有谁迈出去一步。一次我对他说：“也不记得是中国还是外国，反正某位大人物说过，你若想要干成什么来，假如在七十二小时之内不见行动的话，那注定不会成功。”他嘿嘿一笑，叹口气说：“看来，咱们还得吃写作这碗饭。”

其时，他正在忙于总结他的创作谈，取名《早晨从中午开始》。北京一位诗人朋友，曾在一次聚会中，快言快语地对他说："这题目不好，怪不吉利的，早晨从中午开始，那不是离太阳落山的时间就短了……"这话竟不幸言中了后来的事，言中得叫人惊心。但当时路遥一定未加在意，他对自己的写作充满信心，这部六万多字的写作心得，注入他的激情和心血，写得严肃、顺手和得意。早有一家编辑部向他约好稿，并答应付以高稿酬争先发表和出版。他不无欣慰地说，要再得到大宗稿费的话，一定不敢随便乱花，先给孩子存笔钱，供她日后上大学用。

第三届茅盾文学奖颁布后，他从京城载誉归来，读者和朋友频频向他道贺，省上和单位也为他开庆功会。在外界一片纷纷扬扬的赞誉声中，我们都知道路遥认真干的一件事，则是把北京和省里给他的奖金，以孩子的名义存进银行。两笔奖金不多不少，恰是一万元整。这一万元，也成了他身后唯一留下的一张存单。

今年盛夏，西安刮来一阵股票热，市民为之躁动不安。我对股票知识，还是春天在深圳创作之家时，两位外省青年作家启蒙的，他们讲得头头是道，我则像个插班生那样听得吃力而糊涂，发了好些幼稚简单的提问。事隔数月，内地人的股票知识普遍进步了，进步到足以懂得原始股可以赚钱。正在这时，我们大家的朋友、省广播电台的郭匡燮急急地捎话说，他们单位已买到某某公司的法人股，分在他名下的那部分他买不完，哪位朋友愿要赶快来买。自然路遥也拿了家里仅有的现款，第二天随大家高高兴兴地去了。中途他还去出版社找了老同学，替朋友代买一份。

他平日对排队拥挤的场面最受不了，最不耐烦，那天竟老老实实地坐下等待，只是一根根地抽着烟，缴款的手续办得缓慢而复杂。收银员怕收了假钞，凡大面值者均一一登记编号，这样足足折腾了一上午。中午他听说后边的事还多着哩，什么认购证、身份证，什么领表填表，少说也得跑几次，一下就望而生畏，再也忍耐不住了，急忙求我替他代办下边的事。哪知这股票拿到手，已是三四个月之后，其时路遥已重病缠身，卧床不起了。

在他病倒的日子里，我恰在国外访问，先是马来西亚，后又去美国。归来时，他海外的熟人和朋友都说："回去后赶快去医院先看看路遥，告诉他，一定要站起来！"

回到机关，同事们都说他已熬过最可怕的日子，精神较前好转了，也能吃几两饭了，我的一颗紧缩的心才稍稍舒展，感到无比欣慰。但是当我站在病榻旁时，他的消瘦和气色着实叫我大吃一惊，尽管我有思想准备，但还是没有料到，短短几个月病魔的折磨，躺在那里的他早已不是我熟悉的那个路遥了！他从被单下伸出一只枯黄的手，苦苦一笑："你看我瘦成什么，真正是皮包骨头，你是不知道，差一点见不上你哩。"

我的鼻腔一阵发酸，热泪几乎夺眶而出。幸亏在旁边的晓雷赶快拿别的事岔开他，并频频示意我将泪水收回，才没让他那十分脆弱和伤感的句子说下去。

我趁机把国外朋友的关切和问候带给他，我说你克服过许多困难，渡过许多难关，这次一定会不负众望快快站起来的。

他嘴角动了动，似想说什么又默不作声。停了半晌又问我，那边的世界怎么样？我简短答道，又精彩又不精彩。他长出一口气说，哪里也不是天堂，还是在自己家里好。

那是个星期天，探视他的人特别多，我不敢让他多说话，待旁人一个个都走后，赶快把带来的股票交给他，并将各种事宜一一交代清楚。他坐着一张张看过，面露喜色。我借机给他鼓劲说："你快点好起来，好了可以去炒股。当年马克思也炒过股，赚了一笔英镑呢！"我原是要将股票如数交到他手里，他看了看，却执意要我再拿回来替他保存。

离开医院时，我问他想吃什么，好做了给他送来，我知道医院的饭不一定合他胃口，大伙送来的饼干罐头之类，也引不起他的兴趣。果然他想想说："油腻的一点也吃不下，我只想吃又酸又辣的红萝卜丝菜……"接下去叮咛我萝卜丝要切得细细的，辣椒角要那种顶辣的，醋要放得多多的——这正是他的家乡父老喝小米黑豆钱钱饭时，最喜欢的佐菜。

第二天，我便依他所求如法炮制了一大瓶又酸又辣的萝卜丝菜连同他要的几包北方口味的调料一同带给他。

几天以后，我听守护他的同事说，我带去的酸辣萝卜丝菜，路遥吃得很香；我还听说，在我离开医院之后，路遥曾几次对探视他的朋友说："我现在是有股票的人啦，我买了某某公司的股票……"他说的就是我帮他买好并替他保存着的那份股票，属于他的那部分总值为两千五百元。

又过了几天，一个阴冷的早晨，他竟然不辞而别，溘然而去。一连多少日子，我怎么也不肯相信这冰冷的事实。猛然拉开抽屉，一眼看见那一沓硬硬的替他保存的股票，他的认购书，他的身份证复印件，他写给别人的一张借条……

不管日后人们将怎样评说路遥，也不管学者和评论家将怎样研究他的人生和作品，在我看来，路遥拼力搏击的一生中，潜意识里一直有个支撑点，那就是要完全彻底地摆脱苦难和贫穷的童年带给他的诸多屈辱和阴影，但最终他也未能完全如愿。这也许不仅仅是他个人的悲哀。

我的心感到揪扯般地疼痛，再也忍不住泪水的哗哗流淌。

丧事过后，我特地请来他的合股朋友、他的妻子和女儿，将他留下的股票作为一份遗产郑重地如数移交给他们。办完一切，走出办公室房门，夜色已经笼罩了编辑部小院，朦胧中依稀可见玉兰银灰的树干和蜡梅花散漫的枝条。通常这个时候，路遥最爱在树下独自散步或坐在藤椅上闭目养神，现在，他的灵魂和肉体都远远地离我们而去，再也不会在这个小院里蹒跚走动了……

我在院中伫立良久，默默对他说："路遥，我知你最放心不下的是你的爱女，你没有为孩子留下足够的遗产，仓促间甚至连一句必要的遗言也没有，但你短短的一生无疑却是一份足够丰富的财富，它必将永远伴随孩子的健康成长并会给她好运！"

写于1992年12月7日

跋

遥望星空

晓雷

写路遥的文章，是在不同的时间完成的，短则不足千字，长则六万有余，发表在不同的报刊书籍中。原来只是情动于中，率性而为，并无总体设想，但后来发现，把它们排缀在一起，也能勾勒出这位早逝作家短暂而卓越的生命轨迹，于是编次成这本别传。别传难有正传的端严宏阔，但却不乏拾遗补阙，也许还会有正传不及的细微而不失重要之处，更何况这些文章饱含着作者特有的真情实意，挟裹着特定时刻特定生活的特定气息，会带给有兴趣者不一样的感念与联想。于是，不揣愚陋粗浅，以之奉呈给愿意抽暇一览的读者。

本书收录路遥的五种手迹，大多是我无意间收藏的。路遥赴京修改《惊心动魄的一幕》后来信，几位同事阅过又交给了我，因为信中委托我经办一些杂务，办完，我顺便保存了此信。路遥《答〈延河〉编辑部问》手稿刊发时，我任《延河》副主编兼散文组组长，这期刊物清样出来后，我做散文校对，校完后，与早前用过的信件文稿放在一处，也就保留下来。路遥读过《月亮的环形山》颇为激动，与两位作者长谈他的感受，我在听他谈话时做了记录，整理出来给他看，他当即拿去修改，添上标题《读李天芳、晓雷著〈月亮的环形山〉》，随后又把此题变作副题，加了正题《无声的汹涌》打印成稿，在《陕西日报》和《文艺报》同时发表，后来又收入《路遥文集》第二卷，留下的这份草稿交给我处理。前辈作家、《保卫延安》作者杜鹏程去世后，我们散文组编发纪念专辑，其中有路遥的《追悼杜鹏程》，这是一份复印件，校对后，也便留在我处。这四种手迹就是在这样不经意间留存至今的。然而，路遥的那张借条却是我有心保存的，这是因为，此时我对路遥的病情有了某种不祥的预感，这种预感，我在《破碎的借条》里已经有过表述。

不管当初有意还是无意存留的这几种手迹，于今看来，都显得极为珍贵，因为这些文字首先是一种生命的律动，极其真实地显示了路遥之所以成为著名作家的种种特质。他的廓然大志，他的雄杰毅力，他耸然而特立的性格，窈然而深藏的思智，还有他不可以徒贫贱的自期与自励，以及他对于文字事业那种一丝不苟力求精准的敬畏神祇般的虔诚态度，都会对读者有所启示和参照。陀思妥耶夫斯基说过："我只担心一件事，就是怕我配不上我所受的苦难。"苦难是人生的必然内容，一旦遭遇，它也的确提供了一种机会。路遥抓住了一切苦难的机会，从而把苦难变成了宝贵财富。李天芳的《财富》一文，描述了路遥所处物质贫乏的生存困境，蕴含了路遥所创造的真正财富，契合了本书的重要题旨，通过对此文的"延伸阅读"，期盼读者能在本书中享用路遥留给世人的所有精神财富。孔明的《〈路遥别传〉，别在哪里?》一文，视角统摄全书，思致缜密，行文淋漓，作为本书代序，定会带给读者更多联想与愉悦。

在我工作和生活过的作家大院里，有不少先辈和同辈作家先后离世，他们曾与路遥共度过一段文学的勃发期和文学的困窘期，如今在另一方世界相聚，想必还会有共同的话题交流。以此，我所写这几位作家的九篇文章，可作为路遥个人别传的旁逸与补充。还有几位作家离世后，我没来得及成文，只撰写了挽联抒发哀思与感喟。依稀记得，给胡采前辈的挽联中有“由作家成战士”“从生活到艺术”的短语，这是因为他早期在济南、开封等地撰写文章，继之在山西二战区编撰《西线》杂志与《西线文艺》，后来投奔圣地延安，成为革命战士，为革命文艺的发展做了大量工作，再后来他出任《延河》月刊的第一任主编，所撰《从生活到艺术》一书，总结了大院同代几位作家的经验，高度概括的普遍创作原则又给了后来者有益的激励与启迪。我还记得给李若冰先生的挽联中有“柴达木”“塔里木”的字样，因为他是以《柴达木手记》成名，以《塔里木书简》续写辉煌的。评论家王愚是乐天派，才气横溢，口若悬河，早年因替秦兆阳的现实主义深化论辩诬，也换来了一顶右派分子帽子，后来又对中央“文革”小组妄加议论，成为现行反革命分子而入狱背砖。他乐天嗜酒，有餐必酒，有酒必醉，有醉必有花絮，一次醉后几欲躺进滚烫的浴盆洗澡，另一次醉后，在月色朦胧中跌入冰冷的鱼池中，这在大院的文学沙龙里不断掀起一层又一层欢笑的波澜。自然，他的离世让大院寂寞了许多。但他不需要哀伤，我用文字为他造像送行：

倚马成文，挥笔潇洒才子气；
纵水捞月，举杯倜傥酒仙风。

在这一辈人中，我对张沼清先生的离世有过特别的感慨。这位小说作家、资深编辑，早年就在《延河》编辑部当差，有学养，也有才智，发表过有影响的小说，对编辑工作又是行家里手，四十年兢兢业业。花甲之年去世时，还是一个主编助理，身后留下的竟然是一个家徒四壁的空虚，这让我久久凄然怅然。他的灵堂很简陋，但我为他痛挽的一联却不算简短：

生耶，死耶？六十年如一部小说，每一章每一节，写几多辛酸几多坎坷？

时也，事也。四十载似一本刊物，每一期每一页，留如许唏嘘如许叹嗟！

陈忠实去世时，我已退休，还未知噩耗，却接到党组书记的电话，要我代单位拟出挽联。我先是震惊，后是伤恸，恍恍惚惚之中，为忠实撰写了三副挽联，其中的两副为：

一支健笔，直书时序百年梦；
千篇真文，尽抒乾坤万里心。

耿耿忠心，披肝沥胆，一世不变赤子梦；
绵绵实意，撼天动地，千秋犹唱白鹿原。

两副挽联分别张挂在灵堂的遗像两边和大门两旁，后一副又做了《西安晚报》悼念专版的通栏，这就寄托的不仅仅是我个人的哀思。

大院里与我共事而已经离去的还有好几位诗人作家，比如写长诗《大渡河支流》的老诗人玉杲，写《诗圣阎大头》的王晓新，写《猎户星座》的王观胜。老诗人玉杲是饱学之士，但总是手不释卷，一阵儿读《王阳明传》，一阵儿读《卢那察尔斯基论文学》，读得满头白发成了霜后的秋草，两眼蒙上团团浓雾。大院里的两位学问家，恰巧是两位曾经的右派分子。如果说，玉杲堪称第一学问家，那么，王愚则屈居第二。这两位人物即便不说贯通古今中西，也绝对称得上博览群书涉猎广泛，编辑与作家遇到不解的佚文典故与诗词出处，只要寻求他俩的救助，定然会有圆满的结果。

议论不休众说纷纭，常常发生在大院的特殊沙龙里。沙龙就在我居室对面同样破旧的一间瓦屋，这间屋子曾经做过玉杲副主编的办公室，后来换为王观胜的宿办合一。宿办合一的主人也就是沙龙的主人，主人免费提供咖啡，客人不吝奉献谈笑，常客免不了路遥、陈忠实、王晓新。那时，《延河》编辑部除了惯有的编前会、编后会，还有一个不定期的“神仙会”，神仙过海，各显其能，畅谈个人生活见闻、读书心得，漫议文学思潮、文坛信息，以期开阔大家的眼界胸襟。咖啡沙龙是另一种神仙聚会，除了以上所说内容，还有文坛逸事、生活趣闻，宏论欢谈之间，不仅享有愉悦，还能获取真知。这些都已随着几位神仙驾鹤西游，留下了一片空白。

故人仙逝，我未能写出文章追思，这让我常怀不安。特别是与我楼上楼下房左房右多年为邻的京夫，因为相交太深相知太多，更难以一时成文，只为他急就一联泣挽：

商州道上，布衣粗食，一根手杖行天下；

西京城内，锦心华管，八里情仇撼人间！

这样的匆促之笔，难以言表于万一，每思至此，就有揪扯之痛。不过我还在努力，期望在别的文字里复原他们难以忘却的状貌与神魂，以之与读者分享他们的业绩。

大院里这一批化而为灵的精英，如今已经相聚在同一个星座上，与无数不同星座里的无数精英，点缀着广袤无垠的星空，璀璨的智慧之光，深邃的情思之焰，永远地辉耀着点燃着后来者的创造激情与活力。念念在兹，就让我不由得吟诵起郭小川《望星空》的诗句：

……在人生的路途上，
又有多少机缘，
向星空瞭望！
在人生的行程中，
又有多少夜晚，
见星空如此安详！
……时间对于你，
跟空间一样——
无穷无尽，
浩浩荡荡……

2022年阳春三月，西安，桃园